ヤマ場を
おさえる

単元設計と
評価課題・評価問題

中学校
理科

全体編集
石井英真

教科編集
新井直志

図書文化

まえがき

　資質・能力ベースの新学習指導要領に沿って学習評価のあり方も新たに提起され，教育現場では，3観点による観点別学習状況の評価への対応が課題となっています。そして，「主体的に学習に取り組む態度」の評価をどうするかに注目が集まっています。しかし，今回の学習評価改革の焦点を主体性評価に見いだすのは改革の読み方として一面的で，その捉え方では評価をめぐるさまざまな困難が解決されず，むしろ行き詰まってしまうでしょう。観点別評価の本丸は「思考・判断・表現」の充実です。まずそこにフォーカスすることによって，困り感のある主体性評価についてもより妥当な運用の仕方が見えてきます。

　こうした考えの下，本シリーズは，中学校を対象に，国語，社会，数学，理科，英語について，国立教育政策研究所教育課程研究センター作成『「指導と評価の一体化」のための学習評価に関する参考資料』に基づき，単元ごとの評価プランを掲載するものです。そして，「生きて働く学力の形成」と「学校の働き方改革」を両立して充実させるために，どのように評価場面を精選（焦点化・重点化）し，どのような評価課題・評価問題を作成し活用するかを，単元（学習指導要領の「内容のまとまり」）ごとに具体的に提案するものです（国語と英語は言語領域ごとに収録）。

　本シリーズは，図書文化社が学習指導要領の改訂ごとに出版してきた『観点別学習状況の評価基準表』『観点別学習状況の評価規準と判定基準』『観点別評価実践事例集』『観点別評価問題集』の理念を引き継ぎ，新時代の観点別評価の参考資料をめざして企画しました。各巻では，「思考・判断・表現」を中心に，単元ごとに，著者が重要と考える2場面（一つは総括的評価の場面）を抜き出し，評価規準に対応する生徒の学習状況や作品例（B・Aの判定のポイント）を評価事例として掲載し，評価課題・評価問題の工夫とその効果的な位置づけ方を示しています。

　各巻の執筆者は，現在，そして次世代の教育実践を担う力量のある先生方です。またシリーズで大きな方向性を共有しつつ，各巻それぞれに，教科の特性のみならず，教科編集の先生方の問題意識や工夫も大事にしています。評価課題・評価問題の作成や単元設計の改善へのアプローチという視点で，ご自身の専門以外の教科も読まれると，新たな着想が得られると思います。本書が読者諸氏にとって評価の焦点化・重点化の参考資料として，単元という単位でシンプルかつ効果的な評価をデザインする思考法を学び，目の前の生徒たちに即して実践を創る手がかりとなるなら望外の喜びです。

2022年12月24日

石 井 英 真

ヤマ場をおさえる単元設計と評価課題・評価問題

第1章　今求められる学力と学習評価のあり方

第2章　理科の観点と評価の実際

中項目ごとの評価プラン　三つの特徴

特徴1 一つの事例（単元）を4ページで解説。3年間の学習評価をナビゲート

○ 第3，4章では観点別学習状況の評価の展開例を紹介します。一つの単元を4ページで構成し，学習指導要領中学校理科のすべての中項目を取り上げました（第1分野17項目＋第2分野20項目＝全37項目）。

○ 各単元は「自然の恵みと火山災害・地震災害（第2分野（2）ア（エ））」など学習指導要領の中項目をもとに構想し，単元の評価規準は国立教育政策研究所（2020）の参考例をもとに設定しました。

○ 単元ごとにピックアップした二つの「場面」は，科学的に探究する過程を通して生徒の主体性や資質・能力を高めるうえで特に重要と思われる評価場面を取り上げました。特に各単元の「場面2」は中項目を総括する学習場面（総括的評価）を中心に取り上げ，同内容を定期テストとして実施する際のポイントも示しました。

図．各単元の構成イメージ

（例：第2分野（2）大地の成り立ちと変化　ア（エ）自然の恵みと火山災害・地震災害，全4次）

【単元の「思考・判断・表現」の評価規準】
自然の恵みと火山災害・地震災害について，問題を見いだし見通しをもって観察，実験などを行い，火山活動や地震発生の仕組みとの関係性などを見いだして表現しているなど，科学的に探究している。

≪場面1，第2次≫

【課題】
海岸段丘で生活する人にとっての自然の恵み，備えるべき自然災害として，具体的にどのようなことが考えられますか。海岸段丘の特徴やでき方と関連づけて説明しなさい。

【評価の観点】
● 思考・判断・表現

≪場面2，第4次≫

【課題】　（p.141より問題文の一部を抜粋）
（1）若狭街道の形状は，高浜街道と比べてどのような特徴があるといえますか。
（2）若狭街道はどのようにしてできたと考えられますか。活断層と関連づけて推測しなさい。
（3）若狭街道に関する自然の恵みとはどのようなものであるといえますか，またこの地域に起きやすい災害はどのようなものですか，説明しなさい。

【評価の観点】
● 思考・判断・表現

地震がなくなれば，だれもが安全で豊かな生活を送ることができるんじゃないかな？

地震によってできた地形は人々を豊かにするし，時に被害も与える。上手に利用するには，特徴を理解しながら生活することが大事だね！

入口の情意
（興味，関心，意欲など）

出口の情意
（知的態度，思考習慣，市民としての倫理・価値観など）

単元のおもな評価課題・評価問題

単元を通した生徒の成長

イラスト：oteru／イラストAC

評価事例（B基準）に対する「A評価」「判断の根拠」等を例示！

○ 評価の観点は文部科学省（2019）に準じた3観点とし，略記はそれぞれ以下としました。

知識・技能 → 知 ／ 思考・判断・表現 → 思 ／ 主体的に学習に取り組む態度 → 主

○ 各「場面」ではB評価の姿だけでなく，A評価も例示しました。「どこを見て，どう判断したか」の解説にあたる「B／A基準」「判断のポイント」も示し，あらゆる読者の参考となるよう工夫しました。

左図の《場面2，第4次》の評価例	
おおむね満足：B	十分満足：A
【B基準】 思　自然の恵みと自然災害について，地形の特徴や地震発生の仕組みとの関係性に基づいて総合的に考察し，説明している。	【A基準】 思　自然の恵みと自然災害について，地形の特徴や地震発生の仕組みなどとの関係性に基づいて具体例をあげて総合的かつ論理的に考察し，説明している。
【生徒の記述】 (1)　カーブは少なく直線的。 (2)　活断層と街道の形が似ているので，断層を活用している。 (3)　活断層によってできた土地を使用すると直線的な道がつくられ，鯖などを運びやすい。地震が発生しやすく災害も起こる可能性がある。	【生徒の記述】 (1)　直線的で長い。 (2)　地下の岩石は，巨大な力が働き続け，破壊されてずれた。この動きを繰り返し，直線的で長い活断層ができた。地表に現れた活断層周辺の岩石はもろく，削られて谷になり，谷沿いに若狭街道ができた。 (3)　若狭街道沿いの浅い地下で規模の大きな地震が発生すると，地表で大きい揺れが起こる。そのとき，街道沿いの建物の倒壊や崖崩れなどがほぼ同時多発的に起こる。しかし，カーブが少ない街道は，若狭湾と京都を安全に結ぶ道として，物資の輸送に長年役立ち，文化交流も行われてきた。
【判断のポイント】 ・地震と活断層との関係性，地形と活断層との関係性から街道の形状を捉えている。 ・それらの関係性をもとに，自然の恵みと自然災害を適切に考察している。	【判断のポイント】 ・活断層や谷の形成の仕組みと関連づけて，街道のでき方を考察している。 ・自然の恵みと自然災害を具体的に想定している。

特徴 3　単元の要所（ヤマ場）と，単元で成長する生徒の姿が見えてくる！

○ 科学的に探究する過程を軸に指導と評価の一体化を図ることで，大事な学習場面（ヤマ場）が生徒にも自ずと共有され，単元のゴールに向かって主体的に学ぶ姿も発揮されやすくなります。学習評価でも単元のヤマ場を意識することが，資質・能力ベースのカリキュラムのメリットを生かし，生徒の「個別最適な学び」と「協働的な学び」の一体的な充実につながります。

本書の用語表記について（凡例）

答　申

>> 幼稚園，小学校，中学校，高等学校及び特別支援学校の学習指導要領等の改善及び必要な方策等について（答申）（中教審第197号）（平成28年12月21日，中央教育審議会）

http://www.mext.go.jp/b_menu/shingi/chukyo/chukyo0/toushin/1380731.htm

報　告

>> 児童生徒の学習評価の在り方について（報告）（平成31年1月21日，中央教育審議会初等中等教育分科会教育課程部会）

http://www.mext.go.jp/b_menu/shingi/chukyo/chukyo3/004/gaiyou/1412933.htm

通　知

>> 小学校，中学校，高等学校及び特別支援学校等における児童生徒の学習評価及び指導要録の改善等について（通知）（30文科初第1845号）（平成31年3月29日，文部科学省初等中等教育局）

http://www.mext.go.jp/b_menu/hakusho/nc/1415169.htm

新学習指導要領

>> 平成29・30・31年改訂学習指導要領（本文，解説）

http://www.mext.go.jp/a_menu/shotou/new-cs/1384661.htm

参考資料

>> 「指導と評価の一体化」のための学習評価に関する参考資料（国立教育政策研究所教育課程研究センター）

https://www.nier.go.jp/kaihatsu/shidousiryou.html

第 1 章

今求められる学力と
学習評価のあり方

- 新しい学習指導要領がめざす学力と評価改善

- 新3観点で何を測り，育てるのか

- 単元設計と評価課題・評価問題の一体的な改善へ

1 新しい学習指導要領がめざす学力と評価改善

観点別評価の本丸は「思考・判断・表現」の充実

　観点別評価の本丸は「主体的に学習に取り組む態度」ではなく,「思考・判断・表現」です。主体性の育成は重要ですが,それは「思考・判断・表現」を試すような課題への取り組みにおいて自ずと育まれ表出されるものでしょう。近年,自分で内容をかみ砕いたり関連づけたりすることなく,すぐにやり方を求める傾向が生徒たちのなかで強まっていないでしょうか。授業中静かに座ってはいるが「この時間で何を学んだのか」と聞かれても答えられず,授業を受けているだけで内容が積みあがっていかない。そうした学び取る力の弱さゆえに,余計に学びの基盤となる主体性の指導に向かいたくなるのかもしれません。しかし「応用の前に基礎を定着させないと」「基礎も学ぼうとしないから主体性を育てないと」といった具合に,土台へ土台へと降りていくのは逆効果です。

　例えばバスケットボールでも,ドリブルやシュートなどの基礎練習だけでは練習の意味がわからず技能の向上は見込めないもので,折に触れて試合形式を経験するからこそモチベーションが上がり,技能の向上や定着も促されるものでしょう。新学習指導要領では実社会の問題を解決していけるような,生きて働く学力の育成が強調されています。その趣旨を生かして単元や授業を一工夫し,知識をつなげて考えたり使いこなしたりする「思考」を促すような,テスト問題や議論やレポートや作品制作や実演などの「試合」的な経験（タスク）を程よく組織することでこそ,生徒たちに「学びがい」が生まれて知識が関連づけられたりして,「基礎」を引き上げていくことも期待できるでしょう。

　ただし「思考・判断・表現」の指導と評価を充実させていく際に,授業中の発言やノートの記述やグループワークの様子など,学習活動のプロセスを丁寧に記録に残していくことは「評価疲れ」を招くおそれがありますし,「評価（点検）のための授業」のようになって授業の柔軟性を奪い,学びのプロセスを大事にしているつもりが逆に窮屈なものにしてしまうおそれがあります。これに対して本書は「思考・判断・表現」を試すタスク,あるいは評価問題の充実を核とする観点別評価のあり方を提起することで,評価業務の煩雑さを軽減し,単元という単位での授業改善につなげていく道筋を示していきたいと思います。

生徒に「使える」レベルの学力を育てる

　新学習指導要領でめざされている学力像を捉え評価方法へと具体化していくうえで，学力の3層構造を念頭において考えてみるとよいでしょう（**図1**）。個別の知識・技能の習得状況を問う「知っている・できる」レベル（例：三権分立の三権を答えられる）は，穴埋め問題や選択式の問題など客観テストで評価できます。しかし，概念の意味理解を問う「わかる」レベル（例：三権分立が確立していない場合，どのような問題が生じるのかを説明できる）は知識同士のつながりとイメージが大事で，ある概念について例をあげて説明することを求めたり，頭の中の構造やイメージを絵やマインドマップに表現させてみたり，適用問題を解かせたりするような機会がないと判断できません。さらに，実生活・実社会の文脈における知識・技能の総合的な活用力を問う「使える」レベル（例：三権分立という観点からみたときに，自国や他国の状況を解釈し問題点などを指摘できる）は，実際にやらせてみないと評価できません。思考を伴う実践をさせてみてそれができる力（実力）を評価するのが，パフォーマンス評価です。

　ドリブルやシュートの練習（ドリル）がうまいからといって，バスケットボールの試合（ゲーム）で上手にプレイできるとは限りません。ゲームで活躍できるかどうかは試合の流れ（本物の状況）のなかでチャンスをものにできるかどうかにかかっており，そうした感覚や能力は実際にゲームする中で可視化され，育てられていきます。ところが従来の学校では生徒たちはドリルばかりして，ゲーム（学校外や将来の生活で遭遇する本物の，あるいは本物のエッセンスを保持した活動）を知らずに学校を去ることになっていないでしょうか。このゲームに当たるものを学校で保障し，生きて働く学力を形成していこうというのが「真正（ホンモノ）の学び（authentic learning）」の考え方です。資質・能力ベースをうたう新学習指導要領がめざすのは，「真正の学び」を通じて「使える」レベルの知識とスキルと情意を一体的に育成することなのです。

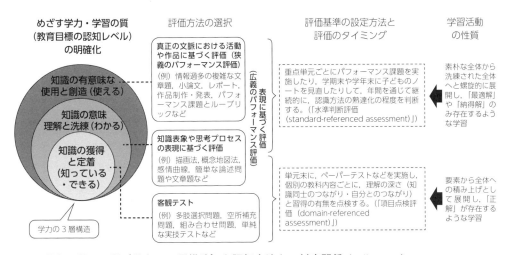

図1．学力・学習の質（学力の3層構造）と評価方法との対応関係（石井，2012）

「使える」レベルの学力をどう伸ばすか

　試合，コンペ，発表会など，現実世界の真正の活動には，その分野の実力を試すテスト以外の「学びの舞台」（見せ場（exhibition））が準備されています。そして，本番の試合や舞台のほうが練習よりも豊かでダイナミックであり，成長の節目にもなっています。しかし学校の学習は，しばしば豊かな授業（練習）と貧弱な評価（見せ場）という状況になっています。「思考・判断・表現」などの「見えにくい学力」の評価が授業中のプロセスの評価（観察）として遂行される一方で，単元末や学期末の総括的評価は「知識・技能」の習得状況を測るペーパーテストが中心です。既存の方法を問い直し「見えにくい学力」を新たに可視化する評価方法（学びの舞台）の工夫が，十分に行われているとはいえません。めざす学力の幅が広がり，ものさし（評価基準表）がつくられるものの，そのものさしを当てる「見せ場」が準備されていない状況が，授業観察への依存と授業過程の証拠集めや点検作業に追われる状況を生み出してきました。

　日々の授業で粘り強く思考し表現する活動を繰り返すなかで思考力や知的態度を伸ばし切り，課題研究での論文作成・発表会や教科のパフォーマンス課題など，育った実力が節目で試され可視化されるような，テスト以外の「学びの舞台」を設定することが重要です。知識を総合して協働で取り組むような挑戦的な課題を単元末や学期末に設定し，その課題の遂行に向けて生徒たちの自己評価・相互評価を含む形成的評価を充実させて，生徒を伸ばしながらより豊かな質的エビデンスが残るようにしていくのです。

　生徒にとっての「見せ場」となる学びの舞台を軸に，一時間一時間という短いスパンだけではなく，単元レベルの学びのストーリーを意識しながら単元計画や授業を組み立てる。単元末や学期の節目の「使える」レベルの課題や単元を貫く問い（例：学校紹介のキャッチコピーを創る（国語），自分のことで I have a dream that ＿＿.を書いて発表する（英語），「日本はどの国・地域と地域統合すればよいのだろうか」という問いを探究する（社会））を意識しつつ，日々の授業では概念を学び深める「わかる」授業を展開するわけです。最近の小・中学校の教科書の単元展開は学力の3層構造を意識したものになっており，「使える」レベルの課題を軸に単元単位でヤマ場をデザインする発想をもつことが重要です。

　その際，教師目線の「達成」からの逆算で目標に追い込むものというより，生徒目線の「舞台」からの逆算で学びの目的意識を育てていくことが肝要です。部活動の試合や行事等のように，生徒たち自身が「舞台」本番に向けて必要なものを考え準備し練習し，節目でもてるものを総合し使い切る経験を通して，学びは成長へとつながっていくのです。パフォーマンスの振り返り等から，さらなる問いや活動を生成し，授業を超えて主体的に探究を続けることも期待したいところです。

「使える」学力の育成と学校の働き方改革を共に実現するために

　テストの点数に表れない生徒の育ちを評価しようという思いは，日常的に細かく頻繁に評価材料を残そうとする「指導の評価化」に陥りがちです。そのような状況に陥らないためにも，総括的評価と形成的評価とを区別することが重要です。

　思考力・判断力・表現力を形成するために授業過程での生徒たちの活動やコミュニケーションを丁寧に見守り観察（評価）しなければならないのは確かですが，それは形成的評価として意識すべきものです。総括的評価の材料なら，生徒一人一人について確かな根拠を残しながら客観的に評価することが求められますが，形成的評価なら指導の改善につながる程度のゆるさで，抽出でも直観でも大丈夫です。生徒を伸ばすためにはタイミングを逃さずに働きかけることが重要であって，学習状況の把握と記録を意識しすぎてタイミングを逃してはなりません。

　形成的評価と総括的評価を区別し，記録に残す評価・総括的評価のタイミングを焦点化・重点化することで，評価にかかわる負担を軽減することができます。単元計画の毎時間に3観点を細かく割りつける必要はありません。日々の授業は形成的評価を重視して記録に残すことにこだわらず生徒たちの力を伸ばすことに集中します。そのうえで例えば英語であれば単元末や学期の節目に，文法や読解などはペーパーテストで力を試す。他方，話す・聞くといったコミュニケーション能力等はリアルな場面を設定して実際にやらせてみないと確かめられないので，パフォーマンス課題（タスク）に取り組ませて，あるいは学んだことを生かして生徒たちが活発にやり取りを展開したりする「キモ（肝）の一時間」で，意識的に学びの足跡や思考の表現を残すよう生徒に促して，総括的評価を行うという具合です。

　総括的評価のタイミングを焦点化・重点化することは，目標を焦点化・重点化することを意味します。特に「思考・判断・表現」や「主体的に学習に取り組む態度」といったつかみどころのないものは，評価場面を焦点化・重点化し決め打ちすることに不安もあるでしょう。しかし評価の頻度や細かさが評価の妥当性や信頼性を高めるとは限らず，むしろ「これができたら一人前」という評価課題の質こそが重要であり，その教科や単元の中核的な目標を見極めることが必要です。そもそも「この内容を習得させたい」「こういう力を育てたい」といった「ねらい」や「ねがい」をもって生徒たちに働きかけたならば，それが達せられたかどうかという点に自ずと意識が向くものでしょう。「指導と評価を一体化させなくてはならない」と肩に力を入れなくても評価的思考は日々の教育の営みに内在していて，目標を明確にもっていれば自ずと評価は付いてきているものです。日々の授業で「目標と評価の一体化」を意識して出口の生徒の姿で目標を具体的にイメージしておくことで，単元計画で毎時間に観点を割りつけていなくても机間指導等において捉えたいポイントは焦点化・重点化され，授業過程での形成的評価も自ずと促されるでしょう。

2 新3観点で何を測り，育てるのか

旧4観点と新3観点がターゲットとする学力の違い

　新3観点による評価のあり方について，「知識・技能」は事実的で断片的な知識の暗記・再生だけでなく概念理解を重視すること，「主体的に学習に取り組む態度」は授業態度ではなくメタ認知的な自己調整として捉え直し，「知識・技能」や「思考・判断・表現」と切り離さずに評価することなどが強調されています。すべての観点において「思考・判断・表現」的な側面が強まったようですが，従来の4観点との違いをみてみましょう。

　旧4観点の評価では，「知識・理解」「技能」は断片的知識（「知っている・できる」レベル）を穴埋めや選択式などの客観テストで問い，「思考・判断・表現」はおもに概念の意味理解（「わかる」レベル）を適用問題や短めの記述式の問題で問うようなテストが作成される一方で，「関心・意欲・態度」はテスト以外の材料をもとに生徒たちのやる気やまじめさをみるような評価がされていたように思われます（図2）。

　いっぽう新3観点の評価は，「知識・技能」は理解を伴って中心概念を習得することを重視して，「知っている・できる」レベルのみならず「わかる」レベルも含むようテスト問題を工夫することが求められます。「思考・判断・表現」は「わかる」レベルの思考を問う問題に加え，全国学力・学習状況調査の「活用」問題のように「使える」レベルの思考を意識した記述式問題を盛り込んでいくこと，また，問いと答えの間が長くて，思考力を試すだけでなく，試行錯誤や知的な工夫としての「主体的に学習に取り組む態度」もあわせて評価できるような，テスト以外の課題を工夫することが求められます（図3）。

「知識・技能」の評価と育成のポイント

　「知識・技能」の評価は，「ペーパーテストにおいて，事実的な知識の習得を問う問題と，知識の概念的な理解を問う問題とのバランスに配慮するなどの工夫改善を図るとともに，例えば，児童生徒が文章による説明をしたり，各教科等の内容の特質に応じて，観察・実験をしたり，式やグラフで表現したりするなど実際に知識や技能を用いる場面を設けるなど，多様な方法を適切に取り入れていくことが考えられる」（『報告』，8頁）とされています。「知識・技能」というと年号や単語などの暗記・再生（「知っている・できる」レベルの学力）を思い浮かべがちですが，ここで示されているのは「概念」の意味理解（「わかる」レベルの学力）の重視です。日々の「わかる」授業により理解を伴った豊かな習得

従来の4観点はどのように評価されてきたか

能力・学習活動の階層レベル（カリキュラムの構造）		資質・能力の要素（目標の柱）			
		知識	スキル		情意（関心・意欲・態度・人格特性）
			認知的スキル	社会的スキル	
教科等の枠付けの中での学習	知識の獲得と定着（知っている・できる）	事実的知識，技能（個別的スキル）　**知識・理解　技能**	記憶と再生，機械的実行と自動化	学び合い，知識の共同構築	達成による自己効力感
	知識の意味理解と洗練（わかる）	概念的知識，方略（複合的プロセス）	解釈，関連付け，構造化，比較・分類，帰納的・演繹的推論　**思考・判断・表現**		内容の価値に即した内発的動機，教科への関心・意欲　**関心・意欲・態度**
	知識の有意味な使用と創造（使える）	見方・考え方（原理と一般化，方法論）を軸とした領域固有の知識の複合体	知的問題解決，意思決定，仮説的推論を含む証明・実験・調査，知やモノの創発（批判的思考や創造的思考が深く関わる）	プロジェクトベースの対話（コミュニケーション）と協働	活動の社会的レリバンスに即した内発的動機，教科観・教科学習観（知的性向・態度）

※「関心・意欲・態度」が表からはみ出しているのは，本来学力評価の範囲外にある，授業態度などの「入口の情意」を評価対象にしていることを表すためである。

図2．従来の4観点による観点別評価の実践傾向（石井，2019）

新しい3観点はどのように評価していくか

能力・学習活動の階層レベル（カリキュラムの構造）		資質・能力の要素（目標の柱）			
		知識	スキル		情意（関心・意欲・態度・人格特性）
			認知的スキル	社会的スキル	
教科等の枠付けの中での学習	知識の獲得と定着（知っている・できる）	事実的知識，技能（個別的スキル）	記憶と再生，機械的実行と自動化	学び合い，知識の共同構築	達成による自己効力感
	知識の意味理解と洗練（わかる）	**知識・技能**　概念的知識，方略（複合的プロセス）	解釈，関連付け，構造化，比較・分類，帰納的・演繹的推論		内容の価値に即した内発的動機，教科への関心・意欲
	知識の有意味な使用と創造（使える）	**思考・判断・表現**　見方・考え方（原理と一般化，方法論）を軸とした領域固有の知識の複合体	知的問題解決，意思決定，仮説的推論を含む証明・実験・調査，知やモノの創発（批判的思考や創造的思考が深く関わる）	**主体的に学習に取り組む態度**　プロジェクトベースの対話（コミュニケーション）と協働	活動の社会的レリバンスに即した内発的動機，教科観・教科学習観（知的性向・態度）

豊かなテスト　　　　　　　　　　　　　　　　　　　　　　　　　**豊かなタスク**

図3．新しい3観点による観点別評価の方向性（石井，2019）

（有意味学習）を保障し，記憶に定着しかつ応用の利く知識にして，生きて働く学力を形成していくことが求められているのです。

「知っている・できる」レベルの評価は重要語句の穴埋め問題や選択問題などの客観テスト，および簡単な実技テストが有効です。これに対して「わかる」レベルの評価は学んだ内容を適用することで解ける適用問題はもちろん，豆電球が光る仕組みについて学習者のイメージや説明を自由に記述させたり（描画法），歴史上の出来事の因果関係やマインドマップを図示させてみたりして，学習者がどのように知識同士をつないでいて内容に対するどのようなイメージを構成しているのかを表現させてみること，あるいは数学の問題を作らせてみて計算の意味を生活と結びつけて捉えられているかどうかを問うことなどが有効です。「三権分立の定義を答えよ」でなく「もし三権分立が成立していなかったらどのような問題が起こりうるか」といった具合に，テストの問い方を工夫してみることも重要です。

「思考・判断・表現」の評価と育成のポイント

「思考・判断・表現」の評価は「ペーパーテストのみならず，論述やレポートの作成，発表，グループでの話合い，作品の制作や表現等の多様な活動を取り入れたり，それらを集めたポートフォリオを活用したりするなど評価方法を工夫することが考えられる」（『報告』，9頁）とされており，「パフォーマンス評価（Performance Assessment：PA）」の有効性が示されています。PAとは思考する必然性のある場面（文脈）で生み出される学習者の振る舞いや作品（パフォーマンス）を手がかりに，概念の意味理解や知識・技能の総合的な活用力を質的に評価する方法です。現実的で真実味のある場面を設定するなど，学習者の実力を試す評価課題（パフォーマンス課題）を設計し，それに対する活動のプロセスや成果物を評価するわけです。パフォーマンス課題の例としては，学校紹介VTRにBGMをつける音楽科の課題，電気自動車の設計図（電気回路）を考えて提案する理科の課題，地元で実際に活動している人たちとともに浜辺のごみを減らすためのアクションプランを考案して地域住民に提案する社会科の課題などがあります。文脈に応じて複数の知識・技能を総合する「使える」レベルの思考力を試すのがパフォーマンス課題です。

「真正の学び」につながる「使える」レベルの思考は基本的にはタスク（課題）でこそ評価しうるものですが，作問を工夫することで，ペーパーテストで思考過程のポイントを部分的に問うことはできます。たとえば，全国学力・学習状況調査の「活用」問題や，それと同じ傾向の各都道府県の高校入試の問題，あるいは大学入学共通テストの問題などには，そうした作問の工夫を見出すことができます。また大学の二次試験などの論述問題は，大学人目線でみた玄人な問いが投げかけられ，「学問する」力を試すものとなっていることがあります。単元で取り組んだパフォーマンス課題について，文脈を変えたりして評価問題を作成することも考えられるでしょう。

「主体的に学習に取り組む態度」の評価と育成のポイント

　「主体的に学習に取り組む態度」は「単に継続的な行動や積極的な発言等を行うなど，性格や行動面の傾向を評価するということではなく，（中略）知識及び技能を獲得したり，思考力，判断力，表現力等を身に付けたりするために，自らの学習状況を把握し，学習の進め方について試行錯誤するなど自らの学習を調整しながら，学ぼうとしているかどうかという意思的な側面を評価することが重要である」（『報告』，10頁）とされ，それは「①粘り強い取組を行おうとする側面」と「②粘り強い取組を行う中で，自らの学習を調整しようとする側面」という2つの側面で捉えられると説明されています。

　情意の中身を考える際は，学習を支える「入口の情意」（興味・関心・意欲など）と，学習を方向づける「出口の情意」（知的態度，思考の習慣，市民としての倫理・価値観など）とを区別してみるとよいでしょう。授業態度などの「入口の情意」は授業の前提条件として教材の工夫や教師の働きかけで喚起するものであり，授業の目標として掲げ意識的に評価するものというよりは，授業の進め方を調整する手がかりとなるものです。他方で，一言一言へのこだわり（国語），物事を多面的・多角的に捉えようとする態度（社会）や，条件を変えて考えてみたらどうなるかと発展的に問いを立てようとする態度（数学）など，教科の中身に即して形成される態度や行動の変容は「出口の情意」であり，知識や考える力と共に育っていく教科の目標として位置づけうるものです。

　『報告』からは，「主体的に学習に取り組む態度」は単に継続的なやる気（側面①）を認め励ますだけでなく，各教科の見方・考え方を働かせて，その教科として意味ある学びへの向かい方（側面②）ができているかどうかという，「出口の情意」を評価していく方向性がみて取れます。スポーツにしても勉強にしても，がんばりの量（粘り強く試行錯誤すること）だけでなく，がんばりの質（反省的に工夫すること）が重要というわけです。

　『報告』では「主体的に学習に取り組む態度」のみを取り出して評価することは適切でなく，「思考力・判断力・表現力」などと一体的に評価していく方針が示されています。問いと答えの間が長く試行錯誤のあるパフォーマンス課題（思考のみならず，粘り強く考える意欲や根拠に基づいて考えようとする知的態度なども自ずと要求される）を設計し，その過程と成果物を通して「思考・判断・表現」と「主体的に学習に取り組む態度」の両方を評価するわけです。例えば「俳句」の学習で句会を開き互いに味わい合うことを通して俳句を作り読み取る力を試すと共に，句を作るうえでこだわって試行錯誤や工夫したことを振り返りにまとめることで，主体性を合わせて評価することが考えられるでしょう。その時点でうまくできたり結果を残せたりした部分の評価と共に，そこに至る試行錯誤の過程でみせた粘り，あるいは筋（センス）のよさにその子の伸び代を見出し，評価するという具合です。スマートで結果につながりやすい学び方をする子だけでなく，結果にすぐにはつながらなくても，泥臭く誠実に熟考する子も含めて，教科として意味ある学びへの向かい方として，おもに加点的に評価していく方向性がよいでしょう。

3 単元設計と評価課題・評価問題の一体的な改善へ

学びの節目で「総合」問題に取り組む機会をつくる

　観点別評価は一時間単位ではなく，単元単位に注目しながら授業と学びをデザインすることを促すものです。教師主導で内容を順次網羅するのではなくここ一番で時間をかけて，教師の支援や見守りの下で，生徒主体で主体的に協働的に問いやテーマを掘り下げる，あるいは学んだことを総合して挑戦的な課題に取り組む。教師が教える舞台ではなく生徒が学ぶ舞台として授業を組み立て，わかるように教師から教えられるだけでなく，学び取ることや考え抜くことを生徒たち自身が経験できるようにしていくことが肝要です。

　これまでも教師たちは生徒たちの考える力を育ててきましたが，多くの場合，日本の教科学習は知識を問題解決的に発見的に学ばせる過程で，知識をつないだり構造化したりする「わかる」レベルの思考（比較・分類などの理解志向）を育てようとするものでした。これに対し「使える」レベルの思考は，現実的な問題解決・意思決定などの応用志向です。

　その違いに関しては，ブルームの目標分類学において問題解決が，「適用（application）」（特定の解法を適用すればうまく解決できる課題）と「総合 (synthesis)」（論文を書いたり，企画書をまとめたりと，これを使えばうまくいくという明確な解法のない課題に対して，手持ちの知識・技能を総動員して取り組まねばらない課題）の2つのレベルに分けられていることが示唆的です。「わかる」授業を大切にする日本の学校で応用問題は「適用」問題が主流だったといえます。しかし「使える」レベルの学力を育てるには，折に触れて「総合」問題に取り組ませることが必要です。単元というスパンで学びをデザインし，単元末などに「使える」レベルの「総合」問題に取り組む機会を保障しつつ，毎時間の実践では「わかる」授業を展開するとよいでしょう（表1）。

「学びの舞台」を軸に「末広がり」の単元を構想する

　こうして，学力の3層構造を意識しながら「学びの舞台」づくりとして観点別評価を実施していくことは，単元の学びの組立てを「末広がり」にしていきます。これまで中学校では単元単位で学びを構想する視点は多少あるものの，多くの場合，単元や授業の導入部分で具体例的に生活場面が用いられても，そこからひとたび科学的概念への抽象化（わたり）がなされたら，後は抽象的な教科の世界の中だけで学習が進みがちで，元の生活場面に「もどる」（知識を生活に埋め戻す）ことはまれです。さらに，単元や授業の終末部分

表1．学力の質的レベルに対応した各教科の課題例（石井，2020b）

	国語	社会	数学	理科	英語
「知っている・できる」レベルの課題	漢字を読み書きする。文章中の指示語の指す内容を答える。	歴史上の人名や出来事を答える。地形図を読み取る。	図形の名称を答える。計算問題を解く。	酸素，二酸化炭素などの化学記号を答える。計器の目盛りを読む。	単語を読み書きする。文法事項を覚える。定型的なやり取りをする。
「わかる」レベルの課題	論説文の段落同士の関係や主題を読み取る。物語文の登場人物の心情をテクストの記述から想像する。	扇状地に果樹園が多い理由を説明する。もし立法，行政，司法の三権が分立していなければ，どのような問題が起こるか予想する。	平行四辺形，台形，ひし形などの相互関係を図示する。三平方の定理の適用題を解き，その解き方を説明する。	燃えているろうそくを集気びんの中に入れると炎がどうなるか予想し，そこで起こっている変化を絵で説明する。	教科書の本文で書かれている内容を把握し訳す。設定された場面で，定型的な表現などを使って簡単な会話をする。
「使える」レベルの課題	特定の問題についての意見の異なる文章を読み比べ，それらをふまえながら自分の考えを論説文にまとめる。そして，それをグループで相互に検討し合う。	歴史上の出来事について，その経緯とさまざまな立場の声を紹介し，その意味を論評する歴史新聞を作成する。ハンバーガー店の店長になったつもりで，駅前のどこに出店すべきかを考えて，企画書にまとめる。	ある年の年末ジャンボ宝くじの当せん金と，1千万本当たりの当せん本数をもとに，この宝くじの当せん金の期待値を求める。教科書の問題の条件をいろいろと変えて発展的に問題をつくり，追究の過程と結果を数学新聞にまとめる。	クラスでバーベキューをするのに一斗缶をコンロにして火を起こそうとしているが，うまく燃え続けない。その理由を考えて，燃え続けるためにどうすればよいかを提案する。	まとまった英文を読んでポイントをつかみ，それに関する意見を英語で書いたり，クラスメートとディスカッションしたりする。外国映画の一幕をグループで分担して演じ，発表会を行う。

では，問題演習など機械的で無味乾燥な学習が展開されがちです（尻すぼみの構造）。

　これに対して，よりリアルで複合的な現実世界において科学的概念を総合する，「使える」レベルの学力を試す課題を単元や学期の節目に盛りこむことは，「末広がり」の構造へと単元構成を組み替えることを意味します。単元の最初のほうで単元を貫く問いや課題を共有することで，「見せ場」に向けた学びの必然性を単元レベルで生み出すこともできるでしょう。そして「もどり」の機会があることによって，概念として学ばれた科学的知識は，現実を読み解く眼鏡（ものの見方・考え方）として学び直されるのです。

「逆向き設計」論を生かしてゴールまでの道筋をデザインする

　ウィギンズ（Wiggins, G.）らの「逆向き設計（backward design）」論は「目標と評価の一体化」の一つのかたちであり，次のような順序でカリキュラムを設計していくことを主張します。①生徒に達成させたい望ましい結果（教育目標）を明確にする。②そうした結果が達成されたことを証明する証拠（評価課題・評価問題，評価規準・評価基準）を決める。③学習経験と指導の計画を立てる。

　いわば教師が実現したい中核的な目標を，生徒たちの学びの実力が試される見せ場とし

て具体化し，そのゴールの見せ場に向けてカリキュラムを設計するわけです。「逆向き設計」論は，細かい知識の大部分を忘れてしまった後も残ってほしいと教師が願う「永続的な理解（enduring understanding）」（例：目的に応じて，収集した資料を表，グラフに整理したり，代表値に注目したりすることで，資料全体の傾向を読み取ることができる）と，そこに導く「本質的な問い（essential question）」（例：「全体の傾向を表すにはどうすればよいか？」という単元の問い，さらに「資料の活用」領域で繰り返し問われる「不確実な事象や集団の傾向を捉えるにはどうすればよいか？」という包括的な問い）に焦点を合わせ，それを育み評価するパフォーマンス課題を軸に単元を設計することで少ない内容を深く探究し，結果として多くを学ぶこと（less is more）を実現しようとします。

核となる評価課題・評価問題で単元に背骨を通す

単元のコアとなる評価課題・評価問題（学びの舞台）からゴール逆算的に設計する「末広がり」の単元は，**図4**のようなかたちで組み立てることができます。

一つは，パーツ組立て型で，内容や技能の系統性が強い教科や単元になじみやすいものです。例えば，栄養学の知識を用いてバランスの取れた食事を計画する課題を中心とした単元において，「健康的な食事とは何か」という問いを設定する。生徒たちは，自分の家族の食事を分析してその栄養価を改善するための提案をしたりするパフォーマンス課題を遂行する際にその問いを繰り返し問う。こうして問いに対する自分なりの答え（深い理解）を洗練していくといった具合です。

もう一つは繰り返し型です。説得力のある文章を書く単元において，単元の最初に生徒たちは，文章の導入部分を示した4つの事例に関して，どれが一番よいか，その理由は何かという点について議論する。こうして，よい導入文の条件を整理し，自分たちの作ったルーブリックを念頭に置きながら，説得力のある文章を書く練習に取り組んでいくといった具合です。

パーツを組み立てて総合するにしても，まとまった単位の活動を拡張しつつ繰り返すにしても，①概念や技能を総合し構造化する表現（例：電流のイメージ図や江戸時代の3大改革のキーワードを構造化した概念マップなど，頭の中の知識の表現を，単元前後で書か

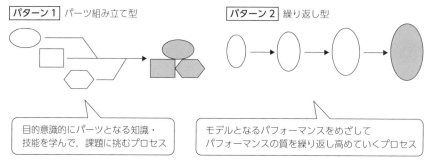

図4. 単元構成における，パフォーマンス課題の位置づけ（西岡，2008。ふき出しは引用者による）

せてその変容で伸びを実感する），あるいは，②主題や論点の探究（例：自分たちの住む○○県のPR活動のプランニングをするために，地域調査を行ったり，それに必要な知識や技能を習得したり，新たな小課題を設定したりして，現状認識や解決法を洗練していく）を，単元の背骨を形成する課題とするとよいでしょう。

授業づくりと単元づくりで「ヤマ場」を意識する

　授業は教材を媒介とした教師と生徒との相互作用の過程であって，始めから終わりまで一様に推移するわけではありません。それゆえ授業過程で繰り広げられる教師と生徒の活動内容には，時間的推移に沿って一定の区切り（「導入-展開-終末（まとめ）」といった教授段階）を取り出すことができます。すぐれたドラマや演奏には感情のうねり，展開の緩急，緊張と弛緩などの変化があり，それが人々の集中を生み出したり，心をゆさぶったり，経験の内容や過程を記憶に焼きつけたりします。すぐれた授業にも同じ性質がみられます。

　授業は教科書通り流すものや次々と脈絡なく課題をこなし流れるものではなく，ドラマのようにリズムや緩急やヤマ場があり，ストーリー性をもって局面が「展開」するものとして捉えるべきです。ゆえに「展開」段階はまさに「展開」の名に値するものとしてデザインされねばなりません。展開の段階においては，授業の「ヤマ場（ピーク）」をつくれるかどうかがポイントになります。授業はいくつかの山（未知の問いや課題）を攻略していきながら教材の本質に迫っていく過程です。この山に対して教師と生徒たちが，それぞれに自分のもてる知識や能力を総動員し討論や意見交流を行いながら，緊張感を帯びた深い追究を行えているかどうかが，授業のよしあしを決定する一つの目安となります。

　「授業において導入がいのち」というのは，「導入を盛り上げる」ということとは異なります。盛り上がった先には盛り下がるのであって，導入ではむしろ生徒たちの追究心に静かに火を付けること，学びのための知的な雰囲気と学びの姿勢を形成し，学びのスタート地点に生徒たちを立たせることに心を砕くべきです。そしてヤマ場に向けて生徒たちの追究心をじわじわ高め，思考を練り上げ，終末段階において，教えたい内容を生徒たちの心にすとんと落とすといった具合に，1時間の授業の展開のストーリーを描く展開感覚が授業づくりでは重要なのです。そうした授業レベルで意識されてきたヤマ場を軸にしたストーリー性を，「学びの舞台」を軸に単元レベルでも意識するとよいでしょう。

　「ヤマ場」は授業者の意図として「思考を深めたい」場所で，「見せ場」は生徒にとって「思考（学習成果）が試される場所」（手応えを得られる機会）です。授業のヤマ場の豊かな学びよりもテストという貧弱な見せ場に引きずられる状況を超えて，ヤマ場と見せ場を関連づけることで「学びの舞台」が生徒たちにとって真に学びの目標となる「見せ場」になるよう学びのストーリーを組み立て，単元や授業のヤマ場を構想していくことが重要です。

学力の質や観点に応じて総括のタイミングを柔軟化する

　単元や年間を通して生徒を長期的に見守り育てていくうえで，年間の学力評価計画を立てておくことが有効です。その際，学力の質や観点に応じて，総括のタイミングを柔軟に運用することが肝要です。「知識・技能」は授業や単元ごとの指導内容に即した「習得目標」について，理解を伴って習得しているかどうか（到達・未到達）を評価する（項目点検評価としてのドメイン準拠評価）。いっぽう「思考・判断・表現」は長期的でスパイラルな育ちの水準をルーブリックのような段階的な記述（熟達目標）のかたちで明確化し，重要単元ごとに類似のパフォーマンス課題を課すなどして，学期や学年の節目でパフォーマンスの洗練度や成長を評価するわけです（水準判断評価としてのスタンダード準拠評価）。「知識・技能」は単元テストや定期テストで，「思考・判断・表現」や「主体的に学習に取り組む態度」は重点単元や学期の節目の課題でといった具合です（**図5**）。

　その際，単元を超えて繰り返す類似のパフォーマンス課題の設定や年間指導計画における位置づけがポイントとなるでしょう。単元で学んだ内容を振り返り総合的にまとめ直す「歴史新聞」を重点単元ごとに書かせることで，概念を構造化・体系化する思考の長期的な変化を評価する。さまざまな単元において実験レポートをまとめたり，時には自ら実験計画を立てたりすることを求めたりして，科学的探究力を育て評価する。あるいは，学期に数回程度，現実世界から数学的にモデル化する思考を伴う問題解決に取り組ませ，思考の発達を明確化した一般的ルーブリックを一貫して用いて評価することで，数学的モデル化や推論の力の発達を評価する。勝負の授業，単元末の課題，あるいは，中間，期末などの学期の節目といった，長い時間軸で成長を見守り，学びの舞台を設定して見せ場で伸ばすわけです。

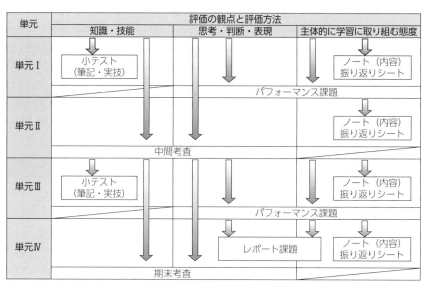

図5．各観点の評価場面の設定（大阪府教育委員会『新学習指導要領の趣旨を踏まえた「観点別学習状況の評価」実施の手引き（令和3年1月）』，15頁）

理科の観点と
評価の実際

1 理科の目標と評価の観点

理科の力をどのように育てるか

◆どのような力を育てる教科か

中学校学習指導要領で明確化された，理科の目標は以下の通りである。

自然の事物・現象に関わり，理科の見方・考え方を働かせ，見通しをもって観察，実験を行うことなどを通して，自然の事物・現象を科学的に探究するために必要な資質・能力を次のとおり育成することを目指す。

(1) 自然の事物・現象についての理解を深め，科学的に探究するために必要な観察，実験などに関する基本的な技能を身に付けるようにする。

(2) 観察，実験などを行い，科学的に探究する力を養う。

(3) 自然の事物・現象に進んで関わり，科学的に探究しようとする態度を養う。

(出典：文部科学省『中学校学習指導要領』(平成29年告示))

上記の (1) は育成を目指す資質・能力のうち「知識及び技能」を，(2) は「思考力，判断力，表現力等」を，(3) は「学びに向かう力，人間性等」をそれぞれ示している。この (1) 〜 (3) の資質・能力は学習評価の3観点とほぼ重なるが，(3) には感性や思いやりなど幅広いものが含まれ観点別学習状況の評価になじむものでないから，評価の観点は「主体的に学習に取り組む態度」として設定し，「感性，思いやりなど」については観点別学習状況の評価の対象外としている。

中学校理科の目標は自ら学ぶ意欲を重視した表現になっており，科学的に探究する活動をいっそう重視している。自然の事物・現象に対する概念や原理・法則の理解，科学的に探究するために必要な観察，実験などに関する技能などを無理なく身につけていくためには，学習内容の系統性を考慮するとともに，資質・能力の育成を図る学習活動が効果的に行われるようにすること，また，科学的な思考力，判断力，表現力等は，自然の事物・現象の中に問題を見いだし見通しをもって観察，実験などを行い，その結果を分析して解釈し表現するなどの科学的に探究する活動を通して育成することが大切となる (図1)。

◆科学的に探究する過程を授業に組み込む

図1を目指すには，各学年の各単元における学習のなかでさまざまな自然の事物・現象と触れ合い，科学的に探究する過程 (図2) を組み込んでいくことによって，発達段階に応じて段階的に資質・能力を身につけさせていく場面を設けることが重要となる。

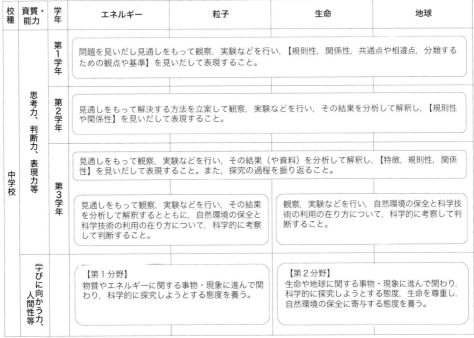

校種	資質・能力	学年	エネルギー	粒子	生命	地球
中学校	思考力，判断力，表現力等	第1学年	問題を見いだし見通しをもって観察，実験などを行い，【規則性，関係性，共通点や相違点，分類するための観点や基準】を見いだして表現すること。			
		第2学年	見通しをもって解決する方法を立案して観察，実験などを行い，その結果を分析して解釈し，【規則性や関係性】を見いだして表現すること。			
		第3学年	見通しをもって観察，実験などを行い，その結果（や資料）を分析して解釈し，【特徴，規則性，関係性】を見いだして表現すること。また，探究の過程を振り返ること。			
			見通しをもって観察，実験などを行い，その結果を分析して解釈するとともに，自然環境の保全と科学技術の利用の在り方について，科学的に考察して判断すること。		観察，実験などを行い，自然環境の保全と科学技術の利用の在り方について，科学的に考察して判断すること。	
	学びに向かう力，人間性等		【第1分野】物質やエネルギーに関する事物・現象に進んで関わり，科学的に探究しようとする態度を養う。		【第2分野】生命や地球に関する事物・現象に進んで関わり，科学的に探究しようとする態度，生命を尊重し，自然環境の保全に寄与する態度を養う。	

※　内容の(1)から(7)までについては，それぞれのアに示す知識及び技能とイに示す思考力，判断力，表現力等とを相互に関連させながら，3年間を通じて科学的に探究するために必要な資質・能力の育成を目指すものとする。

図1. 思考力，判断力，表現力等及び学びに向かう力，人間性等に関する学習指導要領の主な記載
（文部科学省，2018）

資質・能力を育むために重視すべき学習過程のイメージ（高等学校基礎科目の例*7）

*1　探究の過程は，必ずしも一方向の流れではない。また，授業では，その過程の一部を扱ってもよい。
*2　「見通し」と「振り返り」は，学習過程全体を通してのみならず，必要に応じて，それぞれの学習過程で行うことも重要である。
*3　全ての学習過程において，今までに身に付けた資質・能力（既習の知識及び技能など）を活用する力が求められる。
*4　意見交換や議論の際には，あらかじめ個人で考えることが重要である。また，他者とのかかわりの中で自分の考えをより妥当なものにする力が求められる。
*5　単元内容や教材の関係で観察・実験が扱えない場合も，調査して論理的に検討を行うなど，探究の過程を経ることが重要である。
*6　自然事象には，日常生活で見られる事象も含まれる。
*7　小学校及び中学校においても，基本的に高等学校の例と同様の流れで学習過程を捉えることが必要である。

図2. 資質・能力を育むために重視する探究の過程のイメージ（中央教育審議会答申の資料を一部修正）（文部科学省，2018）

対象とする自然事象に主体的に関わらせることで，共通性や規則性などを気づかせることができる。その気づきのなかには自然界の仕組みや法則性が隠されており，その原因を知ることによって不思議さや面白さを実感することができる。この実感を得た生徒は，さまざま自然の事物・現象のなかにも同様な不思議さや面白さを探し出そうとし，原因や仕組み，法則性などを解明したいという思いや活動につながる。この循環が探究活動と捉えることができる。この探究活動の過程をわかりやすく示したものが**図2**（p.25）である。

　自然事象に対する気づきから何を解明したいかを整理することが「課題の把握」であり，具体的に何を追究したいかを明らかにしていくことが「課題の設定」である。「課題の設定」は既存の知識や学習した内容がもととなり，どのようなアプローチをすればどのような結果が得られそうか，あるいは，どのようなことが起こりそうかという漠然とした見通しをもつことができる。初めて出会う事象でも似たような例を思い起こし，その際に経験したことに照らし合わせて考えていくこともできる。この段階が「仮説の設定」から「検証計画の立案」となる。そして，計画した実験や観察を行い，得られた結果を分析・解釈して，考察していく過程が，「課題の探究（追究）」から「課題の解決」の場面となる。

◆見通しをもって考える力を伸ばす（単元を通して思考力の成長を支える）

　仮説や予想を立てる際には，既習事項やいままでの経験に基づいて，いろいろな事例と照らし合わせ，比較したり関連づけたりしながら，自分の考えを整理する活動が伴う。これが見通しをもつということである。

　見通しをもつことは，見通しをもって考えさせる学習過程を経て徐々に身についていくものである。だからこそ，「見通しもって考える力」を長いスパンで評価することが必要である。さまざまな単元のなかで，科学的に探究する過程を通じて，「見通しの力」を評価する例としては，「仮説や予想を，根拠をもって述べている」「検証のための実験や観察の計画を立てている」「結果に基づいて，仮説の妥当性を検討したり，考察したりしている」「学んだことをもとに次の課題を発見している」などである。

どのように評価を改善するか

◆よいテストの条件

　よいテストの条件として，以前から「妥当性」「信頼性」「難易度」があげられている。これは，実際に授業で学習した内容の問いになっているか，評価規準によって設定された学習の実現状況を見ることができるものになっているか，学習によって獲得した量に鋭敏な尺度になっているかということである。これに加え，現実の場面や学問的な文脈のなかで，知識の使い方を問題にしているかという「文脈依存性」も重視されている。

　さらに，学校現場の実情を考慮するとき，授業計画に組み込めるよう，短時間に実施できるか，採点に負担がなく客観的に実施できるかどうかなどの「実用性」もテストの条件としていわれている。テストを作成するうえでの重要なポイントは，「まず，授業での学習内容に対応させながらどのような力を測るのかを考えること，そして，適切な設問や

パフォーマンス課題になっているか，適度な難易度になっているかに注意し，評価規準に照らし合わせて作問していく」ことである。

◆ペーパーテストの改善

　ペーパーテストは，測りたい資質・能力（育てたい力）を測れるテストになっていることが必要である。「知識及び技能」を評価する観点は自然の事物・現象についての基本的な概念や原理・法則などの理解であり，本質的な特徴やそのものの意味を日常生活や社会と関連づけて理解しているかが重要となる。このような学習の実現状況は，語句の記憶再生を測る問題のみで評価することはできない。

　例えば凸レンズの虚像については，虚像が「正立した拡大された像である」という名称や性質を問うのではなく，光の道筋を作図させ，その結果からどのような像がどこにできるのか，学んだ光の性質を踏まえて虫眼鏡の見え方と関連づけて問うような問題としたい。これにより，語句の意味の理解を問うことができる。このような出題がテストにあることを生徒と共有することは，生徒の学習のしかたにも影響を及ぼすことがある。

　「思考・判断・表現」を測る問題にも工夫が必要である。授業では実験結果を判断し規則性を見いだす学習であったとしても，授業の学習内容をそのまま問う問題では「知識」の記憶再生を測ることとなってしまう。日常生活や社会と関連した問題について，授業で学んだ方法や視点を用いて考えたことを記述させる工夫も必要である。

　例えば，学校の同じ場所に生育している4本のケヤキの木が，春の芽吹きや秋の紅葉の時期に，芽が出る順や紅葉する順番が異なっている現象に対して，その原因となっている環境要因を答えさせたり，太陽の動きを考えながら方位を問うような問題はどうだろうか。学んだ知識を組み合わせながら，総合的に判断して表現させることを取り入れたい。

指導と評価の一体化をどのように高めるか

　テストを行うことによって，授業を通してどのような力を身につければよいかを生徒自身が理解して，学習の方法を変えたり，学習意欲が喚起されたりすることもある。教育的影響が望ましいものかどうかも重視されている。

　教育的影響（教育的効果）を考慮し，「評価の観点」を明らかにするような工夫も考えられる。生徒にとっては，問いが「知識・技能」を評価するものか，「思考・判断・表現」を評価するものかがわかったほうが，設問の意図に合った解答ができる。また，どのような資質や能力を測ろうとしているのかを表記することも考えられる。例えば，ペーパーテストの問いに「事実的な知識を問う問題」「概念的な知識を問う問題」「実験の結果から規則性を見いだす問題」「基本操作を身につけているかを問う問題」のような項目をつけておくことも考えられる。教師にとっては，問題を作成する際に，評価規準と照らし合わせながら，問題の内容や問いかけ方などを吟味することができる。

　また，授業でどのような資質や能力を身につけてほしいのか，評価の観点は何かなど，テスト解説時や学級通信などを使って，生徒や家庭に理解させていくことも必要である。

2 おもに「知識・技能」を見る評価課題・評価問題のつくり方

どのように「知識・技能」を評価するか

◆「知識・技能」で何を評価するのか

　「知識・技能」の評価は，各教科等における学習の過程を通して身につけた知識や技能の習得状況について評価を行うとともに，それらを既有の知識や技能と関連づけたり活用したりするなかで，ほかの学習や生活の場面でも活用できる程度に概念等を理解したり，技能を習得したりしているかについても評価するものである。理科での「知識・技能」の評価の観点及びその趣旨は，「自然の事物・現象についての基本的な概念や原理・法則などを理解しているとともに，科学的に探究するために必要な観察，実験などに関する基本操作や記録などの基本的な技能を身に付けている」（国立教育政策研究所，2020，p.28）こととなっている。

　生徒が自然の事物・現象（事象）を理解しているかは，必要な用語を正しく使って原理や法則をわかりやすく説明することができるまでの状態が求められる。自然の事物などの基本的な概念などを捉えるにはある限定された条件下での性質を調べる（観察や実験などで情報を収集する）ことも必要となるが，こうした科学的な探究の過程を生徒が主体的に経験するには観察や実験などに関する基本操作や記録などの基本的な技能も身につけていなければならない。これらの学習の実現状況・生徒のすがたを評価することが「知識・技能」で求められることである。

◆どのように評価するか

　具体的な評価方法には，ペーパーテスト，ワークシート等の記述を分析すること，教師による行動観察などがある。ペーパーテストは，確認テストとして事実的な知識の習得の小テストを実施したり，単元末テストに知識の概念的な理解などを問う問題を作成したりすることも考えられる。実験や観察などを行う際には，ワークシートを作成して，観察や実験の結果を表やグラフに表現したり，文章を用いて説明をしたりする場面を設定することが考えられる。観察や実験の基本的な技能を身につけているかを見るために実技テストを設定し，生徒に基本操作を行わせ，その様子を教師が観察し評価を行うこともできる。ここではペーパーテストを想定し，①自然の事物・現象についての基本的な概念や原理・法則などの理解と②科学的に探究するために必要な観察，実験などに関する基本操作や記録などの基本的な技能を見る評価課題について，どのような課題や問題がよいのかを，具

体的な例をあげて考えてみたい。なお，第2章で取り上げる評価問題及び評価の例は，第3，4章に収録したものをもとに，変更を加えたものである。

第1分野の「知識・技能」の評価課題・評価問題

◆評価規準の設定

第1分野「(1) 身近な物理現象　ア（ア）光と音」の単元では，まず光の進み方の性質を理解することが大切である。光は直進するが水やガラスなどの物質の境界面では反射や屈折して進み，そのときに規則性があることを実験結果から見いだすことが求められる。

本単元の「知識・技能」の評価規準は，例えば以下の通りである。

光と音に関する事物・現象を日常生活や社会と関連付けながら，光の反射や屈折，凸レンズの働き，音の性質についての基本的な概念や原理・法則などを理解しているとともに，科学的に探究するために必要な観察，実験などに関する基本操作や記録などの基本的な技能を身に付けている。（国立教育政策研究所，2020，p.105）

◆評価課題・評価問題の例（第1分野「知識・技能」）

図3は，実験の結果をもとに，光の性質を理解できているかを問う評価問題として設定されたものである。光を鏡や水面で反射させる実験を行うと，入射角と反射角が等しくなることが観察できる。これは，光に関する重要な性質で「反射の法則」というが，これらの用語や内容を知っていることが重要なのではなく，この光に関する基本的な概念を活用して，身の回りで展開する光に関する現象を，この性質を使って説明したり，課題を解決したりできることが求められている。

【問題】 光が鏡の表面ではね返るときの角度の関係を調べる実験を行った。下の表はその結果である。

角度A	0°	10°	20°	30°	40°	50°
角度B	0°	10°	20°	30°	40°	50°

(1) 角度Aおよび角度Bをそれぞれ何というか。
(2) 実験の結果から，光が鏡の面ではね返るとき，
　　光にはどのような性質があるといえるか。
(3) (2)のような性質を一般に何というか。

　解答例　　(1) A 入射角　B 反射角　　(2) 入射角と反射角はいつも同じである。
　　　　　　(3) 反射の法則

図3. 第1分野の「知識・技能」を測る評価問題例①

光の性質を理解したり説明したりするうえで重要な用語は，単に知識の再生を問うような問題ではなく，身の回りで起こる光の現象による課題を，学んだ知識や技能を活用し

て，解決できるかどうかを問う問題としたい。**図4**は,「光が直進する」という光の性質や,入射角＝反射角という「反射の法則」ということをそのまま問うのではなく，これらの知識を活用し，光の進む道筋を図で表すことで解決させる評価問題である。

　評価の観点は，物体から出た光が鏡の面に反射して観測者の目に届く光の道筋を描く際，入射角と反射角が同じになるように描いているか，鏡に反射した像が，観測者からの直線上にあるか，物体とその像が鏡に対して線対称の位置になっているかである。

　水そうの水面を下方からのぞくと，中にいる魚が水面に映って見える全反射の現象にも応用できる。生徒の解答の仕方によっては，授業での課題設定の仕方や，反射から屈折への学習指導順序の修正を行うこともできる。

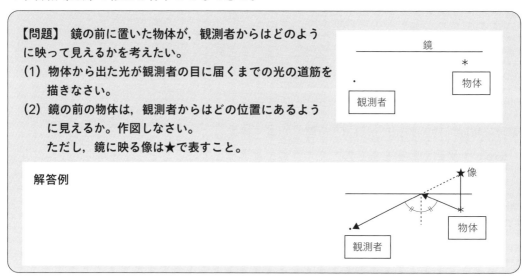

【問題】 鏡の前に置いた物体が，観測者からはどのように映って見えるかを考えたい。
(1) 物体から出た光が観測者の目に届くまでの光の道筋を描きなさい。
(2) 鏡の前の物体は，観測者からはどの位置にあるように見えるか。作図しなさい。
　ただし，鏡に映る像は★で表すこと。

解答例

図4. 第1分野の「知識・技能」を測る評価問題例②

第2分野の「知識・技能」の評価課題・評価問題

◆評価規準の設定

　気象観測の学習では，気象要素と天気の変化との関係についての理解が深まれば，観測機器を正しく操作し気象観測を正確に測定しようと考えるようになる。また観測方法や観測機器の仕組みを理解することで気象観測を行うこと自体に興味・関心をもち，観測の意味を見いだして科学的に探究しようとする態度にもつながる。

　第2分野「(4) 気象とその変化　ア (ア) 気象観測」の評価規準は，例えば以下の通りである。

　気象要素と天気の変化との関係に着目しながら，気象要素，気象観測についての基本的な概念や原理・法則などを理解しているとともに，科学的に探究するために必要な観察，実験などに関する基本操作や記録などの基本的な技能を身に付けている。(国立教育政策研究所，2020，p.114)

◆評価課題・評価問題の例（第2分野「知識・技能」）

　図5の問題では，解答七つのうち，四つ以上の正答で「おおむね満足できる（B評価）」を，六つ以上の正答で「十分満足できる（A評価）」とするなど，正答数でカッティングポイントを決める方法もある。これは，学校ごとに決めていけばよい。

【問題】　4月のある2日間8:30〜16:30に，1時間ごとに気象観測を行った。次の表は，気象観測の結果（上が1日目，下が2日目）を表している。ただし，空らんがある。これについて，下の（1）〜（3）に答えなさい。

1日目

時刻	気温 [℃]	湿度 [%]	気圧 [hPa]	風向	雲量	天気
8:30	18.6	50	1023.4	西南西	0	
9:30	20.0	46	1023.0	北東	0	
10:30	23.4	39	1022.8	南西	0	
11:30	23.9	38	1022.0	南西	0	
12:30	25.9	36	1021.8	南西	0	
13:30	26.1	33	1020.4	南南東	0	
14:30	26.0	30	1020.1	西南西	0	
15:30	25.9	35	1019.7	南西	0	
16:30	25.0	42	1019.8	南	0	

2日目

時刻	気温 [℃]	湿度 [%]	気圧 [hPa]	風向	雲量	天気
8:30	18.9	81	1013.1	南東	10	くもり
9:30	18.2	91	1012.6	南東		雨
10:30	18.0	95	1011.6	南東		雨
11:30	18.2	96	1011.6	南東		雨
12:30	18.2	96	1010.6	南南東		雨
13:30	18.3	97	1009.1	南南東		雨
14:30	17.9	97	1007.5	東北東		雨
15:30	17.8	97	1006.8	北北西		雨
16:30	17.3	97	1006.5	北		雨

（1）1日目の天気とその天気記号を答えなさい。

（2）2日目の9：30の雲量を答えなさい。

（3）次のア〜エについて，気象観測の結果から，正しいものには○，間違っているものには×を付けなさい。

　　ア　天気のよい日は気圧が高く，天気が悪い日は気圧が低い。

　　イ　雨の日は，晴れの日に比べて，気温の変化が小さい。

　　ウ　晴れた日は，朝や夕方に比べると，昼間の湿度は低い。

　　エ　気温が上がると湿度は下がり，気温が下がると湿度は上がる。

解答例　（1）天気 快晴　天気記号 ○　　（2）雲量 10　　（3）ア○　イ○　ウ○　エ ×

図5．第2分野の「知識・技能」を測る評価問題例

3 おもに「思考・判断・表現」を見る 評価課題・評価問題のつくり方

どのように「思考・判断・表現」を評価するか

◆「思考・判断・表現」で何を評価するのか

　「思考・判断・表現」は，各教科等の「知識及び技能」を活用して課題を解決する等のために必要な「思考力，判断力，表現力等」を身につけているかを評価する観点である。

　理科での「思考・判断・表現」の評価の観点及びその趣旨は，「自然の事物・現象から問題を見いだし，見通しをもって観察，実験などを行い，得られた結果を分析して解釈し，表現するなど，科学的に探究している」（国立教育政策研究所，2020，p.28）こととなっている。

◆どのように評価するか

　生徒が単元を通じて「思考・判断・表現」する場面を効果的に設計したうえで，指導・評価することが求められる。評価は，ペーパーテストのみならず，論述やレポートの作成，発表，グループでの話し合い，作品の制作や表現等の活動を取り入れたり，それらを集めたポートフォリオを活用したりするなど評価方法を工夫することが考えられる。

　ペーパーテストでは，観察，実験などの条件や方法，手順なども含めて，得られた結果を多面的に捉えるようにしたり，結果を分析的に解釈・判断させて，わかることや考えられることを問いたり，判断した理由を説明させたり，自分の考えをわかりやすく論理的に表現させるような評価課題や問題とすることが求められる。

　比較的大きな課題では，レポートの作成や発表において，聞き手や読み手にわかりやすく論理的に表現できているかが評価のポイントとなる。観察や実験は，ある限定された条件のなかで，自然の事物・現象を再現することであり，それによって得られた結果は部分的ではあるが，事実を表している。その結果をどのような考えで分析したり解釈したりしているか，説明や論理構成に矛盾はないかを見る。考えを広げたり深めたりするには，グループでの話し合いを通して意見交換をしたり発表を聞いたりしながら，新しい考え方や視点を受け取ったり，自分の考えと比較，修正を加えたりしていく場面が必要である。

第1分野の「思考・判断・表現」の評価課題・評価問題

◆評価規準の設定

　第1分野「(3) 電流とその利用　ア (ア) 電流」の単元は，回路の作成や電流計，電圧計，電源装置などの操作技能を身につけさせ，電流に関する実験を行い，その結果を分析して

解釈し，回路の電流や電圧の規則性を見いだし理解させることがおもなねらいである。具体的には，簡単な直列回路や並列回路における電流や電圧に関する規則性を，実験を通して見いださせ，回路の基本的な性質を理解させることである。

　本単元の「思考・判断・表現」の評価規準は，例えば以下の通りである。

　電流に関する現象について，見通しをもって解決する方法を立案して観察，実験などを行い，その結果を分析して解釈し，電流と電圧，電流の働き，静電気の規則性や関係性を見いだして表現しているなど，科学的に探究している。（国立教育政策研究所，2020，p.106）

◆評価課題・評価問題の例（第1分野「思考・判断・表現」）

　二つの抵抗を直列につないだ回路の実験では，それぞれの抵抗に同じ大きさの電流が流れるので，実験結果から抵抗の大きさと抵抗にかかる電圧の大きさが比例関係にあることを見いださせる。また，二つの抵抗を並列につないだ回路では，それぞれの抵抗にかかる電圧の大きさは同じになり，抵抗の大きさと流れる電流の大きさは反比例の関係にあること，それぞれの抵抗に流れる電流の合計が回路全体に流れる電流と同じになることを，実験結果から見いだせるかを問う問題も可能である。

【問題】 20 Ωと30 Ωの2個の電気抵抗を直列につないだ回路aと並列につないだ回路bで，抵抗全体に加わる電圧と全体に流れる電流を測定したところ，右図のような結果となった。これについて，以下の問いに答えなさい。

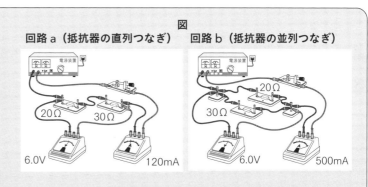

図

回路a（抵抗器の直列つなぎ）　　回路b（抵抗器の並列つなぎ）

(1) 回路aと回路bそれぞれの回路全体の抵抗の大きさを求め，抵抗を直列につないだ場合と並列につないだ場合，抵抗の大きさはどのようになっているか説明しなさい。

(2) 実験結果から，回路全体に流れる電流がどうなるといえるか。説明しなさい。

　解答例　　（1）回路aは6.0 V ÷ 0.12 A ＝ 50 Ω，回路bは6.0V ÷ 0.5A ＝ 12 Ωとなり，直列回路のほうが並列回路よりも抵抗値が大きい。（B評価）／直列回路の全体抵抗の値が二つの抵抗の値の和になっている。（A評価）
　　　　　　（2）直列回路よりも並列回路のほうが流れる電流は大きくなる。（B評価）／直列回路よりも並列回路のほうが回路全体の抵抗値が小さくなるので，回路に流れる電流は大きくなる。（A評価）

図6．第1分野の「思考・判断・表現」を測る評価問題例

図6（p.33）は，「二つの抵抗をつなぐ直列回路や並列回路などの簡単な回路の各点を流れる電流や各部に加わる電圧などを調べる実験を行い，その結果を分析して解釈し，電流や電圧に関する規則性を見いだして理解させる」（文部科学省，2018，p.42）を評価する問題の例である。ここでは，学習後のペーパーテストで評価を行うことを想定している。

◆評価のポイント

　図6（p.33）の（1）は，電圧計の値と電流計の値から，オームの法則を用いて回路全体の抵抗値を求めようとしているかである。計算結果が正しければ，「おおむね満足できる（B評価）」とする。直列回路では，二つの抵抗値の和が全体抵抗の値になっているので，このことに触れて説明している場合は，「十分満足できる（A評価）」とする。

　（2）は，二つの回路を比べると，電圧計の値は同じであるが，電流計の値は並列回路のほうが大きいことを読み取れるかであり，全体抵抗の値の違いに触れて説明している場合は，「十分満足できる（A評価）」とする。

　「努力を要する（C評価）」とした生徒には，実験計画書に立ち戻り，何を調べるためにどのような実験を行えばよいのかを確認させる。同時に電圧計や電流計のつなぎ方を確認し，直列回路と並列回路の特徴を確認する。その後，電圧計と電流計の値からわかることを考えさせながら，オームの法則を用いて抵抗値を求めさせ，その値が回路のどの部分を表しているか，などを順に確認し，指導・支援をしていく。

第2分野の「思考・判断・表現」の評価課題・評価問題

◆評価規準の設定

　第2分野「(2) 大地の成り立ちと変化　ア（ウ）火山と地震)」の単元は，「地球内部の働きに起因する最も身近な事物・現象として火山及び地震を取り上げ，地下のマグマの性質と関連付けて火山活動を理解させるとともに，火成岩の組織の違いを成因と関連付けて理解させる。また，地震の原因を地球内部の働きと関連付けて理解させるとともに，地震に伴う土地の変化を理解させることが主なねらいである。」（文部科学省，2018，p.83）

　火成岩や鉱物の種類の多さから，火山の学習は複雑で暗記の学習と思う生徒も多いが，マグマの性質はその中に溶けている鉱物の種類によって性質が決まること，鉱物の種類とマグマの粘性や溶岩の流動性，火山の形，溶岩の色などと関連性が高く，規則性があることを理解できるようになると，科学の面白さに気づくようになる。

　本単元の「思考・判断・表現」の評価規準は，例えば以下の通りである。

> 　火山と地震について，問題を見いだし見通しをもって観察，実験などを行い，地下のマグマの性質と火山の形との関係性などを見いだして表現しているなど，科学的に探究している。(国立教育政策研究所，2020，p.112)

◆**評価課題・評価問題の例（第2分野「思考・判断・表現」）**

　総括的な評価問題として，マグマの性質や火山について総合的な考察ができているかを評価する例をあげる。**図7**は，単元後のペーパーテストや定期考査を想定した問題である。観察の結果から，マグマの性質や岩石のでき方を見いだし，その結果を火山の形や噴火と関連づけて考えることを生徒ができるのかどうかを見る評価問題である。

【問題】 学校に近いところにある活火山の岩石を採取し，観察した。この岩石を観察したところ，下のような特徴が見られた。右の写真は顕微鏡で拡大したときの様子である。岩石の特徴から，この活火山の形や噴火したときの様子を推測し説明しなさい。

1cm

[特徴]
- 角張った鉱物が点在していて，肉眼でもはっきりわかるぐらい大きいものが多かった。
- セキエイ，チョウ石，クロウンモ，カクセン石があった。
- 最も多く見られたのはチョウ石で，その次にセキエイだった。
- 鉱物が見られないところもあり，粒は小さかった。

解答例　　セキエイやチョウ石が多く見られることから，粘性の高いマグマが地表付近で冷え固まってできた溶岩であると考えられる。この活火山の噴火では溶岩が流れ出ないので，形は盛り上がるような形をしていると考えられる。火砕流や爆発的な噴火が起こったと推測できる。

図7．第2分野の「思考・判断・表現」を測る評価問題例

◆**評価のポイント**

　図7の評価のポイントは，溶岩の特徴をもとにマグマの性質を推測し，その性質から火山の形や噴火の様子について表現できていれば「おおむね満足できる（B評価）」とする。

　観察した鉱物の形や組織の様子から斑状組織であること，チョウ石が多いことから白っぽい岩石であることが読み取れる。複数の情報を多面的に推測して説明していると判断できる場合は，「十分満足できる（A評価）」とする。例えば「観察の結果から，粘性の高いマグマが地表付近で冷え固まった白っぽい溶岩であることが考えられる」などの表現である。

　「努力を要する（C評価）」と判断した生徒に対しては，まず，マグマの性質からどのようなことがいえるのかを学習したことを振り返りながら整理させる。鉱物の種類や特徴をノートで確認させたり，教科書や資料集の表と照らし合わせたりすることで，観察できた鉱物の種類からどのようなことがいえるのかを表現させるようにする。

4 「主体的に学習に取り組む態度」の評価法

生徒のどのような姿に注目するか

◆評価の観点としての「主体的に学習に取り組む態度」をどう捉えるか

「主体的に学習に取り組む態度」の評価は，単に継続的な行動や積極的な発言を行うなど，性格や行動面の傾向を評価するのではなく，各教科等の「主体的に学習に取り組む態度」に係る観点の趣旨に照らして，知識及び技能を習得したり，思考力，判断力，表現力等を身につけたりするために，自らの学習状況を把握し，学習の進め方について試行錯誤するなど自らの学習を調整しながら，学ぼうとしているかどうかという意思的な側面を評価することが重要である。ここでの評価は，生徒の学習の調整が「適切に行われているか」を必ずしも判断するものではなく，学習の調整が知識及び技能の習得などに結びついていない場合には，教師が学習の進め方を適切に指導することが求められる。

中学校理科の「主体的に学習に取り組む態度」の評価の観点及びその趣旨は，「自然の事物・現象に進んで関わり，見通しをもったり振り返ったりするなど，科学的に探究しようとしている」（国立教育政策研究所，2020，p.28）となっている。この観点に基づく評価は，「主体的に学習に取り組む態度」に係る各教科等の評価の観点の趣旨に照らして，「①知識及び技能を獲得したり，思考力，判断力，表現力等を身に付けたりすることに向けた粘り強い取組を行おうとしている側面と，②粘り強い取組を行う中で，自らの学習を調整しようとする側面，という二つの側面から評価することが求められる。」（同，p.10）

◆「粘り強さ」の側面をどう捉えるか

「粘り強さ」とは，「最後まであきらめずにやり抜くこと，また，根気強く辛抱強くあきずに活動を続けること」と捉えることができる。それらができるのは，精神力や忍耐力ということだけではなく，目標を達成しよう，もっとよいものをつくりたいという向上心をもっていること，面白さを見つけ，精力的に生き生きと積極的に活動しようという意欲が背景にある。この向上心や意欲といった精神的な部分を積極的に評価しようというのが，「主体的に学習に取り組む態度」の粘り強い取り組みの評価の意味であると捉えている。

粘り強く活動している生徒の姿を，行動観察，レポート作品などのなかから見抜き，活動の質などを評価することが大切であると考える。例えば，以下のようなものである。

・わからない，できないと途中であきらめたり，投げ出したりしない。

・同じような活動が続いても，いやにならず，続けることができる。
・課題を最後まで，自分の力でやり遂げようとしている。
・自分で解決できなくても，解決するための方法を自ら見つけようとしている。
・自分が納得するまで，質問したり確認したりしている。
・わからないことを理解できるまで尋ねたりしている。
・実験がうまくいかなくても，やり直したり，原因を追究したりしている。
・話し合い活動で，相手の考えをそのまま受け入れるのではなく，自分の考えを相手に理解してもらうまで説明している。
・限られた時間を有効に活用している。
・課題や考えの一つの形ができても，よりよいものに仕上げようと修正を加えたりする。具体的には，レポートや説明文，課題などを読み直して修正を加えたり，表やグラフを見やすくしたり，わかりやすくしたりしている。
・授業で学習したことを，自分自身で確かめてみたり，関連する内容を調べてみたりする。
・与えられた課題をそのまますするだけではなく，自ら，課題の面白さや問題点などを見いだそうとしている。

◆「自己調整」の側面をどう捉えるか

　「自らの学習を調整しよう（自己調整）」とすることを，「いま置かれている状況をよくない状態と捉え，手を加えて，自分が思う望ましい状態にすること」としよう。まず，現在の自分の状態を客観的に把握すること（メタ認知）が必要である。より望ましい状態は，現在の状態からそのような状態になりたい思う意欲，向上心ともいえる。わからない，できないを，わかりたい，できるようになりたいと思うから，粘り強く取り組もうとするのであり，ほとんどの生徒は，わかりたい，できるようになりたいと思っている。その意欲を引き出して活力にしながら学習活動を進めていくことが，自ら学ぶ意欲につながっていく。これは，理科を学ぶことの意義や価値を理解して有用性を実感したり，理科への関心を高めたりすることとも大きく関わっている。

　わかるようになった，できるようになったということは，自らの成長を実感することであり，学習過程を通して達成感や充実感を得ることでもある。このような生徒は，表情も表現する言葉もそして行動の様子も目に見えて変化していく。この変化を適切に評価して生徒へ還元していくことも，さらに「主体的に学習に取り組む態度」を伸ばしていくことにつながる。「自己調整」は生徒の内面にあるもので，それらを文字や言葉で表面化させたりしながら，生徒自身が実感できるように評価していくことが大切であると考える。

どのように「主体的に学習に取り組む態度」を評価するのか

◆ワークシートの項目を工夫する

　具体的な評価の方法としては，ノートやレポート等における記述，授業中の発言，教師による行動観察や生徒による自己評価や相互評価などの状況を，教師が評価を行う際に考慮する材料の一つとして用いることなどが考えられる。

ノートの記述を点検する際には，内容がきちんとわかりやすく書かれているかということではなく，何を調べるための学習なのか，操作を行ううえでの注意点などの学習活動のポイントや，実験や観察のなかで気づいたこと，発見したこと，話し合い活動などを通して重要だなと思ったことなどが書かれているかということを，評価するうえで参考にする。しかしながら，中学生はうまくノートへの記入・記述ができないことも多い。そこで，多くの教師は，ノートとは別にワークシートや課題の用紙を用意して，書かせたい項目を設定している。なかには，当初の自分の考えがわかるようにし，学習が進んでいく過程で学んだことに基づいて，考えを修正したり，新たな考えを追記したりできるように工夫しているものもある。例えば**図8**のワークシートは，「2」の項目において，ほかの人の考えをしっかりと聞こうとしているか，自分の考えに役立ててよりよいものにしようとしているかなどを読み取ることができるように工夫している。

◆授業中の発言や行動観察による評価の手順とポイント

　授業中の発言から，客観的で公平な評価ができるかには疑問が残る。クラス全体での発言を求める場合，多くの生徒が手をあげて発言することはなかなかない。また，積極的に発言しないからといって主体的に学習に取り組んでいないとはいえない。授業中に指導している教師がすべての発言者の評価を同時に行うことはむずかしく，一部の印象的な場面しか記録できない。録画や録音などを活用してもすべての記録を確認するのは現実的ではない。班の話し合いの場面では生徒それぞれに発言の機会を与えることができるし，教師が行動観察し，評価に専念することもできるが，これもすべての場面を均等に観察することはできない。ワークシートなどに書かれた内容に，行動観察時の生徒の発言の記録を評価に加味していくことが，生徒の内面にある態度を正しく評価することにつながる。

行動観察時のチェックポイントの例

・自分の考えを，わかりやすく伝えようと努力しているか。

・相手の考えを，しっかりと聞き，メモしているか。

　学習活動後に，自分自身の活動や考えについての振り返りをさせ，自己評価や相互評価を行い，評価に役立てている例もある。自己評価は「振り返りシート」として使用している例も多い。

自己評価の質問項目の例

・自分自身の活動を振り返って，工夫した点や努力した点はどこですか。

・課題を解決するために，手がかりとなったことや意識したことは何ですか。

・考えが思い浮かばなかったり，活動がうまくいかなかったりしたときに，課題を解決するうえで何が役に立ちましたか。

・考えをまとめるうえで，誰のどの意見が参考になりましたか。

・学習活動を振り返り，大切だなと思ったことは何ですか。

振り返りシート

1　目の前で起こった現象の仕組みについて，自分の考えを書きなさい。

> 他人の考えを聞き，自分の学
> 習に生かそうとしているかを
> 確認できる項目を設定する

2　現象の仕組みについて班の仲間と話し合い，①〜③を書きなさい。
　①　自分の考えについて，ほかの人の意見をまとめてみよう。●

　②　ほかの人の考えを聞いて，自分の考えとの違いをまとめてみよう。●

　③　話し合いのなかで，気づいたこと，なるほどと思ったことを書いてみよう。●

3　現象の仕組みについての自分の考えを，修正してみよう。

図8．振り返りのワークシートの質問項目の例（「主体的に学習に取り組む態度」の評価材料）の例

5 単元における観点別評価の実際

観点別評価のおおまかな流れ

　観点別評価は一般的に**図9**の手順で行う。単元を一つのまとまりとし，単元ごとに評価の区切りをつける。各単元で総括した観点別評価の結果は，学期末，学年末に総括し，通信簿や指導要録に記載する。

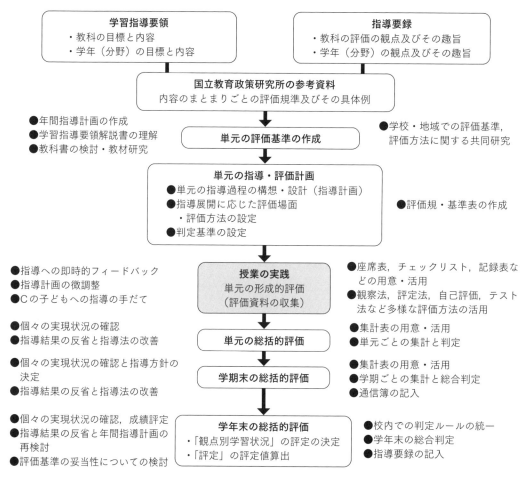

図9. 観点別評価の手順（北尾, 2002, 2006）

評価規準を作成する

　学習評価に用いる評価規準は，生徒の学習の達成状況を三つの観点別に書いたものである。各学校で設定することになるが，目標に対して，「おおむね満足できる（B）」状況を想定することが望ましい。観点ごとの評価規準を作成する際の考え方として国立教育政策研究所（2020）で以下のポイントが示されており，単元の評価規準は**図10**のように学習指導要領の本文を使って作成することができる。

第2分野「内容のまとまりごとの評価規準」作成について（国立教育政策研究所, 2020, p.34）
○「知識・技能」のポイント……学習指導要領の「2 内容」における大項目の中のアの「次のこと」を「中項目名」に代え，「〜を理解するとともに」を「〜を理解しているとともに」,「〜を身に付けること」を「〜を身に付けている」として，「内容のまとまりごとの評価規準」を作成する。
○「思考・判断・表現」のポイント……学習指導要領の「2 内容」における大項目の中のイの「見いだして表現すること」を「見いだして表現している」として，「内容のまとまりごとの評価規準」を作成する。
○「主体的に学習に取り組む態度」のポイント……「主体的に学習に取り組む態度」については，学習指導要領の「2 内容」に育成を目指す資質・能力が示されていないことから，「分野別の評価の観点の趣旨」（第2分野）の冒頭に記載されている「生命や地球に関する事物・現象」を「（大項目名）に関する事物・現象」に代えて，「内容のまとまりごとの評価規準」を作成する。

---

(3) ア（ア）　生物と細胞　の目標

（1）	（2）	（3）
生物の体のつくりと働きとの関係に着目しながら，生物と細胞を理解するとともに，それらの観察，実験などに関する技能を身に付けること。【根拠:学習指導要領　第2分野2内容 (3) ア】	生物と細胞について，見通しをもって解決する方法を立案して観察，実験などを行い，その結果を分析して解釈し，生物の体のつくりと働きについての規則性や関係性を見いだして表現すること。【根拠:学習指導要領 第2分野2内容 (3) イ】	生物と細胞に関する事物・現象に進んで関わり，見通しをもったり振り返ったりするなど，科学的に探究しようとする態度を養うこと。【根拠:学習指導要領 第2分野1目標 (3)】

▼　　　　　　　　▼　　　　　　　　▼

(3) ア（ア）　生物と細胞　の評価規準

知識・技能	思考・判断・表現	主体的に学習に取り組む態度
生物の体のつくりと働きとの関係に着目しながら，生物と細胞についての基本的な概念や原理・法則などを理解しているとともに，科学的に探究するために必要な観察，実験などに関する基本操作や記録などの基本的な技能を身に付けている。	生物と細胞について，見通しをもって解決する方法を立案して観察，実験などを行い，その結果を分析して解釈し，生物の体のつくりと働きについての規則性や関係性を見いだして表現しているなど，科学的に探究している。	生物と細胞に関する事物・現象に進んで関わり，見通しをもったり振り返ったりするなど，科学的に探究しようとしている。

図10．中項目（3）生物の体のつくりと働き　（ア）生物と細胞　の評価事例について

指導と評価の計画を作成する

◆大項目の指導と評価の計画を作成する

　図11は学習指導要領の内容のまとまり（大項目）「第2分野（3）生物の体のつくりと働き」の計画を示しており，三つの単元（中項目）を含んでいる。観点別学習状況への総括は単元（中項目）ごとに実施することが多いが，ターゲットとする資質・能力によっては，大項目末，学期・学年末といった節目で総括的評価を実施するなど，できるだけ長い時間軸で成長を見守ることも考えられる。なお第3章以降の評価事例は「主体的に学習に取り組む態度」について，基本的に大項目ごとに総括する計画例を示した。

◆中項目の指導と評価の計画を作成する

　図12では中項目「（3）ア（ア）生物と細胞」の，5時間分の授業を計画している。

・1時間目は顕微鏡の操作の仕方とプレパラート作りを学ぶ時間で，水中の生物を観察しながら，顕微鏡の正しい操作ができているかを確認していく。

・2時間目は顕微鏡操作の技能を生かしながら，植物の組織を観察して細胞からできていることを見いださせる。

・3時間目は観察結果から植物細胞の特徴を理解する。

・4時間目は動物組織を観察し，植物と動物の細胞の共通点や相違点を見いだして表現する。

・5時間目は学習したことを振り返ったりまとめたりするなかで，生物と細胞についての基本的な概念や生物の体のつくりと働きについての関係性などを総括的に評価していく。

学習指導要領		おもな学習活動	重点の評価観点
中項目	小項目		
（ア）	⑦	・オオカナダモの葉やタマネギの表皮を観察し，植物の体が細胞からできていることを見いだす。 ・細胞の顕微鏡写真から単細胞生物，植物，動物の細胞について共通点や相違点を指摘する。	知識・技能 思考・判断・表現
（イ）	⑦	・光合成と二酸化炭素の関係について調べる実験を計画する。 ・いままでの学習を生かし，植物の体のつくりと働き，物質の出入りについて考えて説明する。	思考・判断・表現
（ウ）	⑦	・だ液の働きを調べる実験を行い，実験結果から考察する。	思考・判断・表現 主体的に学習に取り組む態度
	⑦	・これまでの学習を生かし，人が生命を維持する働きについてまとめる。	

図11. 大項目「第2分野（3）生物の体のつくりと働き」の指導と評価の計画

学習活動	活動ごとの評価規準（B基準）［評価方法］
1　顕微鏡の使い方とプレパラートの作り方を学習する（水中の小さな生物の観察）。	知①　顕微鏡を正しく操作でき，プレパラートを作成してピントを合わせている。［行動観察，ノートの記述分析］ 思①　顕微鏡で観察した水中の生物の特徴をスケッチに表現している。［行動観察，ノートの記述分析］ 主①　分類の基準を自ら考えて生物を分類しようとしている。［行動観察，ノートの記述分析］
2　植物の体が細胞からできていることを見いだす。	知❷　**顕微鏡を正しく操作して観察を行い，植物の細胞の特徴を見いだして，スケッチに表している。［スケッチの記述分析］**　→　評価の例はp.44へ
B基準　顕微鏡を正しく操作して観察を行い，植物の細胞の特徴を見いだして，スケッチに表現している。 A基準　顕微鏡を正しく操作して観察を行い，植物の細胞の特徴を見いだして，スケッチに表現し，さらに共通した特徴について説明している。	
3　細胞の基本的なつくり，植物細胞の特徴を理解する。	知③　植物の体はたくさんの細胞からできており，染色液によって染まる核が存在することを理解している。［行動観察，授業中の発言］
4　ほおの内側の細胞を観察し，植物細胞と動物細胞との共通点や相違点を見いだす。	知④　ヒトのほおの内側の細胞の特徴を顕微鏡で観察している。［スケッチの記述分析］ 思②　観察結果をもとに植物の細胞と動物の細胞の共通点や相違点をわかりやすく表現している。［スケッチの記述分析］
5　細胞の顕微鏡写真から，単細胞生物と多細胞生物，植物と動物の細胞について共通点や相違点を指摘する。	主②　単細胞生物と多細胞生物の共通点や相違点を考え，表現しようとしている。［行動観察］ 思❸　**いろいろな生物の細胞について，共通点や相違点を見いだし，表現している。［ペーパーテスト］**　→　評価の例はp.45へ
B基準　これまでの観察結果や学習内容から，単細胞生物，植物，動物の細胞について共通点や相違点を見いだし，表現している。 A基準　これまでの観察結果や学習内容から，単細胞生物，植物，動物の細胞の特徴を整理して，共通点や相違点を見いだし，根拠とともに表現している。	

図12. 中項目「第2分野（3）ア（ア）生物と細胞」の指導と評価の計画

43

授業および評価課題・評価問題を実施する

◆「知識・技能」の評価を実施する

　図12（p.43）の中項目の計画から，「オオカナダモの葉やタマネギの表皮を観察し，植物の体が細胞からできていることを見いだす」場面を評価の例として取り上げる。

　ここでの学習のねらいとして，「生物の組織などの観察を行い，生物の体が細胞からできていること及び植物と動物の細胞のつくりの特徴を見いだして理解するとともに，観察器具の操作，観察記録の仕方などの技能を身に付けること」が知識・技能として設定される。

　評価規準として「顕微鏡を正しく操作して観察を行い，植物の細胞の特徴を見いだして，スケッチに表現している」ことを設定し，顕微鏡を正しく操作して観察を行っているかについてはスケッチの表現から読み取る。具体的には，100 ～ 400倍の倍率で細胞に焦点を当てて観察ができているかが評価のポイントになる。ここでは植物細胞の共通の特徴である細胞壁については，まだ学習していないので，たくさんの細胞が連なって表現できているか，オオカナダモの葉にはタマネギにはない緑色の粒（葉緑体）が描かれているかで評価する。この二つのポイントが描かれている場合は「おおむね満足できる（B評価）」とし，さらに二つの植物細胞に共通する特徴について言及したり表現していたりする場合は「十分満足できる（A評価）」とする（図13）。

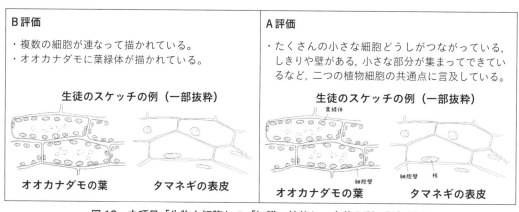

図13. 中項目「生物と細胞」の「知識・技能」の定着を測る評価問題

　重要なのは「努力を要する（C評価）」とした生徒に対して，どのような指導や支援を行うかである。「プレパラートの作成や顕微鏡操作」が正しくできていなかったことが原因ならば，授業中の観察行動のしかたを見直す。また，観察するポイントやスケッチのしかたなど，生徒の課題の理解が十分でなかった場合は，わかりやすい課題の出し方になっていたかを点検する。

　3時間目の授業では，前時のスケッチの評価や課題の再確認をしながら，評価の結果を生徒一人一人にフィードバックする。クラス全体では，B評価の結果を中心に共有し，二つの植物の観察からわかることを考えさせ，「植物は細胞からできていること」を見いだ

させ，植物細胞の共通する特徴を理解していく授業となる。時間が許せば，オオカナダモの葉とタマネギのりん片を酢酸オルセイン溶液で染色したものを顕微鏡で再び観察させ，前時にはうまくできなかった方法を確認させながら，「細胞には染色液に染まる核がある」ことを見いださせる時間としたい。

◆「思考・判断・表現」の評価を実施する

　単元末または，定期テストにおける総括的な評価問題の例として，図14の例をあげる。この問題は，いままでの授業で行った観察結果や学習内容から，単細胞生物，植物，動物の細胞の特徴を整理して，共通点や相違点を見いだし，それらを踏まえて根拠を示しながら，表現させるものである。

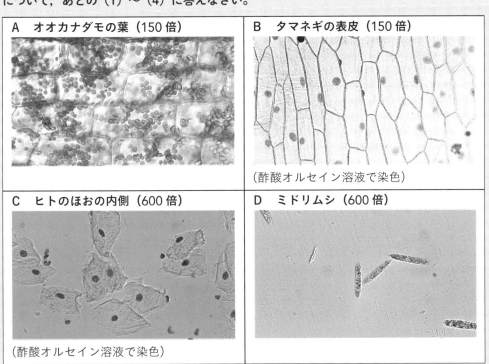

【問題】　以下のA〜Dは，いろいろな生物を，顕微鏡で観察したときの写真である。これについて，あとの（1）〜（4）に答えなさい。

A　オオカナダモの葉（150倍）
B　タマネギの表皮（150倍）（酢酸オルセイン溶液で染色）
C　ヒトのほおの内側（600倍）（酢酸オルセイン溶液で染色）
D　ミドリムシ（600倍）

（1）　A〜Dの生物を，特徴の共通点と相違点をもとに，仲間分けしなさい。

（2）　B，Cには見られるが，A，Dには見られないつくりは何か。また，B，Cに見られたつくりが，A，Dの生物の細胞には見られなかったのはなぜか。

（3）　植物の細胞にはあって，動物の細胞にはないつくりを三つあげなさい。また，三つのつくりは，顕微鏡の観察で見られるものと見えないものとがある。顕微鏡では見られない理由を答えなさい。

（4）　Dのミドリムシは，自ら動き回って生活している。A〜Cの生物は，どのような点でDと似ているといえるか。説明しなさい。

図14．中項目「生物と細胞」を総括する評価問題（思考・判断・表現）

観点別評価，評定への総括を行う

◆単元末の観点別評価への総括

　単元末の総括は，単元を通した学習の達成状況を示すことが目的である。単元の学習活動において評価を行う場合には，単元のどのタイミングで評価を実施して，その結果をどのように単元末の観点別評価への総括に反映させるのか，具体的な指針を学校ごとに決めておくとともに，生徒や保護者に説明できるようにしておく必要がある。

　観点ごとの総括においては「思考・判断・表現」や「技能」はだんだんと形成されていくものであり，時系列に沿って長期的に見ていくことが望ましい。その時点ではできていなくても，後になってできるようになっていれば，従前の評価にこだわる必要はない。

◆学期末（学年末）の観点別評価への総括

　文部科学省（2019）は観点別学習状況の評価への総括に関して，「単元の導入の段階では観点別の学習状況にばらつきが生じるとしても，指導と評価の取組を重ねながら授業を展開することにより，単元末や学期末，学年末の結果として算出される3段階の観点別学習状況の評価については，観点ごとに大きな差は生じないものと考えられる。仮に，単元末や学期末，学年末の結果として算出された評価の結果が「知識・技能」，「思考・判断・表現」，「主体的に学習に取り組む態度」の各観点について，「CCA」や「AAC」といったばらつきのあるものとなった場合には，児童生徒の実態や教師の授業の在り方などそのばらつきの原因を検討し，必要に応じて，児童生徒への支援を行い，児童生徒の学習や教師の指導の改善を図るなど速やかな対応が求められる。」と説明している。単元全体を通して育みたい資質・能力のあるべき姿をもとに評価結果を見直して，不正確であれば修正すべきである。評価方法そのものに問題がある場合もあり得る。

◆観点別評価から評定への総括（総合評定）

　評定への総括方法は学年及び教科間で共通理解を図ったうえで，少なくとも学校ごとに指針を定める必要がある。観点別評価の結果が同じであっても評定が違ったり，学級担任や教科担任の違いによって総括方法が異なったりすると，評価に対する不信として指摘されることが多い。各学校では評定の根拠を生徒や保護者に説明できるようにしておきたい。

・パターン法……ABCのパターンによって，1〜5の評定値を与える方法
・単純平均法……A，B，Cにそれぞれ1，2，3等の得点を与え，3観点での単純平均値（または単純合計値）によって評定値を与える方法
・重みづけ平均法……A，B，Cにそれぞれ得点を与えるが，単純平均値ではなく，観点によって重みが異なる重みづけ平均値（または重みづけ合計値）を用いる方法

◆単元の学習活動と定期テストを組み合わせた総括の際の留意点

　評価規準への実現状況を多面的に捉えるために，複数の評価方法を組み合わせて総括することが考えられる。単元の学習活動の評価結果と定期テストの結果を組み合わせて総括を行う場合など，組み合わせ方や重みづけの指針を学校ごとに決めておく必要がある。

第 3 章

第1分野の評価プラン

1　光と音

学習指導要領との対応：【解説（文部科学省，2018）[pp.29-34]】

学習前の生徒の状態

光や音の正体って何だろう？

単元の評価規準　【参考資料（国立教育政策研究所，2020）[p.105]】をもとに作成

知識・技能	思考・判断・表現	主体的に学習に取り組む態度
光と音に関する事物・現象を日常生活や社会と関連付けながら，光の反射や屈折，凸レンズの働き，音の性質についての基本的な概念や原理・法則などを理解しているとともに，科学的に探究するために必要な観察，実験などに関する基本操作や記録などの基本的な技能を身に付けている。	光と音について，問題を見いだし見通しをもって観察，実験などを行い，光の反射や屈折，凸レンズの働き，音の性質の規則性や関係性を見いだして表現しているなど，科学的に探究している。	光と音に関する事物・現象に進んで関わり，見通しをもったり振り返ったりするなど，科学的に探究しようとしている。

評価問題と授業改善のポイント

　光の進み方の規則性を理解し，それを活用して現象を説明できるかを確認したい。また，光の反射や屈折について考える際に，正しく理解したうえで作図を用いているかも問いたい。そのため，授業では，生徒自身が規則性を見いだせる手だてを工夫する。具体的には，複数の結果を比較しながら，共通点を見つけたり，像の見え方と光の道筋を関連づけて考えたりできるようにしていく。
　音の性質に関しては，音源の振動の様子と関連づけて考えられるようにすることがポイントとなる。授業のなかでモノコードなどを用いて生徒が自由に操作しながら音の違いを実感したり，オシロスコープを用いて音の大小・高低によって振動（波形）の様子が違うことを見いだしたりする場面を設定し，生徒が試行錯誤できるようにしていきたい。

右の二つの評価場面を取り上げたのは，なぜか

　場面1は，光の規則性を踏まえながら，作図を用いて考え，光の進み方を理解しているかを評価する場面である。筋道を立てて考えることができているかを問うため，考えたことを作図や言葉で表現する問題も取り上げている。場面2は音の大小・高低と振動の様子を関連づけて考えられるかを評価する場面である。また，モノコードをどのようにしたら，音がどう変わるか関連づけて考えているかを確認する問いになっている。振動の様子を選択するだけでなく，考えを表現させることで，生徒が音の様子を変える方法を理解しているか，音の様子を変える方法と，振動の様子を関連づけて考えることができているかを確認することができる。

単元の指導と評価の計画　観点の黒丸数字は総括に用いる評価（記録に残す評価）

学習活動	活動ごとの評価規準［評価方法］
・身の回りの現象を通して，物体が見える理由について考え，光の性質について説明する。	知①　光の直進，反射について，具体的な例をあげて説明している。［ワークシート］
・鏡を用いて，反射前の光の道筋と，反射後の光の道筋に着目し，規則性を見いだす。	思①　鏡を用いた実験を通して，反射の規則性を見いだし表現している。［ノートの記述分析］
・《場面1》　反射によって光がどのように進むかを理解し，光の反射の規則性を説明する。	思❷　光が反射するとき，光がどのように進むかを作図によって説明している。［問題の解答］

> **B基準**　光が反射するとき，規則性を踏まえながら，作図によってどのように進むかを説明している。
> **A基準**　光が反射するとき，規則性を踏まえながら，作図によってどのように進むかを説明している。また，自分が考えた理由を表現している。

学習活動	活動ごとの評価規準
・ガラスを通り抜ける光の道筋に着目し，規則性を見いだす。	思③　ガラスを用いた実験を通して，屈折の規則性を見いだし表現している。［ノートの記述分析］
・屈折によって光がどのように進むかを理解し，光の屈折の規則性を説明する。	知❷　光が屈折することにより，物の見え方が変わることを作図によって説明している。［ペーパーテスト］
・凸レンズによる現象を観察し，問題を見いだし，課題を設定する。	主①　凸レンズによる現象を観察し，気づいたことや疑問を表現している。［ノートの記述分析］
・凸レンズによる像のでき方を調べ，結果をまとめ，規則性を見いだす。	思④　光源の位置を変えたときにできる像のでき方を表にまとめ，光源の位置とできる像の規則性を見いだし表現している。［ワークシート］
・音が出ている物体の様子を調べる活動を通して，音に関する問題を見いだし，課題を設定する。	主②　音が出ている物体の様子を調べ，気づいたことや疑問を表現している。［ノートの記述分析］
・空気が振動して音を伝えていることを見いだす。	知③　音に関する現象を観察し，空気が振動して音を伝えていることを説明している。［ノートの記述分析］
・音の大きさや高さと物体の振動との関係を調べる。	思⑤　弦をはじいたときの音の大きさや高さの違いと振動の関係を調べ，得られた結果を記録している。［ワークシート］
・《場面2》　音の波形から，音の大きさや音の高さと振動の様子の関係性を見いだす。	思❻　音の性質の規則性や関係性を見いだし，表現している。［問題の解答］

> **B基準**　音の性質の規則性や関係性を見いだし，表現している。
> **A基準**　音の性質の規則性や関係性を見いだし，条件を考えながら，表現している。

定期テストとの関連について

・場面1，2ともにこれらの評価問題を定期テストで出題する場合は，授業のなかにも自分の考えを表現する時間を設定しておくのがよい。自分のノートやホワイトボードを用いて，グループの人に説明する機会を積み上げていくことで，表現する力を身につけていく。また，人の考えを聞きながら，自分の考えを修正し，ノートに記述する習慣をつけておくことも表現する力を身につけていく手だての一つとなる。

≪場面1，思❷≫の評価事例

【問題】 図のように，鏡とA～Dの物体を置きました。Xの位置に観察者が立って鏡を見たとき，次の (1) ～ (3) に答えなさい。

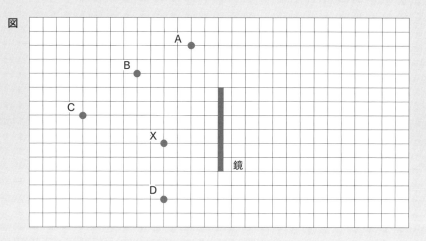

(1) Bから出た光がXに届くまでの光の道筋を解答用紙に記入しなさい。
(2) Xの位置から物体を見ることができないのは，A～Dのどの位置か。記号で答えなさい。
(3) (2) のように答えた理由を作図や言葉を使って説明しなさい。

おおむね満足：B	十分満足：A
(1) ![図 B→B' 光の道筋]	(1)　B評価と同じ（解答例は省略） (2)　同上 (3) ![図 A'B'C'D'の像とXを結ぶ線] 　Aの像はXから見ると，A'の位置に見えるはずであるが，XとA'を結ぶ線上に鏡がないので，XからはAを見ることはできない。B，C，Dも同様に考えると線上に鏡があるので，Xから見える。
(2)　A	
(3)　無回答	
【判断のポイント】	【判断のポイント】
・光の進み方を正しく図で表している。	・(3) はAが鏡に映らない理由を図を用いて説明している。

指導・支援の手だて（努力を要する：C）
・(1)，(2) についての解答が十分でない生徒には，もう一度，鏡を使って反射するときの光の進み方を確認させる。その際，光の進み方だけでなく，物体が鏡の向こう側にあるように見えることも確認させる。光が進んでいく道筋をたどらせ，作図を用いて視覚的に確認し，考えられるようにする。

≪場面2，思❻≫の評価事例

【問題】　図1のようなモノコードとオシロスコープを用いて音の波形を調べる実験を行いました。図1のＡＢ間の弦をはじいたところ，図2のような波形を表しました。次の問いに答えなさい。

図1
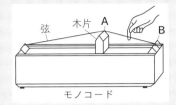

図2
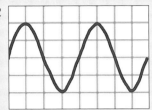

(1) 木片をＢの方向に移動させてＡＢ間の弦をはじきました。このときの音の波形はどのようになるか。次のア〜エのうち，正しい記号を選びなさい。ただし，弦は図1のときと同じ強さではじいたものとする。

ア
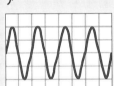
イ
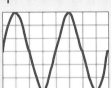
ウ
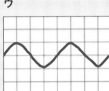
エ
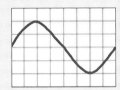

(2) (1)のように答えたのはなぜか。その理由を答えなさい。

おおむね満足：B	十分満足：A
(1)　ア	(1)　B評価と同じ（解答例は省略）
(2)　木片をBの方向に動かすと，高い音が出る。図1のときより高い音が出るということは，振動数が増えるので，アが答えとなる。	(2)　木片をBに動かすと弦が短くなり振動数が多くなるので，図1のときより高い音が出る。また，弦をはじく強さは同じなので，振動の大きさ（振幅）は変わらない。だからアが答えになる。
【判断のポイント】	【判断のポイント】
・(2)は音が高くなっていることが振動数に関わっていることを記述している。	・(2)は弦の長さと音が高くなっていること，音の高低が振動数と関わっていることに加え，音の大きさは変わっていないことにふれている。

指導・支援の手だて（努力を要する：C）

・解答より，音を高くする方法を理解していないのか，音の高低と振動数とを関連づけて考えることができていないのかをまず把握する。音を高くする方法を理解していない場合は，モノコードを用いてどのようにしたら音の大小・高低の違いが出るのかを確認させる。音の高低と振動数とを関連づけて考えることができていない場合は，オシロスコープを用いて振動の様子を確認させる。

2　力の働き

学習指導要領との対応：【解説（文部科学省，2018）［pp.29-34］】

学習前の生徒の状態

生徒

物体に働く力を表すなんて，どうすればいいのかな？

単元の評価規準　【参考資料（国立教育政策研究所，2020）［p.105］】をもとに作成

知識・技能	思考・判断・表現	主体的に学習に取り組む態度
力の働きに関する事物・現象を日常生活や社会と関連付けながら，力の働きについての基本的な概念や原理・法則などを理解しているとともに，科学的に探究するために必要な観察，実験などに関する基本操作や記録などの基本的な技能を身に付けている。	力の働きについて，問題を見いだし見通しをもって観察，実験などを行い，力の働きの規則性や関係性を見いだして表現しているなど，科学的に探究している。	力の働きに関する事物・現象に進んで関わり，見通しをもったり振り返ったりするなど，科学的に探究しようとしている。

評価問題と授業改善のポイント

　物体に働く力は目に見えないため，どのように力が働いているかイメージがわきにくい。そこで，日常生活の具体例を取り上げたり，現象の違いを比較したりすることで力のイメージをもちやすいようにする。また，生徒が既習事項を一つずつ理解し，それらを活用して新しい概念を形成していくことを意識して授業を構想していくことが必要である。

右の二つの評価場面を取り上げたのは，なぜか

　場面1は力の働きについて力の三要素を理解しているか，二つの結果を比較して違いを見つけられているかを評価する場面である。実際の現象を見ながら力の要素を考えさせていくことで，理解が深まっていく。さらに，既習事項である「力の働き」の知識を活用しながら考えていくことができるような授業構成を考えていく必要がある。力の要素の違いにより，物体の運動が変わることを確かめる実験を行い，力の要素を理解させる。例えば，二つの事例で運動の様子が違ったのは，物体に働いた力に違いがあることに気づかせ，二つの力の違いは何かということから，力の要素に着目させる。

　場面2では，身の回りに見られる2力のつり合いを理解し，図を用いて説明できるかを確認する。ここでは，それまでに学習した「力の表し方」「2力のつり合い」の知識を活用しながら，考えることができるかを評価したい。

単元の指導と評価の計画　観点の黒丸数字は総括に用いる評価（記録に残す評価）

学習活動	活動ごとの評価規準〔評価方法〕
・力の働きと種類を学習する。力が働く事例から力の種類について考える。	主① 日常生活のなかのどのような場面で力が働いているかを考えようとしている。[ワークシート]
	知① 力の種類を分類している。[ノートの記述分析]
・ばねばかりの仕組みについて、問題を見いだし、課題を設定する。	思① 力の大きさとばねののびがどのような関係にあるかを調べる方法を考え、見通しをもって実験の計画を立てている。[ノートの記述分析]
・力の大きさとばねののびの関係を調べる実験を行い、結果をもとに関係性を見いだす。	知② 結果をグラフに正しく表している。[ノートの記述分析]
	思② グラフから力の大きさとばねののびの関係を見いだしている。[ノートの記述分析]
・≪場面1≫　身近な例をもとに、物体に働く力を矢印を用いて図示する。	思❸ 身近な例をもとに、力を考える際に力の3要素を用いて表している。[ワークシート]

B基準 運動は、力の「大きさ」「向き」「作用点」を考える必要があることに気づいている。
A基準 運動に働く力を表すには「大きさ」「向き」「作用点」が必要であることを理解し、さらにそれらを矢印でどのように表すかを考察している。

	知❸ 矢印を用いて力を表現している。[ワークシート]
・一つの物体に働く2力について実験を行い、2力のつり合う条件を見いだす。	主❷ 結果をもとに2力のつり合う条件を見いだそうとしている。[ノートの記述分析]
・≪場面2≫　身の回りで見られる2力のつり合いの例を考え、図を用いて説明する。	知❹ 身の回りの2力のつり合いの例を考え、図を用いて説明している。[ペーパーテスト]

B基準 身の回りの2力のつり合いの例を考え、図で表している。
A基準 身の回りの2力のつり合いの例を考え、図と言葉で説明している。

定期テストとの関連について

・場面2の評価問題を定期テストで出題する場合は、授業のなかで日常生活との関連を考える時間を設定しておくとよい。この単元は「身の回りの現象」を取り上げているため、日常生活のなかでの現象を教師側が提示するだけでなく、生徒自身にもほかに同じような例がないかを考えさせやすい。そうすることで、日常生活との関連を考えながら理解を深めていくことができる。

≪場面1，思❸≫の評価事例

【課題】 風車にA，B二つの方法で力を加えたとき，どのようになるか，調べましょう。

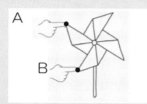
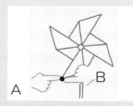
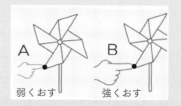

弱くおす　強くおす

おおむね満足：B	十分満足：A

―― A評価 ――

―― B評価 ――

実験の方法	結果	A，Bで加えた力の違い	力の矢印で表すと
A B	A 右向きにまわる B 左向きにまわる	力が加わる位置	A B
A B	A 左向きにまわる B 右向きにまわる	力の向き	A B
A B 弱くおす　強くおす	A 左向き ゆっくりまわる B 左向き はやくまわる	力の大きさ	A B

【判断のポイント】

・実験から，運動には力の「大きさ」「向き」「作用点」が関わっていることに気づいている。

【判断のポイント】

・実験から運動には，力の「大きさ」「向き」「作用点」が関わっていることに気づき，力の向き，大きさを矢印で表している。

指導・支援の手だて（努力を要する：C）

・力の要素に気づくことができなかった生徒に対しては，実験方法の図を比較させ，再度違いを確認させる。結果が違うということは，違う条件があることを認識させたい。
・実際に風車に力を加えて確認させる。

54

≪場面2，知❹≫の評価事例

【問題】　力のつり合いについて次の (1)，(2) に答えなさい。

(1) 図のようにAさんとBさんが綱引きをしている。
二人の力はつり合っており，綱は動いていない。
このとき，Aさんが綱に加えている力を図の矢印
のように示したとすると，Bさんが加えている力
はどのように示すことができるか。図のなかにか
き入れなさい。

図

(2) (1) のように二つの力がつり合っている例は日常生活のなかにたくさん見られる。どのよ
うな例が見られるか考え，図と言葉で説明しなさい。それぞれの力がどのような力である
かを説明すること。

おおむね満足：B	十分満足：A
(1) 	(1)　B評価と同様（解答例は省略）
(2) 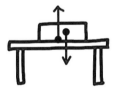	(2) 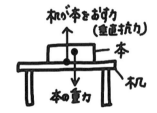 机に置いた本が静止しているとき，机に働いている2力の向きが反対でその大きさは等しく，2力は一直線上にある。
【判断のポイント】 ・2力がつり合っていることを矢印で示している。	【判断のポイント】 ・2力のつり合いの例を正しく矢印で示すとともに，2力がそれぞれ何かを説明している。

指導・支援の手だて（努力を要する：C）

・「力を矢印で図示することができない」生徒には，力の3要素に戻り，それぞれの要素をどのように表すのか
を確認させる。「2力のつり合いがわかっていない」生徒には，問題と同じ状況をつくり，ばねばかり等を用
いて，実際につり合いとは何かを確認させる。

3　物質のすがた

学習指導要領との対応：【解説（文部科学省，2018）[pp.35-39]】

学習前の生徒の状態

小さな物質でも虫眼鏡や顕微鏡を使えば見えるのかな？

単元の評価規準　【参考資料（国立教育政策研究所，2020）[p.105]】をもとに作成

知識・技能	思考・判断・表現	主体的に学習に取り組む態度
身の回りの物質の性質や変化に着目しながら，身の回りの物質とその性質，気体の発生と性質についての基本的な概念や原理・法則などを理解しているとともに，科学的に探究するために必要な観察，実験などに関する基本操作や記録などの基本的な技能を身に付けている。	物質のすがたについて，問題を見いだし見通しをもって観察，実験などを行い，物質の性質や状態変化における規則性を見いだして表現しているなど，科学的に探究している。	物質のすがたに関する事物・現象に進んで関わり，見通しをもったり振り返ったりするなど，科学的に探究しようとしている。

評価問題と授業改善のポイント

　物質とその性質についての基本的な概念や原理・法則などを理解させたうえで，物質を区別する方法を身につけさせるだけでなく，物質のどのような性質を利用した方法なのかなど，根拠を説明できる状態を求めたい。また，身近な物質を使用した観察，実験を行うことで，身の回りの物質に目を向けさせ，日常生活の場面と結びつけ，どのような性質が利用されているのか，より実感を伴う理解を促したい。

右の二つの評価場面を取り上げたのは，なぜか

　場面1は，物質の性質を利用しいろいろな物質を区別する基本的な実験方法を身につける場面である。ここでの評価は形成的評価として実施し，正しい内容を求めるよりも，生徒の実態を把握することを通して，より多くの方法に気づくことができるよう話合いによって生徒の考えが科学的に変容していくように促していく。

　場面2では，実験をもとに，物質を区別することができるかを確認する。区別するための方法だけではなく，その方法によって何が区別できるのか，どのような物質の性質の違いを利用しているのかまで理解しているかも評価したい。

単元の指導と評価の計画　　観点の黒丸数字は総括に用いる評価（記録に残す評価）

学習活動	活動ごとの評価規準［評価方法］
・≪場面1≫　見た目や色では区別できない3種類の白い粉末（砂糖，食塩，片栗粉）を区別するための方法を，日常生活と関連づけながら考える。	主① 白い粉末を区別する方法や，物質の性質を利用した区別の仕方について，他者との対話から自分の考えがどのように変容したかを説明しようとしている。［レポートの記述分析］
B基準 白い粉末を区別する方法や，物質の性質を利用した区別の仕方について，他者との対話から自分の考えがどのように変容したかを説明しようとしている。	
A基準 3種類すべての白い粉末を区別する方法や，物質の性質を利用した区別の仕方について示そうとしている。また，他者との対話や日常生活の場面と結びつけて，自分の考えがどのように変容したかを説明しようとしている。	
・物質の性質を調べる方法を身につけ，身近な物質を区別する。	思❶ 3種類の白い粉末の性質の違いを調べ，実験の結果をもとに，物質の性質についてまとめることができている。［ワークシート］
・金属に共通する性質を調べ，金属と非金属の違いに気づく。	知① 金属と非金属の性質の違いについて理解している。［ワークシート］
・物質の体積や質量を測定し，計算によって密度を求め，物質を特定する。	知② 物質の体積と質量の関係に着目し，密度の違いから物質を区別することができる。［ワークシート］
・≪場面2≫　実験の結果をもとに，5種類のメダルが何の物質であるかを区別する。	思❷ 5種類のメダルが何の物質であるかを区別することができるとともに，適切な方法を選択している。［ペーパーテスト］
B基準 5種類のメダルが何の物質であるかを区別することができるとともに，区別する方法を身につけている。	
A基準 5種類のメダルが何の物質であるかを区別することができるとともに，区別する方法を複数あげている。	
・気体発生の実験を行い，気体の性質に応じた集め方を考える。	思③ 酸素，二酸化炭素，水素，アンモニアの性質を調べた実験結果を踏まえて，匿名の気体がそれぞれどの気体であるかを根拠を明確にしながら説明している。［レポートの記述分析］
・物質の性質に着目すれば，物質を見分けられることを学習する。	主② 物質の性質には共通するものと固有のものがあることに着目し，固有のものを手がかりに物質を見分けようとしている。［行動観察］

定期テストとの関連について

・場面2の評価問題を授業内で実施する場合は，評価規準に沿って記述ができるよう自由度を大きくしてよいが，定期テストで評価する場合は，選択肢を用意するなど，評価の観点があいまいにならないようにする必要がある。また，それぞれの密度や体積・質量を示すことで，実際に計算させて物質を見分けさせることも考えられる。

≪場面1，主①≫の評価事例

【課題】　3種類の白い粉末（砂糖，食塩，片栗粉）が，それぞれ何であるかを特定するために，グループで相談し実験を行います。どのようなことを調べれば，それぞれ区別できると思いますか。グループで意見を交換する時間を設けますが，自分の考えをまとめなさい。

おおむね満足：B	十分満足：A
すべての粉末が燃えると思っていたが，ミズキさんの「海水から食塩を取り出すときに，海水を煮詰めていたけど焦げていなかった」という発言を聞いて，加熱すると食塩だけは燃えないと考えた。	すべての粉末が燃えると思っていたが，ミズキさんの「海水から食塩を取り出すときに，海水を煮詰めていたけど焦げていなかった」という発言を聞いて，加熱すると食塩だけは燃えないと考えた。 　料理をする際，砂糖や食塩は水に溶けていたが，片栗粉を水に溶いても濁っていたので，片栗粉は水に溶けないと考えた。
【判断のポイント】 ・物質の性質を利用した区別の方法が示されている。 ・他者との対話から自分の考えがどのように変容したかを説明している。	【判断のポイント】 ・3種類の白い粉末すべてが区別できる方法が示されている。 ・他者との対話や日常生活の場面から，自分の考えがどのように変容したかを説明している。

指導・支援の手だて（努力を要する：C）

・3種類の白い粉末は，いずれも日常生活（料理）に使われる身近な物質であるため，どのような料理に使われているかを想起させることで，水に溶かす方法に気づかせるようにする。片栗粉については，中華料理に代表される"あん"を作る際に利用されていることに気づかせると，水に溶いたうえで加熱するとどろどろの状態になるという方法につなげられる。

・3種類の白い粉末は，どれも必ず加熱するため，これまでの生活経験のなかで加熱（燃やす）したことがあるかをグループで話し合わせることで，その違いに言及させる。特に，砂糖については燃やした際，甘いにおいがするため区別しやすい。

≪場面2，思❷≫の評価事例

【問題】　鉄，アルミニウム，銅，プラスチック（PE），木の5種類の物質を，銀色の塗料で加工して見た目や大きさ（体積）を同じにしたメダルA～Eがあります。それぞれのメダルが，どのような物質であるのかを確かめる実験を行いました。なお，この塗料はそれぞれの物質の性質や質量に影響がないものとする。次の(1)～(3)に答えなさい。

　実験1
　　それぞれのメダルを水に入れたところ，BとCのメダルが浮いた。
　実験2
　　実験1で水に沈んだ3枚のメダルの質量を測ったところ，Dの質量が一番大きく，Aの質量が一番小さかった。

(1) BとCのメダルを区別する方法と，その結果をあわせて答えなさい。
(2) 実験1と実験2は物質の何を比較することで物質を見分けているか答えなさい。
(3) 実験1と実験2以外の方法で，物質を区別する方法を思いつく限り書きなさい。また，その方法で見分けられる物質もあわせて答えなさい。

おおむね満足：B	十分満足：A
(1)　燃え方の違いを比較する。 (2)　密度 (3)　電流を流す。 　　　磁石を近づける。	(1)　プラスチックは溶けながら燃えるため，燃え方の違いを比較することで区別することができる。 (2)　B評価と同じ（解答例は省略） (3)　電流を流すことで，金属と非金属を区別する。磁石に引き寄せられるのが鉄なので，銅とアルミニウム以外は区別することができる。
【判断のポイント】 ・(1)は木とプラスチックを区別する方法が示されている。 ・(3)は物質を区別する方法が示されている。	【判断のポイント】 ・(1)は木とプラスチックの性質に着目し，燃え方の違いで区別できることを表現している。それぞれの燃え方の違いにも言及している。 ・(3)は物質を区別する方法と，その方法によって区別できる物質について，自分の考えを複数表現している。

指導・支援の手だて（努力を要する：C）

・(1)は，5種類の物質のうち，水に浮く物質は何かを問い，鉄，アルミニウム，銅，木，プラスチックに区別できることを見いださせる。
・(2)は，水に対する浮き沈みは物質のどんな性質と関係があるかを，授業ノートを復習させ気づかせる。また，体積が同じである物質の質量を比較することでわかるものは何かと助言することで，物質の密度の違いに気づかせる。
・(3)は，これまでの学習内容や授業内に行った実験方法をノートなどで振り返らせることで，できるだけ多くの物質を区別する方法を思い出させる。

4 水溶液

学習指導要領との対応：【解説（文部科学省，2018）[pp.35-39]】

学習前の生徒の状態

生徒

物質が水に溶けるって，どういうことだろう？

単元の評価規準　【参考資料（国立教育政策研究所，2020）[p.106]】をもとに作成

知識・技能	思考・判断・表現	主体的に学習に取り組む態度
身の回りの物質の性質や変化に着目しながら，水溶液についての基本的な概念や原理・法則などを理解しているとともに，科学的に探究するために必要な観察，実験などに関する基本操作や記録などの基本的な技能を身に付けている。	水溶液について，問題を見いだし見通しをもって観察，実験などを行い，物質の性質や状態変化における規則性を見いだして表現しているなど，科学的に探究している。	水溶液に関する事物・現象に進んで関わり，見通しをもったり振り返ったりするなど，科学的に探究しようとしている。

評価問題と授業改善のポイント

　水溶液に関する知識を身につけているだけでなく，溶解度や質量パーセント濃度から，溶けている物質の量などを計算して求められるようにしたい。計算が苦手だと感じてしまうことが多いため，水溶液についての基本的な概念や原理・法則を理解させることが重要となる。水に物質が溶けるとき，溶けた物質は他の物質に変化すると考える生徒がいる。粒子のモデルを用いて水に物質が溶けている状態を表現させることで，科学的な理解を促したい。

右の二つの評価場面を取り上げたのは，なぜか

　場面1は，再結晶の実験に関する基本的な操作技能が身についているかを確認するだけではなく，再結晶の原理について理解しているかを評価する場面でもある。そのため，実験を行う前に，再結晶によって得られる結晶の質量を溶解度曲線から求められるようにする。実験による誤差が生じたとしても，なぜ誤差が生じたのかその理由について考えられることが重要である。実際に再結晶の実験を行い，ろ過して結晶を取り出して乾燥させて質量を測定する。そのうえで，予想と結果を照らし合わせ，誤差が生じた理由まで考えさせるとよい。

　場面2では，質量パーセント濃度を求められるだけではなく，溶質の質量などを計算して求められるかを確認する。また，質量パーセント濃度が高ければ溶質も多くなるという誤概念をもっている場合もあるため，計算によって求めた値からその関係性，水溶液の性質について理解しているかも評価したい。

単元の指導と評価の計画　観点の黒丸数字は総括に用いる評価（記録に残す評価）

学習活動	活動ごとの評価規準〔評価方法〕
・水に物が溶けるということがどのような現象なのかを科学的に探究する。	主① 物が水に溶ける現象に進んで関わり，他者と関わりながら粘り強く問題解決しようとしている。［ワークシート，行動観察］
・物質が水に溶ける原理について，粒子のモデルを用いて表現する。	思① 物質が水に溶けていく様子や，水溶液中では溶質が均一に分散していることを粒子のモデルを使って表現している。［ワークシート，行動観察］
・水溶液から溶質を取り出す実験を行う。	知① 溶液の温度を下げたり，溶媒を蒸発させたりする実験について基本操作を習得している。［行動観察］
・≪場面1≫　再結晶によって溶質を取り出す。	知❷ 溶解度曲線をもとに，実験で再結晶によって得られる物質の質量を予想し，実験を行っている。［ワークシート，行動観察］

> **B基準** 溶解度曲線をもとに，実験で再結晶する質量を予想し，再結晶によって溶質を取り出している。
> **A基準** 溶解度曲線をもとに，実験で再結晶する質量を予想し，実験の結果と照らし合わせて考察している。

学習活動	活動ごとの評価規準〔評価方法〕
・水溶液から物質を取り出す実験をもとにした課題に取り組む。	思② 物質によって溶解度が異なることを理解し，溶解度曲線をもとに再結晶する質量を求めたり，温度が変化しても溶解度があまり変化しない物質を取り出す方法を説明したりしている。［ペーパーテスト］
・≪場面2≫　質量パーセント濃度から溶質の質量を求め，水溶液の濃さと溶質の関係を考える。	知❸ 水溶液の質量や質量パーセント濃度の違う水溶液に含まれている溶質の質量を正しく求めている。［ワークシート］

> **B基準** 水溶液の質量や質量パーセント濃度の違う水溶液に含まれている溶質の質量を求めている。
> **A基準** 水溶液の質量や質量パーセント濃度の違う水溶液に含まれている溶質の質量を求めており，水溶液の濃さと溶質の関係について気づいている。

定期テストとの関連について

・水溶液の問題では，溶解度や質量パーセント濃度を用いた計算問題が多くなってしまう。水溶液に関する知識だけではなく，学習したことを生かして，実験の結果を用いて思考・判断するような問題を作成することが重要になる。

≪場面１，知❷≫の評価事例

【課題】 次の実験を行います。あとの (1), (2) に答えなさい。

図 溶解度と温度の関係（溶解度曲線）

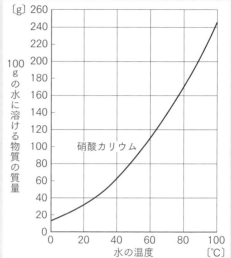

実験
① 40℃の水 100 g に，硝酸カリウムを 60 g 溶かして水溶液をつくる。
② つくった水溶液を 20℃まで冷やす。
③ 出てきた結晶をろ過して取り出す。
④ 取り出した結晶を乾燥させて質量を測る。

実験結果
100gの水に溶ける質量

水の温度（℃）	0	20	40
硝酸カリウム（g）	13.3	31.6	63.9

(1) ①，②の結果を実験前に予想すると，約何 g の結晶が出てくると考えられるかグラフをもとに考えなさい。
(2) 実験の結果をもとに，取り出した結晶の質量と，予想していた質量に差があるのはなぜか考察しなさい。

おおむね満足：B	十分満足：A
(1) 約 30 g (2) （無回答）	(1) B 評価と同様（解答例は省略） (2) ろ過するときの水溶液の温度が 15℃よりも冷えて，結晶が多く出た。（予想より多い場合の例）
【判断のポイント】 ・実験で使用する水の質量と溶質の質量を溶解度曲線から，再結晶する溶質の質量を予想することができている。 ・再結晶に関する基本操作や記録などの基本的な技能を身につけている。	【判断のポイント】 ・実験で使用する水の質量と溶質の質量を溶解度曲線から，再結晶する溶質の質量を求めることができている。 ・予想していた値と結果の値に誤差が生じた場合，その理由を記述することができている。

指導・支援の手だて（努力を要する：C）

・水溶液に溶けている物質を取り出す再結晶の原理についてノートや教科書を用いて復習させ，他の物質を例にして溶解度曲線からの読み取りを練習させる。

≪場面2，知❸≫の評価事例

【問題】 溶質が固体である次の2種類の水溶液があります。以下の (1) ～ (4) に答えなさい。
　　水溶液A　40 g，質量パーセント濃度　10%
　　水溶液B　120 g，質量パーセント濃度　5%

(1) それぞれに含まれる溶質の質量を求め，どちらの水溶液により多く溶質が溶けているのかを答えなさい。

(2) それぞれの水溶液に含まれている溶質の質量はどのような方法で調べることができるか。その実験方法を書きなさい。

(3) 水溶液の質量を2分の1にしたとき濃度はどうなるかを答えなさい。

(4) 水を加えて水溶液全体の質量を2倍としたとき，濃度や溶質の質量はどうなるかを答えなさい。

おおむね満足：B	十分満足：A
(1)　水溶液Aの溶質　4 g 　　水溶液Bの溶質　6 g 　　よって，より多くの溶質が溶けている水溶液はB。 (2)　溶媒を蒸発させて，溶質の質量を測定する。 (3)　変化しない (4)　（無回答）	(1) ～ (3)　B評価と同様（解答例は省略） (4)　質量パーセント濃度は小さくなるが溶質の質量は変化しない。

【判断のポイント】（B）
・(1) は水溶液の質量と質量パーセント濃度から溶質の質量を求めることができている。
・(2) は水溶液から溶質を取り出す方法が記述されている。

【判断のポイント】（A）
・(1) は水溶液の質量と質量パーセント濃度から溶質の質量を求めることができている。
・(2) は水溶液から溶質を取り出す方法が記述されている。
・(3)(4) は溶媒や溶質の量について考えている。

指導・支援の手だて（努力を要する：C）

・(1) では，質量パーセント濃度を求める式を復習させ，式の変形から溶質を求めさせるよう助言する。また，わかっている値を代入して，どのように計算したら溶質が求められるのかを考えさせる。
・(2) では，これまでの学習から溶質を取り出すには「再結晶させてろ過する」と「溶媒を蒸発させる」方法があったことを思い出させ，どちらが適しているのかを考えさせる。
・(3) では，実際に計算させて考えさせる。
・(4) では，質量パーセント濃度と溶質の質量の関係がどうなっているのかを，実際に計算させて考えさせる。

5　状態変化

学習指導要領との対応：【解説（文部科学省，2018）［pp.35-39］】

学習前の生徒の状態

同じ物質でも温度によってすがたが変わるのはなぜだろう？

単元の評価規準　　【参考資料（国立教育政策研究所，2020）［p.106］】をもとに作成

知識・技能	思考・判断・表現	主体的に学習に取り組む態度
身の回りの物質の性質や変化に着目しながら，状態変化と熱，物質の融点と沸点についての基本的な概念や原理・法則などを理解しているとともに，科学的に探究するために必要な観察，実験などに関する基本操作や記録などの基本的な技能を身に付けている。	状態変化について，問題を見いだし見通しをもって観察，実験などを行い，物質の性質や状態変化における規則性を見いだして表現しているなど，科学的に探究している。	状態変化に関する事物・現象に進んで関わり，見通しをもったり振り返ったりするなど，科学的に探究しようとしている。

評価問題と授業改善のポイント

　物質は状態変化によって体積は変化するが，質量は変化しないことを理解させるとともに，その現象を粒子のモデルで説明し具体的なイメージをもっている状態を求めたい。この段階では，「原子・分子」の知識は身についていないものの，身近な現象が粒子のモデルを用いて説明することで理解しやすくなることを実感させながら，状態変化の原理をつかませたい。

右の二つの評価場面を取り上げたのは，なぜか

　場面1は，状態変化の基本的な概念や原理・法則などを理解しているかを評価する場面である。状態変化では粒子のサイズや数が変化しないことを確認し，粒子の運動に違いがあるとどのようになるかを考えさせる。粒子のモデルで質量の体積の変化を表現させ，その基本的な理解をさせる。

　場面2の課題は，単元を通して学んだ状態変化について，粒子のモデルを用いて説明することができるかを評価する。また，中項目の導入時に課題を提示し，学習前と学習後の記述内容の変容によって「思考・判断・表現」と「主体的に学習に取り組む態度」を一体的に評価することもできる。

単元の指導と評価の計画　　観点の黒丸数字は総括に用いる評価（記録に残す評価）

学習活動	活動ごとの評価規準［評価方法］
・ろうが状態変化するときの体積と質量の変化を調べる。	知① ガスバーナーや電子てんびんの操作の方法を身につけている。［行動観察］
	知② 液体が固体に変化するとき，体積が小さくなるが，質量は変化しないことを理解している。［ワークシート］
・≪場面1≫ ろうとエタノールの状態変化から，状態変化における規則性を見いだす。	思❶ 物質の状態変化では，粒子のサイズや数が変化せず，粒子同士の距離が変化していることを，粒子のモデルを使って表現している。［ワークシート］

B基準 物質の状態変化では，粒子のサイズや数が変化せず，粒子同士の距離が変化していることを，粒子のモデルを使って表現している。

A基準 物質の状態変化では，粒子のサイズや数が変化せず，粒子が熱を得ることで動きが激しくなって，粒子の運動が変化し，状態変化が起きていることを，粒子のモデルを使って表現している。

・エタノールが液体から気体に変化するときの温度変化から，状態変化している間は温度が変化しないことを捉える。	主❶ 水とエタノールの温度変化の結果から，物質は融点や沸点を境に状態が変化することや，融点や沸点は物質によって決まっていることを見いだし，表現しようとしている。［ワークシート］
・赤ワインからエタノールを取り出す。	知③ 蒸留に関する実験方法や，実験の結果の記録や整理の仕方を身につけている。［行動観察］
・≪場面2≫ 赤ワインからエタノールを取り出す実験から，「蒸留」の現象を説明する。	思❷ 蒸留は，沸点の違いを利用して液体中の混合物を分ける方法だということを理解しているとともに，粒子のモデルで説明しようとしている。［ワークシート，解答の比較］

B基準 蒸留は，沸点の違いを利用して液体中の混合物を分ける方法だということを理解しているとともに，粒子のモデルで説明している。

A基準 蒸留は，沸点の違いを利用して液体中の混合物を分ける方法だということに加え，沸騰と蒸発の違いを，粒子のモデルを用いて説明している。

定期テストとの関連について

・場面2の評価問題を定期テストで評価する場合は，小問（2）の問題文を「一番多く水が含まれていると考えられる」とすることで，採点基準をはっきりとさせる必要がある。

≪場面1，思❶≫の評価事例

> 【課題】　ろうの状態変化の実験では，液体から固体になるとき，体積は小さくなるが質量に変化はありませんでした。エタノールの状態変化の実験では，液体から気体になるとき，体積は大きくなるが，質量に変化はありませんでした。このことから，物質の状態変化は，物質の粒子がどのようになることで起きているか，粒子のモデルを使って表しなさい。

おおむね満足：B	十分満足：A

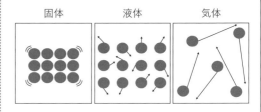

おおむね満足：B	十分満足：A
・粒子の運動の違いによって状態変化が起こるため，体積は変化するが，質量は変化しない。	・粒子の運動の様子によって状態変化が起こるため，体積は変化するが粒子の数は変わらないので，質量は変化しない。 ・物質が熱を得ることで，固体→液体→気体に変化するにつれて粒子の運動の様子が大きくなる。
【判断のポイント】 ・物質のそれぞれの状態において，粒子同士の距離が違っていることを表現している。 ・物質の状態変化を，粒子のモデルを使って表現し，説明できている。	【判断のポイント】 ・物質それぞれの状態において，粒子同士の距離や運動の様子が違っていることを表現している。 ・物質の状態変化には，熱が関与していることに言及している。

指導・支援の手だて（努力を要する：C）

・水の状態変化を例に，温度の変化によって，物質の状態（固体・液体・気体）がどのように変化していくのかを考えさせる。ただし，水から氷への変化は特別なので注意する必要がある。

・実際に，実験で確認できた質量と体積の変化の様子と照らし合わせることで，粒子の動きで状態変化を説明できることを理解させる。

≪場面2，思❷≫の評価事例

【問題】　赤ワインには水とエタノールが含まれています。下図のような装置を用いて8cm³の赤ワインを加熱して沸騰させ，3本の試験管A，B，Cの順に透明な液体を約2cm³ずつ集めました。また，表は試験管A〜Cに集めた液体をそれぞれ脱脂綿にしみこませて火をつけたときの結果です。次の（1）〜（3）に答えなさい。

図

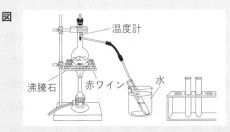

表

試験管	脱脂綿に火をつけたときの結果
A	よく燃えた。
B	燃えるが，すぐに消えた。
C	燃えなかった。

(1) 試験管Aではよく燃えたのに，Cでは燃えなかったのはなぜか。その理由を答えなさい。

(2) 試験管A〜Cのうち，水が含まれていると考えられるのはどれか。理由もあわせて答えなさい。

(3) この実験のように，液体の混合物を分ける方法を何というか。また，その様子を粒子のモデルを使って説明しなさい。

おおむね満足：B	十分満足：A

おおむね満足：B

(1) Aにはエタノールが多く含まれていたが，Cにはエタノールがほとんど含まれていないから。

(2) BとC。しみこませた脱脂綿に火をつけてもあまり燃えないから。

(3) 蒸留

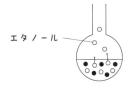

【判断のポイント】

・(1) は水とエタノールの沸点に違いがあることを理解している。
・(2) は表の結果を分析し，水とエタノールそれぞれの性質の違いが理解できている。
・(3) は蒸留が沸点の違いを利用していることを理解している。

十分満足：A

(1) 水よりもエタノールの沸点が低いため，エタノールが先に出てきたから。

(2) すべて。液体から気体に状態変化する場合，沸騰だけではなく，蒸発もしているから。

(3) 蒸留。
水よりもエタノールの沸点が低いため，エタノールが先に出てくる。また，水面からは水が蒸発してくる。

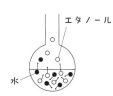

【判断のポイント】

・(1) は蒸留が沸点の違いを利用して混合物を分ける方法だということを指摘している。
・(2) は沸騰だけではなく，蒸発にも言及している。
・(3) は蒸留の原理や熱による粒子の運動，沸騰と蒸発の違いを理解している。

指導・支援の手だて（努力を要する：C）

・蒸留とはどのような方法であったのかを，ノートなどで確認しながら復習させるようにする。
・状態変化の様子を，粒子のモデルを使って説明した内容を振り返らせ，フラスコ内の粒子が熱を得てどのように変化していくのかを考えるよう助言する。

6 電流

学習指導要領との対応：【解説（文部科学省，2018）［pp.40-45］】

学習前の生徒の状態

電気製品が安全に使用できるのはどうしてだろう？

単元の評価規準　【参考資料（国立教育政策研究所，2020）［p.106］】をもとに作成

知識・技能	思考・判断・表現	主体的に学習に取り組む態度
電流に関する事物・現象を日常生活や社会と関連付けながら，回路と電流・電圧，電流・電圧と抵抗，電気とそのエネルギー，静電気と電流についての基本的な概念や原理・法則などを理解しているとともに，科学的に探究するために必要な観察，実験などに関する基本操作や記録などの基本的な技能を身に付けている。	電流に関する現象について，見通しをもって解決する方法を立案して観察，実験などを行い，その結果を分析して解釈し，電流と電圧，電流の働き，静電気の規則性や関係性を見いだして表現しているなど，科学的に探究している。	電流に関する事物・現象に進んで関わり，見通しをもったり振り返ったりするなど，科学的に探究しようとしている。

評価問題と授業改善のポイント

　電流の学習では，生活に欠かせない家庭の電気器具の働きに気づいたり，電気エネルギーを安全にかつ経済的に利用する方法について主体的に考えたりするような学びを展開したい。そのために，オームの法則を電圧・電流の比例関係にとどまらず，「電圧が一定の場合電流は，抵抗の大きさに反比例する」ことから電気抵抗の概念につなげる。そのうえで，電圧・電流・抵抗の三つの関係性から電力の概念的理解が深まることに期待したい。

右の二つの評価場面を取り上げたのは，なぜか

　場面1の電流回路を用いた実験では，回路の組み立てと計器の読み取りを習得し，実験結果から独立変数と従属変数の関係性を見いだすなど，理論と実験を往来しながら学習を積み重ねる必要がある。この「理論と実験の往来」でつまずきを感じる生徒が比較的多い。つまずきを起こしやすい場面を細分化し，理論値と実験値を確認しながら，課題を解決できるような工夫をした。

　場面2は電流の学習が日常生活のなかで活用できるか，また，日常利用する電気製品の安全性や経済的な活用方法にまで応用できるかを問う場を設定した。電流は回路における電流と電圧の概念習得やオームの法則を用いた計算を中心に進めることが多い傾向にある。結果として，子どもの学びが日常利用する電気製品の経済性を考えたり，安全に使ったりすることまでつながらないことが多い。たこ足配線について再現性の高い設問にして，具体的な数値による考察を行うことによって危険性を理解できるよう工夫をした。

単元の指導と評価の計画　観点の黒丸数字は総括に用いる評価（記録に残す評価）

学習活動	活動ごとの評価規準〔評価方法〕
・二つの豆電球・抵抗器による直列・並列の回路を組み，電流・電圧・抵抗の関係について実験を通して学習する。 a) 二つの抵抗による直列回路での全体抵抗はどうなっているか b) 二つの抵抗による並列回路での全体抵抗はどうなっているか	知① 二つの抵抗器による直列・並列回路に電圧を加えて，各抵抗に加わる電圧と電流の大きさを測定し，オームの法則を用いて回路全体の電気抵抗を求めている。[レポートの記述分析]
・≪場面1≫　a) b) の実験結果と直列・並列回路での電流と電圧の性質とオームの法則を用いた回路全体の電気抵抗の計算結果を比較して考察する。	思① 直列と並列回路の抵抗・電流・電圧の関係を，オームの法則をもとに説明している。[ワークシート]

B基準 直列と並列回路の抵抗・電流・電圧の関係を，オームの法則をもとに説明している。

A基準 電源電圧の値とオ　ムの法則を用いて計算した結果と比較し，並列回路での合成抵抗の関係を見いだしている。並列につないだ場合は各抵抗の値よりも，全体の抵抗が小さくなることを見いだしている。

・同じ電圧を加えたとき電気抵抗の違いによって電流はどのように変化するかを学習する。	主① 同じ電圧の場合，電気抵抗が大きい場合は流れる電流は小さく，電気抵抗が小さい場合は電流が大きいことを，実験結果をもとに見いだそうとしている。[ワークシート]
・≪場面2≫　たこ足配線がなぜ危険なのかを電気抵抗と電圧と電流の関係から考察する。	思❷ テーブルタップの特性を知り，各電気器具の電流の合計が，テーブルタップの決められた値より大きくなると，なぜ危険であるかを説明している。[ワークシート]

B基準 回路の全体の電流の和が，テーブルタップの許容電流を超えると危険であることを表現している。

A基準 回路全体の電流の和がテーブルタップの許容電流を超えることの意味を説明している。

・電熱線の実験を行い，発熱と電力と時間の関係を見いだし，ジュールの法則として理解する。	知② 電熱線を使った実験で，結果をもとに，電力と温度上昇の関係を，原点を通る直線のグラフに表している。[ワークシート]
・静電気と電流の関係を見いだし，電流が電子の流れに関係していることを理解する。	思③ 実験結果をもとに，静電気によって2種類の力が働くことを見いだして表現している。[ワークシート]

定期テストとの関連について

・定期テストにおいて「知識・技能」の観点部分と「思考・判断・表現」の観点部分として設問構成が可能である。ただし，「思考」については理由を求めるなど，記述による解答が適切だと考える。

≪場面1，思①≫の評価事例

【問題】 20Ω，30Ωの2個の電気抵抗を直列につないだ回路aと並列につないだ回路bで抵抗全体に加わる電圧と全体に流れる電流を測定したところ，右図の結果となった。(1)～(6)に答えなさい。

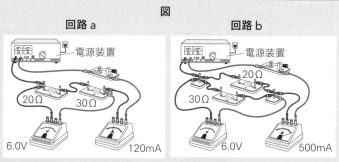

(1) 回路a，bの電源電圧を答えなさい。
(2) より大きな電流が流れているのは回路a，bのどちらだといえるか。
(3) 回路aと回路bのそれぞれの回路全体の抵抗の大きさについて，「電源電圧」と「回路全体の電流の数値」からオームの法則を用いて求めなさい。計算の過程も記すこと。
(4) (3)で求めた回路aの値と，20Ω，30Ωの2個の電気抵抗の値には，どのような関係があるといえるか。説明しなさい。
(5) (3)で求めた回路bの値と，20Ω，30Ωの2個の電気抵抗の値には，どのような関係があるといえるか。説明しなさい。
(6) 「抵抗を並列につないだ場合」は「直列につないだ場合」と比べ，回路全体の抵抗の数値がどのように異なるか，説明しなさい。

おおむね満足：B	十分満足：A
(1) 回路a，bともに6.0V	(1)～(4) B評価と同様（解答例は省略）
(2) 回路b	(5) 電源電圧6Vと回路全体の電流0.5Aから，オームの法則を用いた計算結果は6.0(V)÷0.5(A)＝12(Ω)。この値は，それぞれの抵抗の値である20Ω，30Ωよりも小さくなっている。
(3) 回路a……6.0(V)÷0.12(A)＝50(Ω) 回路b……6.0(V)÷0.5(A)＝12(Ω)	
(4) aの値は二つの抵抗の和と等しくなっている。	(6) 並列につないだ場合は各抵抗の値よりも，全体の抵抗の値は小さくなる。
(5) 50Ωとは異なる。和になっていない。	
(6) （無回答）	
【判断のポイント】	【判断のポイント】
・実験による値をもとに，オームの法則を用いて正しく計算できている。 ・「実験による値」からの解答が主になっており，「理論値」との比較ができていない。または，混同している。	・実験による値をもとに，直列・並列回路における電流と電圧，抵抗の関係を導いて，説明している。 ・「実験による値」と「直列・並列回路における電流と電圧の理論値」との比較ができている。

指導・支援の手だて（努力を要する：C）

・まず，「直列回路」と「並列回路」の違いを理解できているかを確認し，実験による値からそれぞれの回路に流れる電流の大きさや，加わる電圧の大きさを計算させる。次に，直列回路と並列回路で全体の抵抗値や電圧をどのように求めればよいか，考えるよう助言を行う。
・「直列回路での全電流と各部電流が等しくなることと，各部の電圧の和が全体（電源）電圧に等しくなること」と「並列回路での全体（電源）電圧と各部の電圧は等しくなることと，各部の電流の和が全体電流に等しくなること」を分けて理解させる。

≪場面2，思❷≫の評価事例

【問題】　図1のようなたこ足配線がなぜ危険かを考えるために，各抵抗に加わる電圧や流れる電流や，回路全体の電流を測定して，実験によって確かめたい。図2は，100 Vの電源に抵抗A〜Dを並列につなげたもので，抵抗にスイッチがあり，それぞれ「入・切」ができるものとする。

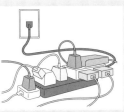

図1　　図2

テーブルタップには「許容電流は10 Aまで」と書かれている。各スイッチを入れた場合の各抵抗と回路全体に流れる電流を測定すると，左の表のような結果となった。次の (1) 〜 (5) に答えなさい。

表

スイッチ入	電流 [A]				
	抵抗A	抵抗B	抵抗C	抵抗D	回路全体
Aのみ	1.0	−	−	−	1.0
AとB	1.0	2.0	−	−	あ
AとBとC	1.0	2.0	2.5	−	い
A, B, C, Dすべて	1.0	2.0	2.5	5.0	う

(1) 電源電圧と各抵抗に流れる電流の値からA〜Dの抵抗を求めなさい。

(2) 表のあ〜うの値を求めなさい。

(3) この実験から，A〜Dの各抵抗を電気器具と考えて，抵抗の小さい電気器具に流れる電流の大きさは，抵抗の大きい電気器具に比べて，どのようになっているといえるか。

(4) 安全に使用できない抵抗（電気器具）A〜Dの組み合わせをすべて答え，理由も説明せよ。

(5) たこ足配線が危険である理由を説明しなさい。

おおむね満足：B	十分満足：A
(1) A 100 Ω，B 50 Ω，C 40 Ω，D 20 Ω	(1) 〜 (4) B評価と同様（解答例は省略）
(2) あ 3.0 A，い 5.5 A，う 10.5 A	(5) たこ足配線にすると，それぞれの回路に流れる電流は小さくても，回路全体に流れる電流が大きくなり，テーブルタップに流れる電流の許容電流を超えてしまうから。電流が大きくなると熱が発生し，発火の危険性があるから。
(3) 抵抗の小さい電気器具のほうが電流が大きくなる。	
(4) 組み合わせ……AとBとCとD 理由……回路全体の電流が10 Aを超えるから。	
(5) 回路全体の電流がテーブルタップの許容量を超えると危険だから。	
【判断のポイント】	【判断のポイント】
・オームの法則を適切に用いて計算を行っている。 ・並列回路では，各部に加わる電圧は電源電圧に等しく，各部の電流の和が全体の電流となることを理解している。	・実験の結果をもとに，たこ足配線の危険性をわかりやすく説明できている。

指導・支援の手だて（努力を要する：C）
・テーブルタップを分解して見せて，4口コンセントがそれぞれ並列つなぎになっていることを確認させる。 ・コンセント口に電気器具をつなぎ，スイッチを入れることで，それぞれの回路に電流が流れることを理解させる。実物のつなぎ方と回路図が同じであることに気づかせる。

7　電流と磁界

学習指導要領との対応：【解説（文部科学省，2018）［pp.40-45］】

学習前の生徒の状態

小学校で電磁石の実験をやったけど，どういう仕組みなんだろう？

単元の評価規準　【参考資料（国立教育政策研究所，2020）［p.107］】をもとに作成

知識・技能	思考・判断・表現	主体的に学習に取り組む態度
電流と磁界に関する事物・現象を日常生活や社会と関連付けながら，電流がつくる磁界，磁界中の電流が受ける力，電磁誘導と発電についての基本的な概念や原理・法則などを理解しているとともに，科学的に探究するために必要な観察，実験などに関する基本操作や記録などの基本的な技能を身に付けている。	電流と磁界に関する現象について，見通しをもって解決する方法を立案して観察，実験などを行い，その結果を分析して解釈し，電流と磁界の規則性や関係性を見いだして表現しているなど，科学的に探究している。	電流と磁界に関する事物・現象に進んで関わり，見通しをもったり振り返ったりするなど，科学的に探究しようとしている。

評価問題と授業改善のポイント

　最初に実際のモーターの内部構造を観察して，コイルに流れる電流による磁界と磁石の磁界がモーターの回転に関係することに気づかせ電流と磁界のイメージをもたせる。フレミングの左手の法則として知られているが，磁石による磁界の向きと磁界の中を流れる電流の向きの組み合わせによる条件統制を行いながら，生徒が主体的に規則性を発見する過程を大切にする。そして，モーターの回転にどのように利用されているかを説明できるようにしたい。

右の二つの評価場面を取り上げたのは，なぜか

　電気ブランコによる実験は教科書の実験図と手順（電流の向きと磁石の置き方）に沿って進めていくが，大事なことは電流の向きと磁石の磁界の向きの規則性を，どのように生徒が主体的に発見できるようにするかである。

　場面1の課題では，生徒が主体的に条件制御を行いながら，電流の向き，磁界の向き，力の向きの関連性を見いだすことができているかを，形成的評価として実施する。

　場面2の課題では，特にモーターの仕組みを説明する際に，場面1で学んだことを生かして根拠をもとに説明できているかを，総括的評価として実施する。

4　単元の指導と評価の計画　　観点の黒丸数字は総括に用いる評価（記録に残す評価）

学習活動	活動ごとの評価規準［評価方法］
・磁石の周りや電流が流れているリード線の周りに磁界が発生することを，実験を通して学習する。	知① 磁界を磁力線で表すことや，電流がつくる磁界の特徴について理解している。［ワークシート］
・電気モーターを分解し，これまで学習した磁石や電流に関するつくりがあるか観察して見いだす。	思① モーターが回転する仕組みを説明している。［レポートの記述分析］
・≪場面1≫　磁石のそばでコイルに電流を流したとき，コイルが磁石の磁界から力を受けて動く方向の規則性はどのようになっているかを考察する。	思② コイルに流れる電流の向きと，磁石の磁界の向きによって，コイルの動く向き（力を受ける向き）が決まることを，実験結果から見いだしている。［ノートの記述分析］

B基準 コイルに流れる電流の向きと，磁石の磁界の向きによって，コイルの動く向き（力を受ける向き）が決まることを見いだしている。

A基準 コイルに流れる電流の大きさに応じて，コイルが受ける力の大きさも変化することを見いだしている。コイルが力を受ける方向は，電流の向きと磁界の向きに対して，垂直な位置関係になることを見いだしている。

・コイルの電流の強さを変えた場合と，磁石の磁力を変えた場合について，コイルの受ける力はどのように変わるか，実験を通して考察する。	主❶ コイルの電流の強さを変えた場合と，磁石の磁力を変えた場合，コイルの受ける力はどのように変わるか，実験を通して科学的に探究しようとしている。［ノートの記述分析，ワークシート］
・≪場面2≫　モーターが回転する原理について，モーターに使用されるコイルに流れる電流と磁石の磁界から受ける力の働きから説明する。	思❸ 電流が流れるコイルに発生する磁界が，磁石の磁界から力を受けることで，コイルが回り続けて，軸が回転することを，実験結果をもとに説明している。［ワークシート］

B基準 電流が流れるコイルに発生する磁界が，磁石の磁界から力を受けることで，コイルが回り続けて，軸が回転することを，実験結果をもとに説明している。

A基準 コイルが磁界から力を受けて動く向きは，回転するコイルの位置によって，電流の向きが変わり，コイルの動く向きも変化することを見いだしている。磁界から受ける力は，コイルの回転する向きが同じになるように働いていることを見いだしている。

・磁石の中でコイルを動かすと，コイルに電流が流れる現象について調べる。	思④ 磁石やコイルを動かすことで，コイル内部の磁界が変化すると，その変化に伴いコイルに電流が流れることを見いだしている。［ワークシート］

定期テストとの関連について

・「知識・技能」を身につけたうえで「思考・判断・表現」を問うような出題が望ましい。特に，複数の条件が実験に出る場合は，説明文による解答を求めることで生徒の理解度が明らかになる。

≪場面1，思②≫の評価事例

> 【課題】　U字型磁石の中心付近にコイルを設置し，コイルに電流を流すと，コイルがU字型磁石の手前（U字型磁石から離れる）の向きに動きました。この実験をコイルの電流の向きや磁石の置き方を変えて行い，電流の向きと磁石の置き方の規則性を調べたい。
>
>
>
> (1) 磁石の極とコイルに流れる電流について，Aを「磁石のS極が上，コイルの電流は左から右」と表現すると，A以外に考えられる組み合わせをすべて示しなさい。またAを基準にした場合の実験の手順を示しなさい。
>
>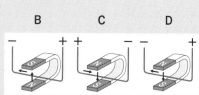
>
> (2) B～Dの場合，コイルの受ける力の向きを矢印で表しなさい。
>
> (3) A～Dについて，コイルの受ける力の向きが同じ組み合わせを答え，規則を見つけなさい。

おおむね満足：B	十分満足：A
(1) 磁石のS極が上，コイルの電流は右から左 　　磁石のN極が上，コイルの電流は左から右 　　磁石のN極が上，コイルの電流は右から左 　　Aに加えて三つ。計4通り。	(1) Aを基準に条件制御をする。 　　ア）Aの電流の向きを逆にする 　　イ）Aの磁石の向きを逆にして同じ電流の向き 　　ウ）Aの磁石の向きを逆にして逆の電流の向き
(2) 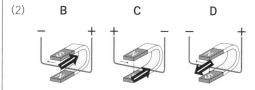	(2) B評価と同様（解答例は省略）
(3) 　AとD，BとC	(3) 　AとD，BとC 　　・AとDは電流と磁石の極の向きがどちらも逆。BとCも電流と磁石の極の向きが逆。コイルが受ける力の向きは，電流と磁界の向きとの関係性で決まる。
【判断のポイント】 ・条件制御の考え方として，「電流の向きの2通り」と「磁石の置き方（磁界の向き）の2通り」を理解している。 ・コイルが受ける力を電流の向きと磁界の向きから判断している。 ・コイルが受ける力は，「必ず磁石の手前側か奥側の2通りになることに気づいている。	【判断のポイント】 ・コイルが受ける力は，電流の向きと磁界の向きで決まるので，4通りのうち2分類になることを理解している。 ・「コイルが力を受ける向き」と「磁界の向き」と「電流の向き」の三つは互いに直行していることを見いだしている。

指導・支援の手だて（努力を要する：C）

・まず電流と磁界とコイルに働く力の三つが関わっていることを理解させる。次にそれぞれの向きの組み合わせから規則性を見いださせる。

・「コイルに流れる電流の向き」と「磁石の磁界の向き」による「コイルが受ける力の向き」の位置関係がわからなくなる場合は，マッチ棒等を使った立体モデルを示すと理解しやすい。

≪場面2，思❸≫の評価事例

【問題】 図ア，イは，磁界の中で電流を流したコイルがXを中心に回転する装置を示しています。電流は，図中の「＋」から「－」に向かって流れます。また，図ウは，磁界の中のコイルの受ける力の向きを示しています。

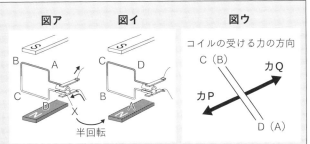

(1) 図アで，コイルに電流が流れる順はD→C→B→Aであった。コイルのAB部分が磁界から受ける力が力PのときCD部分が磁界から受ける力を図ウの「力P」「力Q」より選んで記号で答えなさい。

(2) 図イで，コイルに電流が流れる順をA～Dの記号を使って順に答えなさい。

(3) 図イで，コイルのAB部分とCD部分が磁界から受ける力を図ウの「力P」「力Q」よりそれぞれ選んで記号で答えなさい。

(4) (1)と(2)より，この装置の中心Xの役割を説明しなさい。

(5) この装置がモーターの原理を示しているとすると，このモーターはXを中心に，左回転（反時計回り），右回転（時計回り）のどちらの回転をしているといえるか。

おおむね満足：B	十分満足：A
(1)　CD部分：力Q (2)　A，B，C，D（A→B→C→D） (3)　AB部分：力Q　CD部分：力P (4)　コイルの回転に合わせて電流の向きを切り替えている。 (5)　Xを中心に，左回転（反時計回り）。	(1)～(3)，(5) B評価と同様（解答例は省略） (4)　電流の向きを切り替えることで，一定の向きに回転する仕組みである。
【判断のポイント】 ・電流の向きと磁石の磁界の向きから，コイルが動く向きを正しく理解している。 ・ブラシから整流子を経由してコイルに入るまでの電流の道筋を図から理解している。 ・モーターが連続回転するための整流子の働きを理解している。	【判断のポイント】 ・整流子によって，回転に合わせてコイルに流れる電流の向きを切り替えて，常にコイルが受ける力の向きが一定になることを理解している。 ・電流の方向，切り替えについて記述している。

指導・支援の手だて（努力を要する：C）
・大きめのモーターの立体模型などを使って，ブラシと整流子の位置関係やコイルに流れる電流の向きについて確認する。 ・立体模型の準備が難しい場合は，ブラシと整流子はどこがつながっているか，そして電流がどのように流れるか，磁界の向きはどちらか，順を追って説明する。

8　物質の成り立ち

学習指導要領との対応：【解説（文部科学省，2018）[pp.46-51]】

学習前の生徒の状態

すべての物質を構成する粒子って，どんな特徴をもっているのだろう？

単元の評価規準　【参考資料（国立教育政策研究所，2020）[p.107]】をもとに作成

知識・技能	思考・判断・表現	主体的に学習に取り組む態度
化学変化を原子や分子のモデルと関連付けながら，物質の分解，原子・分子についての基本的な概念や原理・法則などを理解しているとともに，科学的に探究するために必要な観察，実験などに関する基本操作や記録などの基本的な技能を身に付けている。	物質の成り立ちについて，見通しをもって解決する方法を立案して観察，実験などを行い，原子や分子と関連付けてその結果を分析して解釈し，化学変化における物質の変化を見いだして表現しているなど，科学的に探究している。	物質の成り立ちに関する事物・現象に進んで関わり，見通しをもったり振り返ったりするなど，科学的に探究しようとしている。

評価問題と授業改善のポイント

　教科書の実験だけでなく，過去の実験をもとに，物質を特定する方法を立案できる状態を求めたい。生徒のなかには，レポートを作成する際に，結果から考察への結びつけが弱く，判断根拠を適切に述べられていない生徒もいる。実験を振り返る際は，結果と結果からわかることを分けて解説することで，次の実験へとつなげていけるようにすることが重要である。

右の二つの評価場面を取り上げたのは，なぜか

　場面1では，これから始まる化学実験において，物質を特定するにはどのような実験方法で行えばよいのか，また物質を特定するときの判断の根拠が説明できているのかを評価する場面である。生徒自身がいままでの化学実験を振り返るなかで，今後の実験について積極的に関わり，実験結果を適切に記録できるように促す意図もある。

　場面2では，実験結果を日常生活に結びつけて考え，表現していく過程で，化学変化における物質の変化を概念的に理解できているかを評価している。課題に沿った適切な表現を意識して要点をまとめた文章を作成できているかも評価したい。化学分野のはじめに，日常生活と関連する課題に取り組むことで，次回以降の実験においても日常生活との関連を意識させる意図がある。

単元の指導と評価の計画　　観点の黒丸数字は総括に用いる評価（記録に残す評価）

学習活動	活動ごとの評価規準〔評価方法〕
・1年次に学習した「状態変化」では物質は変化しなかったが，身近な物質に熱を加えたことによって物質が別の物質に変化することについて考える。	知① 状態変化は，物質の熱の出入りと関係があることを理解している。[ワークシート] 思① 加熱によって，肉は固くなる，木は色が変わるなど具体的な変化を表現している。[ワークシート] 思② 加熱によって起きる変化は，状態変化だけではないことを見いだしている。[ワークシート]
・≪場面1≫　ホットケーキミックスを加熱したときの物質の変化について考える。	思❸ 加熱によって生じた物質は何であるか，またそれを特定する方法について，具体的に提案している。[ワークシート]
B基準 生成される物質について，固体・液体・気体のすべての場合について，特定する方法をあげている。 **A基準** 生成される物質について，固体・液体・気体のすべての場合について，特定する方法や実施したときの反応の様子，特定できる物質についてなどをあげている。	
	主❶ ホットケーキがふくらむ理由について予想を立てながら考えている。[ワークシート]
・炭酸水素ナトリウムや酸化銀の熱分解反応を行い，二つの実験から反応の共通点を考える。 ・化学変化・分解について実験を通して理解する。	知③ 実験器具を正しく安全に使用している。[レポートの記述分析，ワークシート] 思❹ 実験結果から発生した物質を特定している。[レポートの記述分析，ワークシート] 思❺ 一つの物質から二つ以上の物質ができる反応であることを見いだしている。[レポートの記述分析，ワークシート] 思⑥ 実験結果から，もとの物質とは異なる物質をもった別の物質に分かれたことを見いだしている。[レポートの記述分析，ワークシート]
・≪場面2≫　再び，ホットケーキがふくらむ理由について考える。	思❼ ホットケーキがふくらむ理由について，材料に含まれている物質の特徴にふれながら説明している。[ワークシート]
B基準 ホットケーキがふくらむ理由について，物質が変化することにふれながら説明している。 **A基準** ホットケーキがふくらむ理由について，含まれる物質の特徴や発生する物質にふれながら説明している。	
・原子・分子の基本的な概念や原理・法則などをワークシートを活用しながら理解する。	知④ 原子と分子の違いや，基礎的な元素記号を理解している。[ワークシート] 思❽ 1年次で学習した粒子の概念と結びつけながら原子の特徴について考えている。[ワークシート]

定期テストとの関連について

・場面2の課題を定期テストに用いる場合は，適切な表現のものを選択するような，正誤が明確に判断できる問題としてアレンジする必要がある。

≪場面1，思❸≫の評価事例

【課題】 ホットケーキミックスに含まれるベーキングパウダーを加熱したときに，どのような変化が起こるでしょうか。加熱したときに生成される物質を特定するためには，どのような実験を行う必要がありますか。(1)〜(3)について，具体的な方法をあげなさい。

(1) 生成される物質が「固体」の場合
(2) 生成される物質が「液体」の場合
(3) 生成される物質が「気体」の場合

[補足説明]
・ベーキングパウダーのおもな原料が炭酸水素ナトリウムであること，加熱により生地がふくらむ要因が炭酸水素ナトリウムであることを確認したうえで行う。
・炭酸水素ナトリウムは白色の固体であること，何が生成されるかはわからない状況であることを伝えたうえで実施する。

おおむね満足：B	十分満足：A
(1) 色や手触り，水への溶けやすさを調べる。 (2) リトマス紙やBTB溶液，フェノールフタレイン溶液を使用する。 (3) マッチや線香，石灰水を使用する。	(1) 色や手触り，水への溶けやすさの違いを調べる。 (2) 緑色のBTB溶液を使用し，黄色になれば酸性，緑色なら中性，青色ならアルカリ性の物質だと特定できる。 (3) 火のついたマッチを近づけ，音を立てて燃えれば水素，激しく燃えれば酸素と判断できる。また，気体を石灰水に通したとき白くにごれば，二酸化炭素と判断できる。
【判断のポイント】 ・物質の状態に合わせて，適切な試薬をあげて実験方法を説明している。	【判断のポイント】 ・物質の状態に合わせて，適切な試薬および試薬を使用した際の反応，そこから特定できる性質や物質について言及している。

指導・支援の手だて（努力を要する：C）

・生成される物質が固体のみと考えている生徒には，加熱前後のホットケーキミックスの画像から違いを見いだせせ，気体の発生も視野に入れるように指導する。その際，「何が生成されるかはわからない」ということを再確認することで，液体の生成も考えさせる。
・1年次の気体の発生などの授業を振り返るなかで，どのような実験操作を経験してきたか，指示薬の反応はどうであったかを振り返らせる。必要に応じて指示薬等の反応について復習する（1年次の学習内容のため，生徒の状況に応じて行う）。

≪場面2，思❼≫の評価事例

【課題】　この前，お母さんがフワフワでおいしいホットケーキを作ってくれました。もう一度食べたいと思い，別の日に一人で，水と小麦粉を混ぜて作ったところ，まったくふくらみませんでした。不思議に思ったのでお母さんに聞いてみたら，ホットケーキミックスを使うのだと教えてもらいました。そこで，ホットケーキミックスの成分表を見てみると，小麦粉以外に【ベーキングパウダー】というものが含まれていることがわかりました。なぜ，【ベーキングパウダー】があると，ホットケーキがふくらむのでしょうか？　【ベーキングパウダー】でホットケーキがふくらむ仕組みを教えてください。

[補足説明]
・近隣の小学校から中学校へ手紙がきた設定で生徒に課題を提示する。説明をする前提として，化学反応式などは知らないことを生徒に伝える。
・ベーキングパウダーの成分表示を利用し，主成分は炭酸水素ナトリウムであることにも触れる。
・この課題は，場面1でも使用し，そこでは診断的評価を行う。生徒の課題解決への意欲の向上につなげ，生徒自身が自己の考えの変容を見取れるようなワークシートを作成するとよい。

おおむね満足：B	十分満足：A
ベーキングパウダーの水の粒子が温められたことによって，状態変化をして，液体から気体に変わり，粒子が外にとびだそうとしてふくらむ。	ベーキングパウダーのおもな原料は炭酸水素ナトリウム（NaHCO₃）という物質で，温めると二酸化炭素と水が発生して，発生した気体によってふくらむ。 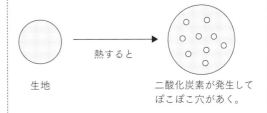 生地　　　　　熱すると　　　二酸化炭素が発生してぽこぽこ穴があく。
【判断のポイント】	【判断のポイント】
・炭酸水素ナトリウムが加熱されたことで気体が発生し，それにより生地がふくらむことを説明している。	・炭酸水素ナトリウムを加熱すると水と二酸化炭素が発生することを説明している。

指導・支援の手だて（努力を要する：C）

・気体の発生を，水の状態変化だけが原因だと考える生徒に対しては，ベーキングパウダーの含まれていない生地にも水は含まれていることや温度が下がってもふくらんだままであることを指摘し，加熱実験により何が発生したのか，物質にどのような変化が起きていたのかをレポートなどを確認させながら再度振り返らせる。

9　化学変化

学習指導要領との対応：【解説（文部科学省，2018）[pp.46-51]】

学習前の生徒の状態

化学変化って身近にも存在するのかなあ？

単元の評価規準　【参考資料（国立教育政策研究所，2020）[p.107]】をもとに作成

知識・技能	思考・判断・表現	主体的に学習に取り組む態度
化学変化を原子や分子のモデルと関連付けながら，化学変化，化学変化における酸化と還元，化学変化と熱についての基本的な概念や原理・法則などを理解しているとともに，科学的に探究するために必要な観察，実験などに関する基本操作や記録などの基本的な技能を身に付けている。	化学変化について，見通しをもって解決する方法を立案して観察，実験などを行い，原子や分子と関連付けてその結果を分析して解釈し，化学変化における物質の変化を見いだして表現しているなど，科学的に探究している。	化学変化に関する事物・現象に進んで関わり，見通しをもったり振り返ったりするなど，科学的に探究しようとしている。

評価問題と授業改善のポイント

　第1分野は，観察や実験が比較的行いやすく，分析的な手法で規則性を見いだしやすい特徴がある。生徒は前単元で，化学実験の操作に慣れ親しんでいることを前提に，本単元で重点的に探究活動を行うことで，生徒の課題解決への意欲の向上を図る意図がある。また，次の単元からは実験が定性的なものから定量的なものへと変化する。定量的実験は定性的実験に比べて苦手意識をもつ生徒が多いため，本単元では化学変化における物質の変化を見いだし，課題を科学的に解決する場面を増やし，次単元への苦手意識の軽減を図りたい。

右の二つの評価場面を取り上げたのは，なぜか

　教科書で扱っている酸化銀の熱分解や水の電気分解を身近に感じる生徒は少ない。化合や分解などの化学反応を，身近な物質と関連づけて捉えることができるように，今回の課題設定，単元構想を行っている。ただし，課題提示については，それぞれの授業のなかで本時の目標を意識してどの場面で課題を与え，どのように考えさせるのかを把握しておく必要がある。さらに，考えるためのヒントを，前提条件としてどこまで与えるかは生徒の状況に合わせて調整する必要がある。

　単元内で他者のレポートに対して加筆する活動を2回取り入れることで，その都度それまで学習したことを確認することできる。そして，互いのアドバイスから新たな見方や考え方を発見できたことが生徒の学習活動を変えたり，意欲的な取り組みにつなげられる。加筆する際に「科学的な根拠」「論理的な説明」という視点を明確にすることで，科学的な見方や考え方の質を高めたい。

　場面1は，単元の最初の授業で単元の課題を示し，学習前のもてる力で取り組ませる。診断的評価として生徒の実態把握に生かすとともに，単元導入時の知識や考えを引き出し，単元に見通しをもたせ，課題解決に向けた意欲の醸成を促すことがおもなねらいであるため，評価の結果は評定に含めない。

　場面2は，課題は場面1と同じものを使用する。授業では，課題を理解し，課題に対しての仮説を自分なりに立てたのち，他者のレポートを添削する活動を入れる。他者の課題に対する考え方を分析して解釈し，気がついたことや考えたことをわかりやすく簡潔に表現しているかを生徒に評価させる。その後，再度自分の考えをまとめ，科学的な概念や根拠をもとに，考えたことをわかりやすく簡潔に表現しているか，酸化と還元についてわかりやすく表現しているかを評価する。

単元の指導と評価の計画　観点の黒丸数字は総括に用いる評価（記録に残す評価）

学習活動	活動ごとの評価規準［評価方法］
・≪場面1≫　単元の課題に対して，学習する前の知識を用いて解決方法を考える。	主① 課題を理解し，課題に対しての仮説を自分なりに考えようとしている。［ワークシート］
B基準 課題を理解し，課題に対しての仮説を自分なりに考えようとしている。 **A基準** 課題を理解し，課題に対しての仮説を自分なりに考え，相手にわかりやすく伝えようとしている。	
・鉄と硫黄が結びつく実験を行う。	思❶ 2種類の物質同士が結びつき，反応前と異なる物質が生成することを見いだしている。［レポートの記述分析］
・鉄やマグネシウムの酸化，酸化銅の還元を行う。	知① 酸化や還元は酸素が関係する反応であることを理解している。［レポートの記述分析］
・炭酸水素ナトリウムの熱分解と同じ方法で乾留（炭の生成）の実験を行う。	思❷ 乾留は分解であることに気づいている。［行動観察］
・他者のワークシートに加筆する活動を行う。	主② 他者のワークシートを読み，内容を理解しようとしたり，自分の考えをもとに修正を加えようとしたりしている。［行動観察］
・≪場面2≫　学習内容をふまえて再度，単元の課題に取り組む。	思❸ 自分の考えと他者の考えを用いながら単元の課題に対しての解決方法を考えている。［ワークシート］
B基準 炭と灰の違いについて，炭素の存在の有無にふれながら，でき方の過程について説明している。 **A基準** 炭ができる反応は熱分解であるのに対し，灰ができる反応は酸化であることを，できる過程で発生する物質にもふれながら説明している。	
・炭酸水素ナトリウムとクエン酸の反応，塩化アンモニウムと水酸化バリウムの反応を行う。	知② 化学反応には熱の出入りが伴うことを見いだし，理解している。［ワークシート］

定期テストとの関連について

・同じ課題や実験を題材とした評価問題ではなく，反応の様子の違い（質量変化等）から，反応が2種類の物質が結びつく化学変化なのか分解なのかなどを思考する問題等が考えられる。その際に，判断した理由等を記述させることで科学的な思考・判断力・表現力を評価する問題となる。

≪場面1，主①≫の評価事例

【課題】　次の小学6年生の疑問に対して，科学的に説明しないさい。

[小学6年生の疑問]
授業で「燃える」ということを学習しました。紙が燃えると白っぽい灰が残ることに気がつきました。だけど，夏休みにキャンプに行って，お父さんが木炭を燃やしているのを見て疑問に思いました。なぜ炭も燃えかすなのに，火をつけることができるのでしょうか。灰と炭の違いはなんですか？　教えてください！！　　　○○小6年

おおむね満足：B	十分満足：A
炭には燃える成分が残っているけれど，灰にはそれが残っていない。炭には火がつくが，最後は灰になって火が消える。	炭素と酸素がと結びついて，二酸化炭素になる。炭は炭素を多く含むけど，灰には酸素と結びつく炭素が残っていないので，火がつかない。
【判断のポイント】	【判断のポイント】
・燃える燃えないの違いについてわかりやすく説明している。	・炭素や酸素，二酸化炭素など具体的な物質名を用いて，科学的に説明している。

指導・支援の手だて（努力を要する：C）

・「炭も燃えかすなのに，火をつけることができるのでしょうか」に対し，記述ができない生徒には，「灰と炭の違いはなんですか？」に対する考えから取り組むように促す。
・炭や灰をイメージできない生徒には実物を見せ，質感等にふれて違いを見いだすように助言する。

≪場面2，思❸≫の評価事例

【問題】　火をつけることができない灰と火をつけることができる炭の違いは何か。単元の学習をふまえて，でき方の違いを科学的に説明しなさい。

おおむね満足：B	十分満足：A
炭はアルミホイルで木を包んで作るので，すきまから空気などが抜けていき，炭になる。  灰は直接火に当てるのでバラバラになって小さくなった。 	木や紙は有機物で炭素が含まれていて，燃やすことにより空気中の酸素と炭素が結びついて二酸化炭素ができる。 　木をアルミホイルで包んで燃焼すると炭ができる。これは十分に酸素が行きとどかず炭素が残るため。 　紙を直接燃やすと，炭素と酸素が完全に反応して，炭素は残らず灰だけになる。 　炭も直接火に当てて燃焼させると，完全に酸素と反応し，炭素が残らず灰になる。
【判断のポイント】 ・酸化や熱分解の記載はないが，図を用いて加熱したときの反応の違いについて説明している。	【判断のポイント】 ・有機物の燃焼について炭素と酸素が結びつくことが記述されており，不完全燃焼によって炭素が残ったものが炭，完全燃焼して炭素が残っていないものが灰であることが表記から読み取れる。

指導・支援の手だて（努力を要する：C）

・「炭と灰の違い」について，色や質感のみ記載している生徒については，灰や炭ができるときどのような様子であったかを振り返るなかで，でき方の違いについてまとめてみるように助言する。
・単元中に行われた炭酸水素ナトリウムの熱分解反応と実験操作が似ている点から，分解反応と関連づけて考えるように促す。
・本単元では，「他者のレポートに助言をする」という授業展開を入れることで，生徒の気づきの幅を広げる工夫を入れている。生徒からは，「自分の考えだけではなくて，人の意見も聞けてよかった」「どんなことが足りないのかわかった。客観的に見ることができた」「他の人の考えを知ることで，自分が説明するときにもっと論理的にしないといけないと感じた」等の感想が出ていた。教師からのみではなく，生徒同士の学び合いの機会を入れることで，努力を要する生徒への支援とする単元構想も重要である。

10 化学変化と物質の質量

学習指導要領との対応：【解説（文部科学省，2018）[pp.46-51]】

学習前の生徒の状態

物質が変化するとき，質量は変化するのかな？

単元の評価規準　【参考資料（国立教育政策研究所，2020）[p.108]】をもとに作成

知識・技能	思考・判断・表現	主体的に学習に取り組む態度
化学変化を原子や分子のモデルと関連付けながら，化学変化と質量の保存，質量変化の規則性についての基本的な概念や原理・法則などを理解しているとともに，科学的に探究するために必要な観察，実験などに関する基本操作や記録などの基本的な技能を身に付けている。	化学変化と物質の質量について，見通しをもって解決する方法を立案して観察，実験などを行い，原子や分子と関連付けてその結果を分析して解釈し，化学変化における物質の変化やその量的な関係を見いだして表現しているなど，科学的に探究している。	化学変化と物質の質量に関する事象・現象に進んで関わり，見通しをもったり振り返ったりするなど，科学的に探究しようとしている。

評価問題と授業改善のポイント

　化学変化に関係するすべての物質を考慮すると，質量保存の法則が成り立つこと，化学変化に関係する物質の質量の比は常に一定であることを組み合わせ，反応の結果から物質の含有量を求められるよう単元を計画している。時間に余裕があれば，教科書に載っていない反応も取り入れることで生徒の科学的な判断力を広げるとよい。

右の二つの評価場面を取り上げたのは，なぜか

　場面1では，二つの実験を振り返り，反応前後の質量に注目して関係性を表現する。生徒の実態に応じて，話し合いや発表を行う。粒子の特徴を多面的に捉えられるよう，1年次の溶解の学習（溶質が溶媒に溶けても全体の質量は変わらない）や，2年次の状態変化の学習（状態変化では体積は変化するが，質量は変化しない）にもふれる。質量保存の法則を単に「反応前後で質量が変化しない」という内容だけでなく，「なぜ反応前後で質量が変化しないのか」という部分を問うことで，物質はすべて目に見えない小さな粒子でできていること，その粒子がどのような特徴をもっているのかを理解しているかを評価している。化学反応によって粒子にどのような変化が生じているのかを常に意識して考える習慣を身につけさせたい。

　場面2では，質量保存の法則を理解し，活用できるかを評価する。このとき，「思考・判断・表現」の観点において，計算結果が合っているかどうかではなく，求める過程に重きをおいて評価をしたい。必要に応じて，求め方を生徒から引き出すような発問や授業を行うとよい。

単元の指導と評価の計画　　観点の黒丸数字は総括に用いる評価（記録に残す評価）

学習活動	活動ごとの評価規準〔評価方法〕
・水酸化バリウム水溶液とうすい硫酸から硫酸バリウムができる反応，炭酸水素ナトリウムに塩酸を加える実験を行う。	知① 二つの化学反応を，化学反応式で表している。[レポートの記述分析，行動観察，授業中の発言，ワークシート]
≪場面1≫ 二つの実験結果から，質量保存の法則を見いだす。	思❶ 反応の様子をモデル図を使って表現し，質量保存の法則の原理を説明している。既習の内容も加えながら，質量保存の法則を多面的に捉えている。[レポートの記述分析，行動観察，授業中の発言，ワークシート]

B基準 化学反応の前後で，反応に関わる物質の質量は変化しないことにふれている。

A基準 物質を構成する原子は，大きさが変わらず，増えたり，減ったりしないことから化学反応の前後で質量が変化しないことにふれている。

学習活動	活動ごとの評価規準〔評価方法〕
・銅の酸化の実験について予想を行う。このとき，銅の質量を変えたときにできる酸化銅の質量について考える。	主① 金属に酸素が結びつくときの質量の関係に対する仮説を，科学的に立てようとしている。[行動観察]
・銅の酸化の実験を行う。 ・ベーキングパウダーに塩酸を入れる実験を行う。 ・炭酸水素ナトリウムに塩酸を加える実験を行う。	主❷ 化学反応に関係する物質の質量比は，常に一定であることを見いだそうとしている。[レポートの記述分析]
≪場面2≫ 実験の結果をもとに，ベーキングパウダーに含まれる炭酸水素ナトリウムの含有量を求める。	思❸ 二つの実験から発生した二酸化炭素の質量から，反応に関与した炭酸水素ナトリウムの質量を導きだし，ベーキングパウダーに含まれる炭酸水素ナトリウムの含有量を求めている。[ペーパーテスト]

B基準 発生した二酸化炭素の質量から，反応に関与した炭酸水素ナトリウムの質量を導き出している。

A基準 発生した二酸化炭素の質量から，反応に関与した炭酸水素ナトリウムの質量を導き出し，含有量を求められているとともに，説明のなかで化学反応に関わる物質の質量比は常に一定であることにもふれて説明をしている。

定期テストとの関連について

・場面2の実験のように，気体が発生する実験を用いて含有量や反応に関わった物質の質量を求める問題が考えられる。計算結果を解答する問題以外に，最も適切な求め方を選択する問題なども考えられる。

≪場面1，思❶≫の評価事例

【課題】　実験1「硫酸と水酸化バリウム水溶液の実験」と，実験2「炭酸水素ナトリウムと塩酸の実験」の二つの実験結果から，化学反応の前後で質量にはどのような関係がありますか。モデル図やいままでの学習をもとに説明しなさい。

[実験概要]
・うすい硫酸とうすい水酸化バリウム水溶液を別々の容器に入れ質量を計った後，混ぜ合わせて反応後の質量を計る。（実験1）
・別々の容器に入った炭酸水素ナトリウムと塩酸を密閉容器とともに質量を計る。その後密閉容器内で混ぜ合わせて反応後の質量を計る。（実験2）

[実験結果]

	実験前	実験後
実験1	150.00g	150.00g
実験2	80.00g	80.00g

おおむね満足：B	十分満足：A
二つの実験とも，反応の前後で質量は変わっていなかったので，化学反応の前後で物質の総質量は変わらないといえる。 　実験1も2も，化学反応を見ると反応前後で原子の組み合わせは異なるが，原子の数が同じだからである。	状態変化で物質の質量が変わらなかったことから，原子の大きさや質量は変化しないと考えられる。 　化学反応は物質を構成する原子の組み合わせが変わることで，反応に関わる原子の数や大きさは変わらないので，反応前後で物質の総質量は変わらない。

実験1　$H_2SO_4 + Ba(OH)_2 \rightarrow 2H_2O + BaSO_4$

実験2　$NaHCO_3 + HCl \rightarrow NaCl + H_2O + CO_2$

【判断のポイント】
・実験の結果で得られた反応前後の質量をもとに説明している。
・化学反応式をもとに説明している。

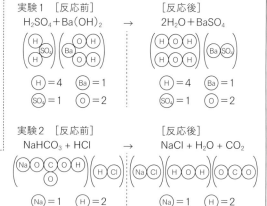

【判断のポイント】
・モデル図を使って反応前後で原子の数に変化がないことを表し，説明している。

指導・支援の手だて（努力を要する：C）

・二つの実験結果の質量の記録を振り返らせ，どのような変化があったかを考えるように促す。
・実験前後の物質の変化を化学式で表現させる。
・炭酸水素ナトリウムと塩酸の実験において，容器が密閉状態のときと開放したときで質量が変化した理由を考えさせ，反応前後で反応に関わるすべての物質の質量を考える必要があることを助言する。

≪場面2，思❸≫の評価事例

【課題】　ふわふわなホットケーキを作るためには，ベーキングパウダーが必要だということ
を以前学習しました。ベーキングパウダー1g中の，炭酸水素ナトリウムの含有量は何％
か。実験の結果からどのように求めればよいか。求め方を説明しなさい。

[実験概要]
・1gの炭酸水素ナトリウムを密閉容器に入れ，さらに密閉容器内に5％のうすい塩酸10mlを
　入れ反応前の質量を計る。容器を傾け，塩酸と反応させたのち，密閉状態と開放状態の質量
　を計る。(実験1)
・1gのベーキングパウダーを密閉容器に入れ，さらに密閉容器内に5％のうすい塩酸10mlを
　入れ反応前の質量を計る。容器を傾け，塩酸と反応させたのち，密閉状態と開放状態の質量
　を計る。(実験2)
・このとき，発生する気体は二酸化炭素のみとし，その他の物質は，すべて塩酸内に溶けてい
　るものとする。

[実験結果]

	実験前	密閉状態	開放状態
実験1	80.00g	80.00g	79.60g
実験2	80.00g	80.00g	79.90g

おおむね満足：B	十分満足：A
・炭酸水素ナトリウムのときは0.4g発生し，ベーキングパウダーでは0.1g発生した。 $\dfrac{0.1}{0.4} \times 100 = 25\%$	・質量保存の法則により，化学反応に関わる物質の質量比は常に一定なので，減少した二酸化炭素の質量から，反応に関わった炭酸水素ナトリウムの質量を求めることができる。 ・1gの炭酸水素ナトリウムに塩酸を反応させると，0.4gの二酸化炭素が発生した。1gのベーキングパウダーに塩酸を反応させたときは0.1gの二酸化炭素が発生した。比の計算からベーキングパウダーに含まれている炭酸水素ナトリウムは0.25gです。含有量は25％です。
【判断のポイント】 ・炭酸水素ナトリウムと塩酸の反応で，減少した二酸化炭素の質量と，ベーキングパウダーと塩酸の反応で減少した二酸化炭素の量を比較し，比を使って，ベーキングパウダーに含まれている炭酸水素ナトリウムの質量を求めている。	【判断のポイント】 ・求めた炭酸水素ナトリウムの質量を用いてベーキングパウダーに含まれている炭酸水素ナトリウムの含有量を求められている。 ・実験の結果をもとに計算の過程を正しくわかりやすく表現している。

指導・支援の手だて（努力を要する：C）
・ベーキングパウダーと塩酸の反応で，容器を開放したときに質量が減少した理由を振り返らせ，発生した二酸化炭素が逃げたためであることに気づかせる。

11 力のつり合いと合成・分解

学習指導要領との対応：【解説（文部科学省，2018）[pp.52-57]】

学習前の生徒の状態

力がつり合うって，どういう状態なのかな？

生徒

単元の評価規準　【参考資料（国立教育政策研究所，2020）[p.108]】をもとに作成

知識・技能	思考・判断・表現	主体的に学習に取り組む態度
力のつり合いと合成・分解を日常生活や社会と関連付けながら，水中の物体に働く力，力の合成・分解についての基本的な概念や原理・法則などを理解しているとともに，科学的に探究するために必要な観察，実験などに関する基本操作や記録などの基本的な技能を身に付けている。	力のつり合いと合成・分解について，見通しをもって観察，実験などを行い，その結果を分析して解釈し，力のつり合い，合成や分解の規則性や関係性を見いだして表現しているとともに，探究の過程を振り返るなど，科学的に探究している。	力のつり合いと合成・分解に関する事物・現象に進んで関わり，見通しをもったり振り返ったりするなど，科学的に探究しようとしている。

評価問題と授業改善のポイント

　力の合成・分解に関しては，作図ができるだけでなく，それを用いて日常生活における現象や身の回りの建造物について説明できるようにしたい。また，浮力については浮沈子を題材として課題を設定し，浮力の大きさと水中にある物体の体積の関係性を明らかにする探究活動に取り組み，力のつり合いなどとも関連づけて説明できるようにしたい。

右の二つの評価場面を取り上げたのは，なぜか

　場面1では，前時に行った力の合成・分解の実験結果と作図による合力・分力の求め方とを関連づけて理解しているかを評価する場面である。身の回りの建造物や斜面を下る物体の運動などについて，力の合成・分解を作図しながら科学的な根拠をもって説明できるように，その基礎を身につけさせていく。

　場面2では，これまで学んだことをもとに，身近な建造物に働く力について作図を用いて説明できるかを評価する。また，単元を通して考えてきた浮沈子の仕組みについて，力のつり合いや浮力など学んできた内容と関連づけて説明できるかを評価する。

単元の指導と評価の計画　観点の黒丸数字は総括に用いる評価（記録に残す評価）

学習活動	活動ごとの評価規準〔評価方法〕
・力の合成と分解についての実験を行い，力の合成と分解についての規則性を見いだす。	思① ばねばかりなどを使って，もとの力と2力の分力との関係の規則性を見いだし表現している。[ノートの記述分析]
・≪場面1≫ 2力の合力や一つの力の分力を，作図を用いて説明する。	知❶ 正しく作図して，合力や分力を示している。[ペーパーテスト]

> **B基準** 平行四辺形を作図して，合力や分力を示している。
> **A基準** 平行四辺形を作図して，合力や分力を示し，2力が働く大きさや角度に着目して説明している。

学習活動	活動ごとの評価規準〔評価方法〕
・浮沈子が浮き沈みする様子を観察し，その理由を考える。	主① 浮沈子の仕組みに疑問をもち，見通しをもって科学的に探究しようとしている。[行動観察]
・水中の物体に水圧が働く実験を行い，水圧の規則性を見いだす。	知② 水中の物体に働く水圧の大きさが，深さと関係していることを見いだして説明している。[ノートの記述分析]
・浮力の大きさを調べる実験を行い，浮力の規則性を見いだす。	思② 浮力について課題を設定して実験を立案・実施し，その結果を分析して解釈し，浮力の規則性を見いだして表現している。[ノートの記述分析]
・浮沈子を作製し，浮沈子の動きを浮力と関連づけながら観察する。	主② 浮沈子の仕組みを浮力と関連づけて説明しようとしている。[行動観察]
・≪場面2≫ 身の回りで見られる力の分解や浮力が関係している事象について，説明する。	思❸ 身の回りで見られる力の分解や浮力が関係している事象について，働いている力を矢印を用いて表現し，説明している。[ペーパーテスト]

> **B基準** 身の回りで見られる力の分解や浮力が関係している事象について，矢印を用いて力を表現し，説明している。
> **A基準** 身の回りで見られる力の分解や浮力が関係している事象について，矢印を用いて力を表現するとともに，根拠をもって説明している。

定期テストとの関連について

・定期テストにおいても，作図をもとに働く力を説明する問題に取り組ませたい。その際，「知識・技能」「思考・判断・表現」の観点と採点基準を明確にしたい。

≪場面1，知❶≫の評価事例

【問題】 図のように，3.0Nの重さのおもりAを2本の糸を使って天井からつり下げました。これについて，次の(1)〜(3)に答えなさい。ただし，図の1目盛は0.5 Nを示すものとします。また糸を張る位置を変えても，糸は常にピンと張っているものとします。

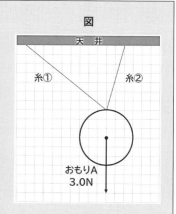

図

(1) 糸①と糸②がおもりAを引く力を，矢印を使って図中に書き入れなさい。
(2) 糸②の位置は変えずに，糸①の位置を糸②に近づけていくとき，糸①に働く力の大きさはどうなるか。
(3) (2)のとき，糸①と糸②に働くの合力の大きさはどうなるか。糸①と糸②に働く力の大きさに着目して，答えなさい。

おおむね満足：B	十分満足：A
(1) 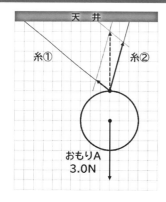	(1)(2)　B評価と同様（解答例は省略）
(2)　だんだん大きくなる。	(3)　糸①に働く力の大きさは大きくなるが，糸②に働く力の大きさは小さくなる。しかし，おもりAは位置が変わっても静止し続けているので，重力と糸①と糸②の合力の大きさはつり合っている。よって，合力の大きさは常に一定であるといえる。
(3)　糸①と糸②に働く力の大きさはそれぞれ変化するが，それらの合力は常に一定である。	
【判断のポイント】	【判断のポイント】
・小問(3)の解答から，糸①②に働く力の大きさが変化するが，それらの合力は変化しないことを理解している。	・糸①②に働く力の大きさがどのように変化するかを説明しながら，物体に働く力がつり合いの関係にあることに着目して記述している。

指導・支援の手だて（努力を要する：C）

・平行四辺形が作図できない場合は，定規を用いて平行線のかき方を確認し，もとの2力と合力やもとの力と2力の分力が同じ作用点から作図できることを指導する。また，ばねばかりを用いた実験結果と平行四辺形の作図による力の大きさと関連づけられるように指導する。

≪場面2，思❸≫の評価事例

【問題】　私たちの身の回りには，力のつり合いが関係していると思われる事物・現象が数多くあります。これについて，次の (1) ～ (3) に答えなさい。

(1) 図1は，橋げたを主塔からのびた複数のケーブルで支えた斜張橋というタイプの橋の模式図である。ケーブルが橋げたを引く力は主塔の高さと関係がある。ケーブルが橋げたを引く力をより小さくするためには，主塔の高さはどのようにすればよいか。図2，図3の図を使い，作図をもとに説明しなさい。ただし，図中のWは橋げたに働く重力を表すとする。

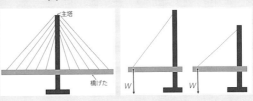

図1　図2　図3

(2) 図4のように，魚の形をした「しょうゆさし」を使って，水の入ったペットボトルの中を浮き沈みする浮沈子というおもちゃを作った。ペットボトルに力を加えないときは，浮沈子は上のほうで静止していた。そのとき，浮沈子に働く力はどのような関係にあるといえるか。

(3) ペットボトルに力を加えると「しょうゆさし」が沈んだ。その理由について，次の文章に続いて説明しなさい。

> ペットボトルを強く押すと，そのときにかかる圧力と同じ大きさの力が浮沈子のどの部分にもかかる。すると，

図4

おおむね満足：B	十分満足：A
(1) 作図より，主塔を高くしたほうが，ケーブルが引く力は小さくなる。 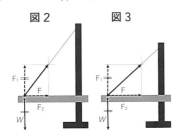 図2　図3 (2) 重力と浮力がつり合っている。 (3) 浮沈子の中の空気が縮むことにより浮力が小さくなるので，重力のほうが大きくなり，下に沈む。	(1) 作図より，橋げたに働く重力Wとつり合う上向きの力F_1は，ケーブルに働く力Fの分力になるので，なるべく上向きに引いたほうが，ケーブルが引く力は小さくなる。よって主塔は高いほうがいい。　※作図は，B評価と同様 (2) B評価と同様（解答例は省略） (3) ペットボトルを押す力が浮沈子にもかかり，浮沈子の体積が縮むので，水を押しのけていた分の体積が小さくなり，浮力が小さくなる。そのため浮沈子に働く浮力に比べ重力のほうが大きくなるので，下に沈む。
【判断のポイント】 ・(1) は作図したそれぞれの力を表す矢印の長さから判断している。 ・(3) は浮力＜重力になったとき，下に沈むことを表現している。	【判断のポイント】 ・(1) は作図するだけでなく，矢印の意味を説明しながら，判断している。 ・(3) は水を押しのける物体の体積が浮力の大きさに等しく，浮力＜重力になったとき，下に沈むことを表現している。

指導・支援の手だて（努力を要する：C）

・(1) について，授業内で床に置いた物体を斜め方向に引く場合（例　タイヤ引き）にもふれ，鉛直方向と水平方向に力を分解する場合についての作図もノートを用いて復習させる。
・(3) について，静止していた物体が動くときには，物体に働く2力のうち，動いた向きに働く力の大きさが大きくなることを，これまでの実験や身近な現象を例に理解させる。

12 運動の規則性

学習指導要領との対応：【解説（文部科学省，2018）［pp.52-57］】

学習前の生徒の状態

重いものは速く落ち，軽いものはゆっくり落ちる。これって正しいよね？

単元の評価規準　【参考資料（国立教育政策研究所，2020）［p.108］】をもとに作成

知識・技能	思考・判断・表現	主体的に学習に取り組む態度
運動の規則性を日常生活や社会と関連付けながら，運動の速さと向き，力と運動についての基本的な概念や原理・法則などを理解しているとともに，科学的に探究するために必要な観察，実験などに関する基本操作や記録などの基本的な技能を身に付けている。	運動の規則性について，見通しをもって観察，実験などを行い，その結果を分析して解釈し，物体の運動の規則性や関係性を見いだして表現しているとともに，探究の過程を振り返るなど，科学的に探究している。	運動の規則性に関する事物・現象に進んで関わり，見通しをもったり振り返ったりするなど，科学的に探究しようとしている。

評価問題と授業改善のポイント

　物体の運動の規則性を見いだすためには，記録タイマーによる記録テープを適切に処理し，分析する必要がある。そのため，単元のはじめに基本的な技能が身についている状態にしたい。また，学んだ内容と日常生活における事物・現象を関連づけられるようにするため，適宜摩擦力や空気の抵抗にもふれながら授業を展開し，運動の規則性について理解を深めさせたい。

右の二つの評価場面を取り上げたのは，なぜか

　場面1では，物体の速さがどのように変化しているかを科学的に説明するためには，記録タイマーの使い方や記録テープの処理の方法が身についている必要がある。この後の活動においてスムーズに実験を行い思考していくために，基本的な技能を身につけ，運動の様子を説明することができるかを評価する。

　場面2では，本単元を通して学んできたことをもとに日常生活のなかで見られる物体の運動について説明することができるかを確認する。日常生活で見られるさまざまな物体の運動を説明するには，摩擦力や空気の抵抗は切り離すことができないため，それらも関係した物体の運動について説明することができるか評価する。

単元の指導と評価の計画　観点の黒丸数字は総括に用いる評価（記録に残す評価）

学習活動	活動ごとの評価規準〔評価方法〕
・物体の運動の様子を観察し，物体の運動には速さと向きがあることを理解する。	知① 物体の運動には，速さと向きがあることを理解している。[ノートの記述分析]
・速さの求め方を理解する。	知② 速さの求め方を理解している。[ノートの記述分析]
・≪場面1≫ 記録タイマーの操作方法と，結果をグラフに整理する技能を身につけ，運動の様子を説明する。	思① 結果を分析して解釈し，記録タイマーの打点間隔と運動の速さの関係性を見いだしている。[ノートの記述分析]
B基準 結果を分析して解釈し，記録タイマーの打点間隔と運動の速さの関係性を見いだしている。 A基準 結果を分析して解釈し，記録タイマーの打点間隔と運動の速さの関係性を見いだし，<u>根拠をもって適切に説明している</u>。	
	知③ 記録タイマーを操作し，記録テープを処理してグラフで表している。[ノートの記述分析]
・斜面上を下る力学台車の運動の様子を調べる実験を行い，その結果から解釈し，運動の規則性を見いだす。	主① 斜面を下る力学台車の運動に進んで関わり，見通しをもったり振り返ったりするなど，科学的に探究しようとしている。[行動観察]
・水平面上で力学台車を運動させ，力が働かない運動では物体は等速直線運動をすることを理解する。	思② 実験結果から，斜面を下る力学台車の運動の向きに働く力と，速さの変化の関係性を見いだして表現している。[ノートの記述分析]
	知④ 実験結果から，水平面を運動する力学台車は等速直線運動をすることを見いだし，物体の移動距離は時間に比例することを理解している。[行動観察，ノートの記述分析]
・慣性や慣性の法則について理解する。	知⑤ 慣性と慣性の法則について理解している。[ノートの記述分析]
・物体に力を働かせると，二つの物体の間で互いに力を及ぼし合うことを理解する。	知⑥ 物体に力を加えたときには，もう一方の物体から，向きは逆で一直線上にある，大きさの等しい力を受けることを説明している。[ノートの記述分析]
・≪場面2≫ 運動の規則性についてのこれまでの学習を関連づけながら，物体の運動の規則性や関係性を説明する。	思❸ 雨粒が落ちるときの速さの変化など，身近な物体の運動について，習得した知識を活用して説明している。[ペーパーテスト]
B基準 雨粒が落ちるときの速さの変化など，身近な物体の運動について，習得した知識を活用して説明している。 A基準 雨粒が落ちるときの速さの変化など，身近な物体の運動について，<u>物体に働く力と速さの変化を関連づけながら</u>説明している。	

定期テストとの関連について

・授業内で行う評価問題だけでなく，定期テストにおいても日常生活のなかで見られる事象については取り扱いたい。そのため授業においても，摩擦力や空気の抵抗の有無での物体の運動の様子の違いについて，考えていく機会を設ける必要がある。また，定期テストにおいては，説明に使用してほしいキーワードを設定することで，採点基準を明確にすることができる。

≪場面1，思①≫の評価事例

【課題】　友達がどのように手を動かし記録テープを引っぱったのかを，1秒間に60打点する
記録タイマーを用いて分析してみましょう。

[補足説明]
・二人一組になり相手に見せないように手に持った記録テープを引き，打点を記録したテープ
　を相手に渡す。
・テープを受け取ったらグラフ用紙に貼り付け，相手がどのようにテープを引っぱったかを説
　明する。

おおむね満足：B	十分満足：A
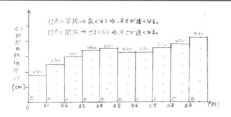	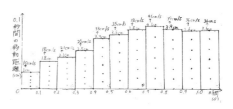
0.5秒まではだんだん速くテープを引っぱり，0.2秒間同じ速さだったあと，まただんだん速く引っぱった。	0.8秒まではだんだん速くテープを引っぱり，最も速いときで41cm/sだった。その後少し遅くなり，0.9秒から1.1秒までは同じ速さ（36cm/s）でテープを引っぱった。
【判断のポイント】	【判断のポイント】
・記録テープの長さの変化から，速さの変化について説明している。	・具体的な速さの数値に加え，速さの変化についても説明している。

指導・支援の手だて（努力を要する：C）

・記録テープの処理の仕方がわからない場合は，6打点間隔ごと（1秒間に60打点する記録タイマーを用いた場合）
に切り取ることの意味を丁寧に説明し，記録テープの貼付け方を確認しグラフが作成できるように指導する。

≪場面2，思❸≫の評価事例

【問題】　1秒間に60打点する記録タイマーをすべり台に固定し，地点Aから力学台車が下るときの運動について調べました。次の（1）～（3）に答えなさい。ただし，区間BCと区間DEは水平な部分で，区間ABより区間CDの斜面の角度はゆるやかになっています。また，摩擦力や空気の抵抗は無視でき，台車はスムーズに下ったとします。

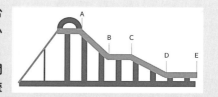

（1）記録テープに記録された結果をもとに，力学台車がすべり台の地点A～Eまでを移動したときの時間と速さの関係をグラフに表しました。ただし，グラフの横軸の記号A～Eは，すべり台の区間と一致したものとします。そのグラフとして適当なものを，次のア～エから一つ選び記号で答えなさい。また，そのグラフを選んだ理由も答えなさい。

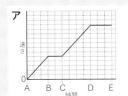 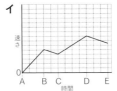 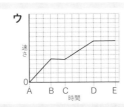 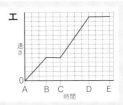

(2) 摩擦力や空気の抵抗がない場合と，区間ＢＣにのみ摩擦力や空気の抵抗がある場合で，力学台車の速さを比較した。区間ＢＣに摩擦力や空気の抵抗がある場合の地点Ｅにおける速さは，摩擦力や空気の抵抗がない場合に比べてどうなるか。理由もあわせて答えなさい。

(3) この実験をしているときに，雨が降ってきた。摩擦力や空気の抵抗を無視した場合と，摩擦力や空気の抵抗を考えた場合において，雨粒が地上にたどり着くときの速さについて説明しなさい。

おおむね満足：B	十分満足：A
(1) ウ．区間ＡＢよりも区間ＣＤのほうが斜面の傾きが緩やかなので，速さの変化の割合が小さくなり，水平面では速さは変化しないから。	(1) ウ．斜面の傾きが大きい区間ＡＢを下るときのほうが，斜面方向に働く力が大きいので速さの変化の割合が大きくなる。また水平面では運動の向きに力が働かないので，等速直線運動をするから。
(2) 摩擦力や空気の抵抗がある場合は，反対向きにも力が働き続けるので，摩擦力や空気の抵抗がない場合に比べて遅くなる。	(2) 摩擦力や空気の抵抗がある場合，区間ＢＣでは運動の向きに力が働かないが，摩擦力や空気の抵抗により運動の向きと逆向きに力が働き続けることによってだんだん遅くなるので，地点Ｅでは摩擦力や空気の抵抗がない場合に比べて遅くなる。
(3) 摩擦力や空気の抵抗を無視した場合はだんだん速くなり続けるが，摩擦力や空気の抵抗を考えた場合は，地上付近では等速直線運動をしている。	(3) 摩擦力や空気の抵抗を無視した場合は雨粒が落ちる方向に重力が働き続けるため，速さはだんだん速くなり続けるが，摩擦力や空気の抵抗を考えた場合は，雨粒に働く重力と空気抵抗によって生じる上向きの力がつり合うため，地上付近では等速直線運動をしている。

【判断のポイント】
・(1)は斜面の傾きや水平面での速さの変化について説明している。
・(2)は運動の向きと逆向きに力が働くときの速さの変化について説明している。
・(3)は摩擦力や空気の抵抗の有無による速さの違いを説明している。

【判断のポイント】
・(1)は速さの変化と物体に働く力の関係を加えて説明している。
・(2)は水平面での物体に働く力についても説明を加えている。
・(3)は摩擦力や空気の抵抗の有無による速さの違いを，雨粒に働く力と関連づけて説明している。

指導・支援の手だて（努力を要する：C）

・(1)について，斜面の傾きと速さの変化の割合との関係を，実際に実験を行った記録をもとに確認しながら理解させるようにする。
・(2)(3)について，摩擦力や空気の抵抗がある場合は運動の方向と逆向きに力が働き続けることを理解させる。また，物体の速さの変化と物体に働く力の関係を具体的な事象をもとに説明し理解させる。

13 力学的エネルギー

学習指導要領との対応：【解説（文部科学省，2018）［pp.52-57］】

学習前の生徒の状態

生徒

「エネルギー」ってよく使う言葉だけど，正体は何だろう？

単元の評価規準　　【参考資料（国立教育政策研究所，2020）［p.109］】をもとに作成

知識・技能	思考・判断・表現	主体的に学習に取り組む態度
力学的エネルギーを日常生活や社会と関連付けながら，仕事とエネルギー，力学的エネルギーの保存についての基本的な概念や原理・法則などを理解しているとともに，科学的に探究するために必要な観察，実験などに関する基本操作や記録などの基本的な技能を身に付けている。	力学的エネルギーについて，見通しをもって観察，実験などを行い，その結果を分析して解釈し，力学的エネルギーの規則性や関係性を見いだして表現しているとともに，探究の過程を振り返るなど，科学的に探究している。	力学的エネルギーに関する事物・現象に進んで関わり，見通しをもったり振り返ったりするなど，科学的に探究しようとしている。

評価問題と授業改善のポイント

　力学的エネルギーについて，ジェットコースターを題材に，その仕組みや原理について根拠をもって説明する活動や実際にジェットコースターのコースを作製する活動を通して，理解を深めていきたい。その際には，摩擦力や空気の抵抗についてもふれ，実際には力学的エネルギーが保存されていないことを説明できるようにしたい。

右の二つの評価場面を取り上げたのは，なぜか

　場面1では，位置エネルギーと運動エネルギーについての基本的な知識をもとに，日常生活で見られる事象について説明できるかを評価する。単元を通した題材であるジェットコースターについて説明できるようになるには，欠かすことのできない知識であるため，使える知識となるよう身につけさせていく。

　場面2では，振り子やジェットコースターのコースを作製する活動を通して理解を深めてきた力学的エネルギーに関する内容を関連づけ，根拠をもって説明できているかを評価する。また，摩擦力や空気の抵抗がある場合において，力学的エネルギーが保存されていないことも説明できているかを確認したい。

単元の指導と評価の計画　観点の黒丸数字は総括に用いる評価（記録に残す評価）

学習活動	活動ごとの評価規準〔評価方法〕
・仕事と仕事率について理解する。	知① 仕事は物体に加えた力の大きさと，その向きに動かした距離との積で求められること，仕事率は単位時間に行う仕事の量であることを理解している。[ノートの記述分析]
・道具を用いたときの仕事を調べる実験を行い，結果を分析して解釈し，その規則性を見いだす。	思① 滑車を用いたときの仕事を調べる実験を行い，その結果を分析して解釈し，道具を用いても仕事の大きさは変わらないことを見いだしている。[行動観察，ノートの記述分析]
・≪場面1≫　位置エネルギーと運動エネルギーについての実験を行い，その結果を分析して解釈し，その規則性を見いだす。	思② 位置エネルギーと運動エネルギーの大きさが何と関係しているかを調べる実験を行い，結果を分析して解釈し規則性を見いだしている。[行動観察，ノート]
	知❷ 運動エネルギーが物体の質量と速さと関係していることを説明している。[ペーパーテスト]

> **B基準** 運動エネルギーが物体の質量と速さと関係していることを説明している。
> **A基準** 運動エネルギーが物体の質量と速さと関係していることをより具体的に説明している。

学習活動	活動ごとの評価規準〔評価方法〕
・振り子の運動の様子の観察から，力学的エネルギーは保存されることを理解する。	知③ 位置エネルギーと運動エネルギーが相互に移り変わるが，力学的エネルギーは保存されることを，振り子の運動をもとに説明している。[ノートの記述分析]
・日常生活ではさまざまなエネルギーを変換して利用していることや，変換効率について理解する。	知④ エネルギーが変換される際，一部が目的以外のエネルギーに変換されることや変換効率について理解している。[ノートの記述分析]
・熱の伝わり方について理解する。	知⑤ 熱の伝わり方には伝導や対流，放射があることを日常生活の例をもとに説明している。[ノートの記述分析]
・これまでの学習を関連づけながら，ジェットコースターのコースを作製する。	主❶ 条件に合ったジェットコースターのコースを試行錯誤しながら作製しようとしている。[行動観察]
・≪場面2≫　これまでの学習を関連づけながら，力学的エネルギーについての規則性や関係性を説明する。	思❸ 力学的エネルギーが保存される場合と保存されない場合について説明している。[ペーパーテスト]

> **B基準** 力学的エネルギーが保存される場合と保存されない場合を説明している。
> **A基準** 力学的エネルギーが保存される場合と保存されない場合について根拠をもって説明している。

定期テストとの関連について

・定期テストにおいても日常生活のなかで見られる事象については取り扱いたい。そのためには授業においても，摩擦力や空気の抵抗がある，なしの違いについて，考えていく機会を設ける必要がある。また，定期テストにおいては，説明に使用してほしいキーワードを設定するなどの工夫も必要である。

≪場面1，知❷≫の評価事例

【問題】 友達とボウリングに行きました。友達は14ポンド（約6.4kg），私は10ポンド（約4.5kg）のボールを使いました。友達が残った1ピンに見事に当て，そのときピンは激しく飛んでいきました。それを見た私も友達と同じように激しくピンを飛ばしたいと思い，その方法を考えました。運動エネルギーに着目して可能性がある方法を一つ答えなさい。ただし，以下の条件を満たしなさい。

[条件]
・私は10ポンド（約4.5kg）より大きいボールを投げることはできない。
・ボールがピンに当たる場所は同じとする。
・摩擦力や空気の抵抗は無視できるとする。

おおむね満足：B	十分満足：A
ボールの運動エネルギーを大きくするために，速く投げればいい。	物体の運動エネルギーがより大きいとピンは勢いよく飛んでいく。運動エネルギーは物体の質量と速さに関係するので，私は友達より質量の小さなボールだから友達より速く投げればいい。
【判断のポイント】 ・運動エネルギーをより大きくする方法を説明している。	【判断のポイント】 ・運動エネルギーをより大きくするために，友達のボールと比較して質量が小さければ，それ以上に速く投げることが必要なことを具体的に説明している。

指導・支援の手だて（努力を要する：C）

・まずピンの動きは位置エネルギーと運動エネルギーのどちらによるのかを考えさせる。
・次に運動エネルギーの大きさは何が関係しているかを確認し，質量の違うボールに同じ運動エネルギーをもたせるにはどうすればよいかを考えさせる。

≪場面2，思❸≫の評価事例

【問題】 図のようなジェットコースターのコースを作り，地点Aに台車を置き，静かに手を離しました。台車はA，B，C，D，E，F，Gの順に通過します。ただしBとDは同じ高さ（位置）です。次の（1）〜（3）に答えなさい。ただし，（1），（2）は摩擦力や空気の抵抗は無視できるものとします。

図

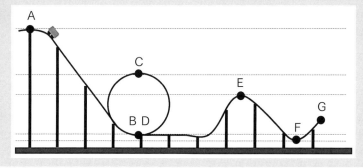

(1) 回転する前（地点B）と回転後（地点D）の速さについて，それぞれの通過するときの速さの違いについて説明しなさい。

(2) 地点Gからコースを延長し，最終的には台車が停止するゴールの部分を作ることにした。台車はゴール地点でブレーキをかけて止まるようになっている。ブレーキをかけるのは1回のみで，なるべく小さな力を短い時間かけることとするとき，ゴール地点の高さはどのように設計する必要があるか。適当なものを次のア～エから一つ選び，記号で答えなさい。また，理由もあわせて答えなさい。

　　ア　地点Aよりわずかに下の高さ　　　イ　地点Bよりわずかに下の高さ
　　ウ　地点Eよりわずかに下の高さ　　　エ　地点Fよりわずかに下の高さ

(3) 私たちが乗っている実際のジェットコースターでは，地点Aの高さまでは上がることができない。その理由を答えなさい。

おおむね満足：B	十分満足：A
(1) 同じ高さにあるので，そのときの位置エネルギーは同じ。よって運動エネルギーも同じ。だから，速さも同じである。	(1) 物体がもつ力学的エネルギーは保存されるので，同じ位置（高さ）にあるときは，位置エネルギーと運動エネルギーのそれぞれの量は同じである。よって，回転する前後の速さは同じである。
(2) 記号　ア 理由　高さが高いほうが速さは遅くなるので，小さな力のブレーキで止まれるから。	(2) 記号　ア 理由　最初の高さに近いほうが位置エネルギーは大きくなり，逆に運動エネルギーは小さくなる。そのとき速さは，遅くなるので小さな力のブレーキで止まれるから。
(3) 摩擦力や空気の抵抗によって，力学的エネルギーが保存せずに減少していくから。	(3) 摩擦力や空気の抵抗によって，熱エネルギーや音エネルギーに変換されるので，力学的エネルギーは保存されないから。
【判断のポイント】 ・(1)は位置エネルギーと運動エネルギーの量の関係から説明している。 ・(2)は高さと速さの関係をもとに説明している。 ・(3)は力学的エネルギーが保存されないことを説明している。	【判断のポイント】 ・(1)は力学的エネルギーが保存されることを加えて説明している。 ・(2)は位置エネルギーと運動エネルギーの大きさの変化をもとに速さについて説明している。 ・(3)は熱エネルギーや音エネルギーに変換されることで力学的エネルギーが保存されないことを説明している。

指導・支援の手だて（努力を要する：C）
・(1)，(2)については，振り子の運動をもとに，それぞれの物体の位置における高さと速さの関係や，位置エネルギーと運動エネルギーの移り変わりについて復習させ，実際に作製したジェットコースターのコースと関連づけて考えるよう助言する。 ・(3)については，ジェットコースターやブランコの映像をもとに，熱や音が発生していることを見いださせ，力学的エネルギーが保存されないことを気づかせるよう指導する。

14 水溶液とイオン

学習指導要領との対応：【解説（文部科学省, 2018）[pp.58-62]】

学習前の生徒の状態

「イオン」って聞いたことあるけど, 何だろう？

単元の評価規準　【参考資料（国立教育政策研究所, 2020）[p.109]】をもとに作成

知識・技能	思考・判断・表現	主体的に学習に取り組む態度
化学変化をイオンのモデルと関連付けながら, 原子の成り立ちとイオン, 酸・アルカリ, 中和と塩についての基本的な概念や原理・法則などを理解しているとともに, 科学的に探究するために必要な観察, 実験などに関する基本操作や記録などの基本的な技能を身に付けている。	水溶液とイオンについて, 見通しをもって観察, 実験などを行い, イオンと関連付けてその結果を分析して解釈し, 化学変化における規則性や関係性を見いだして表現しているとともに, 探究の過程を振り返るなど, 科学的に探究している。	水溶液とイオンに関する事物・現象に進んで関わり, 見通しをもったり振り返ったりするなど, 科学的に探究しようとしている。

評価問題と授業改善のポイント

　生徒は, 第1学年で微視的な粒子, 第2学年で原子, 分子を学習している。この項目では, イオンの概念を定着させることで, 原子の成り立ちとイオン, 酸・アルカリ, 中和と塩についてイオンのモデルと関連づけて説明できるようにする。ここでの総括的な評価場面では, 酸・アルカリの正体は何か, 酸性の水溶液とアルカリ性の水溶液を混合したらどうなるかといった学習課題に, 微視的な視点で捉えているかを見取ることが大切になる。

右の二つの評価場面を取り上げたのは, なぜか

　場面1では, 電気分解によって発生した気体の判定方法を考えさせる問題や電気分解において電極付近の様子をイオンのモデルを用いて表現させる問題を取り上げた。これまでの既習の知識・技能を活用できるか, また, 電気分解における規則性や関係性について原子や分子のモデルの動きで表現できるかを評価している。

　場面2では, 水溶液の中和反応の仕組みを調べる実験において, 実験の結果をイオンのモデルと関連づけて表現できるかを確認する。酸とアルカリを混ぜたときの中和と中性における規則性や関係性をイオンと関連づけながら, 分析して解釈しているかを評価している。また, 日常生活や社会との関連した身近な例を取り上げるなかで, 酸・アルカリ, 中和と塩の概念や原理・法則などを理解しているかを評価している。

単元の指導と評価の計画　観点の黒丸数字は総括に用いる評価（記録に残す評価）

学習活動	活動ごとの評価規準〔評価方法〕
・水溶液に電圧をかけて電流を流す実験を行い，水溶液に電流が流れるかどうかを調べる。水溶液には電流が流れるものと流れないものとがあることを見いだす。	知① 電解質の水溶液には電流が流れ，非電解質の水溶液には電流が流れないことを理解している。［行動観察，ワークシート］
・≪場面1≫ 電解質水溶液の電気分解を行い，イオンの存在を知り，イオンの生成が原子の成り立ちに関係することを学習する。	知❷ 電気分解の実験で，電極付近の生成物の性質や調べ方を身につけている。［ワークシート］

B基準 電気分解の実験で，電極付近の生成物の性質や調べ方を指摘している。
A基準 電気分解の実験で，電極付近の生成物の性質や調べ方を正しく身につけている。

	思❶ 電解質の電離の様子をモデル図で表現している。［ワークシート］

B基準 電解質の電離の様子をモデル図で表現している。
A基準 電解質の電離の様子をモデル図だけでなくイオンの化学式も使って表現している。

学習活動	活動ごとの評価規準
・酸とアルカリの性質を調べる実験を行い，酸とアルカリのそれぞれの特性が水素イオンと水酸化物イオンによることを学習する。	主① 中和の仕組みについて，イオンのモデルを用いて表現しようとしている。［行動観察，ワークシート］
	知③ 水に溶けて電離し，水素イオンを生じる物質を酸，水酸化物イオンを生じる物質をアルカリということを理解している。［行動観察，ワークシート］
・≪場面2≫ 中和反応の実験を行い，酸とアルカリを混ぜると水と塩が生成されることを学習する。	思❷ 酸とアルカリを混ぜる実験において，中和についてイオンのモデルと関連づけて表現している。［ペーパーテスト］

B基準 酸とアルカリを混ぜる実験において，中和についてイオンのモデルと関連づけて表現している。
A基準 酸とアルカリを混ぜる実験において，中和についてイオンのモデルと関連づけて，酸とアルカリのもつイオンから何ができるのかを，表現している。

	思❸ 中和に関する実験で，どのような塩が生成されるかを予想して，実験方法を考えている。［ペーパーテスト］

B基準 中和に関する実験で，どのような塩が生成されるかを予想して，実験方法を考えている。
A基準 中和に関する実験で，どのような塩が生成されるかを予想して，複数の実験方法を選択している。

	知④ 酸とアルカリを混ぜると中和されて塩と水ができることを理解している。［ワークシート］

定期テストとの関連について

・場面2の総括的な評価の場面で，「思考，判断，表現」の問題を作成する場合，実生活における場面や課題を設定し，知識，技能を活用しながら解答していくものが望ましい。また，普段の授業では，理科の見方，考え方をどのように働かせるかといった科学的に探究する学習活動の充実が必要となる。

≪場面1，知❷，思❶≫の評価事例

【問題】 木村さんは，理科の授業で以下の実験をしました。次の (1)，(2) に答えなさい。

先生：5種類の電解質水溶液（各水溶液は10%程度）を準備しました。電気分
　　解をし，陽極・陰極でどのような反応が見られるのか調べましょう。
　　　　○ 塩酸　　　○ 塩化銅水溶液　　　○ 塩化亜鉛水溶液
　　　　○ 塩化ナトリウム水溶液　　○ 水酸化ナトリウム水溶液

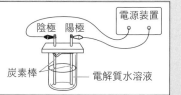

電解質水溶液の種類によって，電極付近で異なる反応が起きていることに気づきました。どのような物質ができ
ているのか疑問に思い，実験で確かめることにしました。

(1) 陽極付近から同じにおいのある気体を発生させている水溶液が4種類確認できました。この気体の性質を
　　調べる方法を，簡単に答えなさい。
(2) 5種類の電解質水溶液のうち，いくつかの水溶液では陰極付近で水素が発生しました。水溶液中のイオン
　　が水素に変化する様子をモデルを使って説明しなさい。ただし，(H) を水素原子，(H⁺) を水素イオン，(−) を
　　電子とする。

おおむね満足：B	十分満足：A

おおむね満足：B

(1)
手であおいで刺激臭
（プールのにおい）
を確認する。

(2)
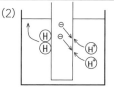

十分満足：A

(1)
①手であおいで刺激
臭（プールのにおい）
を確認する。②電極
付近の液体を取り，
インク液に滴下す
る。

(2)
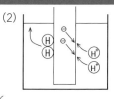

$2H^+ + 2e^- \rightarrow H_2$ と
なり水素が発生する。

【判断のポイント】
・塩素の調べ方を記述している。
・電流を流したときに電極付近での水素イオンと電
　子，水素ガスの変化を記述している。

【判断のポイント】
・複数の調べ方を記述している。
・電極付近で起こる化学変化を表現している。

指導・支援の手だて（努力を要する：C）

・それぞれの電解質についてこれまでの学習を想起させ，どのような気体が発生するか，またその気体の性質
　がどのようなものであるかを指摘させる。そこから，調べ方を考えさせる。
・原子・分子のモデルや化学変化など既習事項と関連させながら，電解質の水溶液に電流を流したとき，電極
　付近の変化について復習し考えられるようにする。

≪場面2，思❷，思❸≫の評価事例

【問題】 理科の授業で中和反応の実験を行いました。次の (1) 〜 (3) に答えなさい。

[実験] 6本の試験管A〜Eに，うすい塩酸を6
cm³ずつ取り，BTB溶液を2〜3滴加えたとこ
ろ黄色に変化しました。さらに試験管B〜Eに
うすい水酸化ナトリウム水溶液を2〜8cm³ず
つ加えていくと，表のような結果になりました。

表

試験管	A	B	C	D	E
うすい塩酸の量 (cm³)	6	6	6	6	6
加えた水酸化ナトリウム水溶液の総量 (cm³)	0	2	4	6	8
水溶液の色	黄色	黄色	黄色	緑色	青色

(1) Cの試験管の色は黄色になっています。この理由を，Cの試験管内のイオンのモデルを
　　かき，簡単に説明しなさい。ただし，試験管A，試験管E内に含まれるイオンのモデルを
　　参考にすること。

A　　E

身の回りにある中和反応を利用したものとして，胃薬があります。工藤さんは，胃液に含まれている塩酸と胃薬に含まれている水酸化マグネシウムの反応を調べ，右のようなレポートにまとめました。

(2) レポートの　A　に入る根拠について，イオンと関連づけて答えなさい。

(3) 水溶液Dは，中和して中性となりました。このとき生じる塩の化学式を答えなさい。また，このとき水溶液Dから塩を取り出す方法を答えなさい。

レポート

【課題】
　塩酸に水酸化マグネシウム水溶液を加えると，中性に近づくのだろうか。
【仮説】
　塩酸に水酸化マグネシウム水溶液を加えると，　A　ので，中性になる。
【実験】
　① うすい塩酸20cm³をはかり取り，ビーカーに入れた。
　② ①のビーカーにうすい水酸化マグネシウム水溶液を5cm³ずつ滴下した。
　③ 滴下した水溶液にBTB溶液を加えてよく振った。
　　下の表は，それぞれの結果をまとめたものである。
【結果】

水溶液	A	B	C	D	E
水酸化マグネシウム水溶液の滴下量 (cm³)	5	10	15	20	25
水溶液の色	黄色	黄色	黄色	緑色	青色

【考察】
　・・・・・・・・

おおむね満足：B	十分満足：A

おおむね満足：B

(1) 　●が残っているから。

(2) 中和する。

(3) MgCl₂　　蒸発（または再結晶）

【判断のポイント】
・代表的な酸とアルカリを混ぜたときの中和と中性の規則性や関係性をイオンのモデルと関連づけて理解している。
・H⁺イオンがなくなることで中性になることを理解している。
・中性になった液を蒸発乾固させると塩が生じることを理解している。

十分満足：A

(1) ●はH⁺，□はOH⁻で2個の□は2個の●と反応し，2個の◎の水になって中和し，●が1個残っているから。

(2) 水素イオンH⁺と水酸化物イオンOH⁻が中和して水になる。

(3) MgCl₂　　蒸発，再結晶

【判断のポイント】
・具体的なイオンのモデルに着目し，反応によってどのような変化が起きるのか記述している。
・水素イオンと水酸化物イオンが反応することにより，酸とアルカリの性質を打ち消し合うことを記述している。
・生成される塩を具体的に記述しているとともに，その生成物を取り出す方法も複数記述している。

指導・支援の手だて（努力を要する：C）

・(1)，(2) の解答が十分でない生徒には，中和が酸とアルカリによる化学変化であることを振り返らせる。また，酸とアルカリはどのようなイオンから構成されているのかをイオンのモデルを使って反応を確認させる。
・(3) の解答が十分でない生徒には，石灰水と炭酸などをはじめとする，塩酸と水酸化ナトリウム水溶液以外の組み合わせでも中和が起こることを確認させる。また，1年生で学習した蒸発乾固や再結晶について振り返らせる。

15 化学変化と電池

学習指導要領との対応：【解説（文部科学省，2018）［pp.58-62］】

学習前の生徒の状態

どうして乾電池から電気が取り出せるのかな？

単元の評価規準　　【参考資料（国立教育政策研究所，2020）［p.109］】をもとに作成

知識・技能	思考・判断・表現	主体的に学習に取り組む態度
化学変化をイオンのモデルと関連付けながら，金属イオン，化学変化と電池についての基本的な概念や原理・法則などを理解しているとともに，科学的に探究するために必要な観察，実験などに関する基本操作や記録などの基本的な技能を身に付けている。	化学変化と電池について，見通しをもって観察，実験などを行い，イオンと関連付けてその結果を分析して解釈し，化学変化における規則性や関係性を見いだして表現しているとともに，探究の過程を振り返るなど，科学的に探究している。	化学変化と電池に関する事物・現象に進んで関わり，見通しをもったり振り返ったりするなど，科学的に探究しようとしている。

評価問題と授業改善のポイント

　この項目では，金属原子が金属イオンになることや金属イオンが金属原子になることを見いだし，イオンのモデルを用いた説明に取り組ませることが大切である。また，電池の仕組みについても，電極付近の変化を十分に観察させ，イオンのモデルを用いた学習に取り組ませたい。この項目の評価場面では，金属の種類によってイオンへのなりやすさが異なること，電池の基本的な仕組みといった学習課題等に対し，イオンのモデルを用いて事象を微視的に捉え，反応前後の物質の様子を比較しているかを見取ることが大切になる。

右の二つの評価場面を取り上げたのは，なぜか

　場面1では，3種類の金属と硫酸塩の反応から，3種類の金属のイオンへのなりやすさが異なることを見いだして表現しているかを評価している。生徒は，第2学年で化学変化の学習をしているが，水溶液中での変化は学んでいない。イオンと電子の授受で化学変化を考察するのは初めてであり，知識の概念的な理解がなされているかを見落とさないように評価することが大切である。

　場面2では，ダニエル電池の仕組みについてイオンと関連づけて表現することができているかを評価する。また，総括的な課題としてこれまでに学んだことを生かして，探究の過程を振り返るなど科学的に探究しているかも評価したい。

単元の指導と評価の計画　観点の黒丸数字は総括に用いる評価（記録に残す評価）

学習活動	活動ごとの評価規準〔評価方法〕
・≪場面1≫　金属を電解質水溶液に入れる実験を行い，金属によってイオンへのなりやすさが異なることを学習する。	思❶　金属が水溶液に溶けたり，水溶液中の金属イオンが金属として出てきたりすることをイオンや電子のモデルと関連づけて説明している。[ワークシート]

> B基準　金属が水溶液に溶けたり，水溶液中の金属イオンが金属として出てきたりすることをイオンや電子のモデルと関連づけて説明している。
> A基準　金属が水溶液に溶けたり，水溶液中の金属イオンが金属として出てきたりすることをイオンや電子のモデルと関連づけて，具体的に説明している。

	思❷　複数の金属について金属イオンへのなりやすさが異なることを根拠を示して表現している。[ワークシート]

> B基準　複数の金属について金属イオンへのなりやすさが異なることを根拠を示して表現している。
> A基準　複数の金属について金属イオンへのなりやすさが異なることを電子の授受に着目し根拠を示して表現している。

	知①　金属の種類によって，陽イオンへのなりやすさに違いがあることを理解している。[ワークシート]
・電解質水溶液と2種類の金属などを用いた実験を行い，電池の基本的な仕組みを学習する。	主❶　ダニエル電池の基本的な仕組みについて，イオンのモデルを用いて表現しようとしている。[行動観察，ワークシート]
	知②　電池の基本的な仕組みを理解している。[行動観察，ワークシート]
	知③　身の回りにはさまざまな電池が利用されていることを理解している。[行動観察，ワークシート]
・≪場面2≫　電池において，化学エネルギーが電気エネルギーに変換されていることを学習する。	思❸　化学変化と電池についてダニエル電池の実験からダニエル電池の仕組みと金属イオンへのなりやすさについての関係性をイオンのモデルと関連づけながら分析して解釈し，表現している。[ワークシート]

> B基準　ダニエル電池の実験からダニエル電池の仕組みと金属イオンへのなりやすさについての関係性をイオンのモデルと関連づけながら分析して解釈し，表現している。
> A基準　ダニエル電池の実験からダニエル電池の仕組みと金属イオンへのなりやすさについての関係性をイオンのモデルと関連づけながら科学的に考察して，表現している。

定期テストとの関連について

・場面2の評価問題は，ダニエル電池について科学的に探究してまとめた実験レポートを通しての出題である。総括的な評価の一場面として定期テストを行う場合でも，このような具体的な探究場面を設定し，問題を作成することが望まれる。また，探究の過程や観察，実験のレポートの書き方などについては，日々の授業のなかで繰り返しふれておくことが大切である。

≪場面１≫の評価事例

> 【問題】 硫酸マグネシウム水溶液，硫酸亜鉛水溶液，硫酸銅水溶液を入れたビーカーを二つず
> つ用意しました。硫酸マグネシウム水溶液（ビーカーＡ，Ｂ）には亜鉛と銅の金属片を，硫酸
> 亜鉛水溶液（ビーカーＣ，Ｄ）にはマグネシウムと銅の金属片を，硫酸銅水溶液（ビーカーＥ，
> Ｆ）にはマグネシウムと亜鉛の金属片を入れ反応を調べました。表は，このときの結果をまと
> めたものです。次の（1），（2）に答えなさい。
>
> | | マグネシウム片 | 亜鉛片 | 銅片 |
> |---|---|---|---|
> | 硫酸マグネシウム水溶液 | | A 変化なし | B 変化なし |
> | 硫酸亜鉛水溶液 | C 溶けた | | D 変化なし |
> | 硫酸銅水溶液 | E 溶けた | F 溶けた | |
>
> （1）ビーカーＣでマグネシウムの金属片が溶けたとき，硫酸亜鉛水溶液中の陽イオンはどの
> ように変化するか。イオンのモデルを使って説明しなさい。ただし，Ⓩⁿを亜鉛原子，Ⓩⁿ²⁺
> を亜鉛イオンⓂg²⁺を，マグネシウムイオン，⊖を電子とする。
> （2）実験で用いた銅は，三つの金属のなかで何番目にイオンになりやすい金属か。またそう考
> えた理由も答えなさい。

おおむね満足：B	十分満足：A
（1）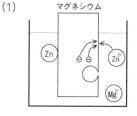 亜鉛イオンは亜鉛原子に変わる。	（1） マグネシウムは溶けて電子を2個放出しマグネシウムイオンになる。亜鉛イオンはその電子を受け取り，亜鉛原子になる。
（2） 3番目。 理由 硫酸銅水溶液にマグネシウム片，亜鉛片を入れると，両方とも金属が溶けるから。	（2） 3番目。 理由 硫酸銅水溶液にマグネシウム片，亜鉛片を入れると両方とも溶けてしまっているから。また，硫酸マグネシウム水溶液と硫酸亜鉛水溶液に銅を入れてもどちらも解けなかったから。
【判断のポイント】 ・金属片が水溶液に溶けたり金属イオンが金属として析出したりすることをイオンと関連づけていることがわかる。 ・金属の種類によってイオンへのなりやすさが異なることを理解している。	【判断のポイント】 ・イオンや電子のモデルと関連づけて記述している。 ・実験結果を電子の授受と関連づけて記述している。 ・金属片の溶け方を二つ以上記述している。

指導・支援の手だて（努力を要する：C）

・（1），（2）について解答が十分でない生徒には，まず電解質水溶液にどのようなイオンが含まれているのかを
再確認させる。このとき，電離についてもふれる。また，それぞれの金属原子がイオンになるときや原子に
なるときに失ったり受け取ったりする電子に着目させる。

≪場面2≫の評価事例

【問題】　理科の授業でダニエル電池の実験を行いました。次の (1)，(2) に答えなさい。

[実験1] 図のように硫酸銅水溶液に銅板，硫酸亜鉛水溶液に亜鉛板を入れた。電子オルゴールの＋側を銅板に，－側を亜鉛板につなぐと，音が鳴った。

[実験2] 硫酸銅水溶液と銅板を硫酸マグネシウム水溶液とマグネシウム板に変えて実験を行った。同じ電子オルゴールを使い，＋側をマグネシウム板に，－側を亜鉛板につないだところ，音が鳴らなかった。ただし，電子オルゴールが壊れたり，導線が切れたりしていないものとする。

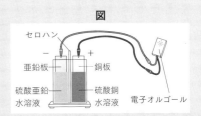

図

(1) 実験1について，銅板の表面で起きている化学変化をモデルを使って表し，説明しなさい。ただし，Cu を銅原子，Cu²⁺ を銅イオン，－ を電子とする。

(2) 実験2について，電子オルゴールが鳴らなかった理由を「イオン」「電子」の2語を使って，説明しなさい。

おおむね満足：B	十分満足：A
(1) 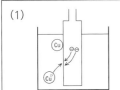 Cu^{2+} が Cu に変化する。	(1) $Cu^{2+} + 2e^- \rightarrow Cu$ となり，銅イオンが電子を2個受け取り銅原子に変化する。
(2) マグネシウム板が－極，亜鉛板が＋極であると考えられる。マグネシウムのほうがイオンになりやすく，電子が発生しやすい。	(2) マグネシウムは亜鉛よりイオンになりやすく，マグネシウム板から亜鉛板に電子が移動するため，マグネシウム板が－極，亜鉛板が＋極になっているため。
【判断のポイント】 ・イオンのモデルを用いて電極で金属イオンが原子に変化することを表現している。 ・イオンになりやすい金属が金属イオンに変化し，電子が移動することを表現している。	【判断のポイント】 ・電子の授受について注目して記述している。 ・両極の金属に着目し，電子がどのように移動するか，また，2種類の金属の＋極，－極についても言及して記述している。

指導・支援の手だて（努力を要する：C）

・(1) について解答が十分でない生徒には，いろいろな金属がどのようなイオンになるのか，またイオンのモデルを正しく書き表すことができるかを確認させる。
・(2) について解答が十分でない生徒には，マグネシウム，亜鉛，銅の3種類の金属のイオンのなりやすさについて正しく理解できているのかを確認させる。

16 エネルギーと物質

学習指導要領との対応：【解説（文部科学省，2018）[pp.63-69]】

学習前の生徒の状態

「エネルギー資源」の有効利用ってどういうこと？

単元の評価規準　【参考資料（国立教育政策研究所，2020）[p.110]】をもとに作成

知識・技能	思考・判断・表現	主体的に学習に取り組む態度
日常生活や社会と関連付けながら，エネルギーとエネルギー資源，様々な物質とその利用，科学技術の発展についての基本的な概念や原理・法則などを理解しているとともに，科学的に探究するために必要な観察，実験などに関する基本操作や記録などの基本的な技能を身に付けている。	日常生活や社会で使われているエネルギーや物質について，見通しをもって観察，実験などを行い，その結果を分析して解釈しているなど，科学的に探究している。	エネルギーと物質に関する事物・現象に進んで関わり，見通しをもったり振り返ったりするなど，科学的に探究しようとしている。

評価問題と授業改善のポイント

　この単元は，日常生活や社会と関連づけながら，エネルギーと物質についての理解を深め，エネルギー資源や物質を有効に利用することが重要であることを認識させることが目標である。そのなかで，科学技術の発展や科学技術が人間生活に貢献していることを認識させながら，思考力，判断力，表現力等を育成することがおもなねらいである。

右の二つの評価場面を取り上げたのは，なぜか

　場面1と場面2の課題は，どちらも昔と今の科学技術の違いを比較する課題である。場面1で考えた視点を場面2に生かし，最終的には，科学技術の有用性と活用のあり方に対する自分の意見をもてることが目的である。

　場面1では，現在の発電と未来の発電を比較し，その違いに対する自分の意見がもてることが重要である。場面2につなげるために，エネルギーの視点や物質（燃料）としての視点など，複数の視点から捉えさせていきたい。

　場面2では，これまでの学習をもとに，昔と今でさまざまなものが変化してきている現状に対して，その背景を推察したり，未来のために必要なことを考えたりする課題である。場面1での視点を場面2に生かしつつ，多角的に自分の意見を書けるようにしていく。

単元の指導と評価の計画　観点の黒丸数字は総括に用いる評価（記録に残す評価）

学習活動	活動ごとの評価規準〔評価方法〕
・現在利用されている発電のメリットやデメリットを考える。	思① 現在利用されている発電のメリットやデメリットについて，エネルギーや資源（物質）といったさまざまな側面から考えている。[ワークシート]
・化石燃料の利用や課題について学習する。	知① 化石燃料には限りがあり，その大量使用が環境に負荷を与えていることを理解している。[ワークシート]
・≪場面1≫　再生可能エネルギーやそれを利用した発電方法について調べ，「エネルギー」がどのように移り変わっているかを考える。	思❷ 再生可能エネルギーやそれを利用した発電について調べ，現在利用されている発電方法との違いを表現している。[レポートの記述分析]

B基準　再生可能エネルギーやそれを利用した発電について調べ，現在利用されている発電との違いを考えている。

A基準　再生可能エネルギーやそれを利用した発電について調べ，現在利用されている発電との違いを，エネルギー変換の視点で考えている。

学習活動	活動ごとの評価規準〔評価方法〕
・昔と今で変化した素材や製品を比較する実験を行い，共通点や相違点を見いだす。	主① さまざまな実験結果から，昔と今で変化した素材や製品の共通点や相違点について，見いだそうとしている。[行動観察]
・≪場面2≫　昔と今で変化した素材や製品の共通点から，科学技術の有用性や活用のあり方について考える。	思❸ 昔と今で変化した素材や製品の共通点から，そのものが変わってきた背景を見いだしている。そこから科学技術の有効な利用について，自分の意見を表現している。[レポートの記述分析]

B基準　昔と今で変化したものの共通点から，そのものが変わってきた背景を見いだしている。そこから科学技術の有効な利用について，自分の意見を表現している。

A基準　昔と今で変化したものの共通点から，そのものが変わってきた背景について，いくつかの側面から見いだしている。そこから科学技術の有効な利用について，さまざまな視点から自分の意見を表現している。

定期テストとの関連について

・この単元を学習する時期や単元の内容から，定期テストで評価することはあまりない。定期テストで評価をする場合は，事前に課題を示しておくなど，生徒が思考できる時間を十分に確保したうえで行うことが望まれる。

・授業内で実施する場合は，指導と評価の一体化を図るために，場面1と場面2の課題に対して，評価基準を生徒に事前に示す。評価基準についてしっかり説明することで，学ぶべきことや捉える視点が焦点化されるため，生徒はよりよいものを作ろうと主体的に取り組む。特に場面1，場面2ともに「A」評価になるためには，さまざまな側面から多角的に捉えることを基準としている。この理科の見方・考え方を示すことで，「思考力・判断力・表現力」を育む一助となる。

≪場面1，思❷≫の評価事例

【課題】 再生可能エネルギーを利用した発電方法について調べ，これまでの化石燃料を利用した発電方法との違いについて，あなたの考えを書きなさい。

おおむね満足：B	十分満足：A
再生可能エネルギーとして風（風力）があり，それを利用した風力発電がある。この発電方法は，自然の風を利用しているため，化石燃料を必要としないことが，従来の発電方法と大きく異なる。そのため，燃料の枯渇や環境負荷などの問題がない点が長所であると考えられる。	再生可能エネルギーとして風（風力）があり，それを利用した風力発電がある。この発電方法は，自然の風を利用しているため，化石燃料を必要としない。そのため，従来の発電のように，化石燃料による熱エネルギーによってタービンを回す過程がなく，運動エネルギーから電気エネルギーへの変換のみであるため，エネルギーの損失が少ないと考えられる。
【判断のポイント】	【判断のポイント】
・再生可能エネルギーを利用した発電と化石燃料を利用した発電の違いについて，燃料の枯渇や環境問題という自分なりの視点で自分の意見を述べている。	・再生可能エネルギーを利用した発電と化石燃料を利用した発電の違いについて，エネルギーの損失が少ないというエネルギー変換の視点で自分の意見が述べられている。

指導・支援の手だて（努力を要する：C）

・課題に対する自分の考えをもつことが苦手な生徒に対しては，2種類の発電方法の長所や短所，また何のエネルギーが利用されているかなどの着目する視点を助言する。
・文章を書くことが苦手な生徒に対しては，前時までに行った現在利用されている発電のメリットやデメリット，化石燃料の利用や課題など，既習事項を活用しながら書くように助言する。

≪場面2，思❸≫の評価事例

【課題】　蒸気機関の改良により，「馬車や帆船から自動車や蒸気船」というように，移動手段や輸送方法は大きく変わりました。また20世紀から21世紀の間には，「電話から携帯電話，スマートフォン」というように情報の伝達手段も大きく発展しました。素材も同様で，例えば綿や絹などの天然の物質をそのまま用いていた時代から，現在はポリエステルなどの合成繊維が人工的につくられています。このように，昔と今では素材や製品が変化してきています。このことについて，あとの (1) 〜 (3) に答えなさい。

(1) 昔と今で変化した素材や製品をいくつかあげ，それらに共通する特徴や使用目的について，あなたの考えを書きなさい。
(2) (1) のことから，昔と今で素材や製品が変化してきたことによって私たちのくらしはどのように変わってきたか。あなたの考えを書きなさい。
(3) 昔と今で素材や製品が変化してきたように，科学技術を有効に利用するためには，どのようなことが必要だろうか。あなたの考えを書きなさい。

おおむね満足：B	十分満足：A
(1)　繊維や電球。昔のものより現在のもののほうが，劣化せずに長く使えるようにできている。 (2)　大量生産によって安く手に入りやすくなる。 (3)　新しい技術によって開発された素材や製品の特徴と，私たちの生活との関連を考えることが大切である。	(1)　B評価と同様（解答例は省略） (2)　人工的に作ることで，手に入りにくくなることがない。大量に生産することができ，値段も安くなる。軽くて丈夫である，はっ水加工，通気性がよいなど科学技術の進歩を生活に生かしている。 (3)　資源の有効利用，作る際に環境負荷になる物質を出さない，騒音を出さないなど，環境面への配慮もする。
【判断のポイント】 ・(1) は (2)，(3) を考えたり，授業での既習事項を想起したりするための課題（問題）であるため，記録に残す評価としない。 ・(2)，(3) の記述ともに，一つの視点から，自分の考えを書いている。	【判断のポイント】 ・(2)，(3) の記述ともに，複数の視点から，多角的に自分の考えを書くことができている。

指導・支援の手だて（努力を要する：C）

・(2) については，(1) や授業で見いだした昔と今で変化してきたものの共通点をもとに，考えるように助言する。また，自分の生活において，どのように役立っているかなど，身の回りの有用性や便利さなどの視点で考えるように助言する。
・(3) については，素材や製品だけでなく，発電などの移り変わりなどにも注目し，持続性や経済面等，いくつかの視点を提示して，生徒の考える一助にする。

17 自然環境の保全と科学技術の利用

学習指導要領との対応：【解説（文部科学省，2018）[pp.63-69]】

学習前の生徒の状態

自然を守りながら科学技術を利用するには，どうすればいいの？

単元の評価規準　【参考資料（国立教育政策研究所，2020）[p.110]】をもとに作成

知識・技能	思考・判断・表現	主体的に学習に取り組む態度
日常生活や社会と関連付けながら，自然環境の保全と科学技術の利用についての基本的な概念や原理・法則などを理解しているとともに，科学的に探究するために必要な観察，実験などに関する基本操作や記録などの基本的な技能を身に付けている。	自然環境の保全と科学技術の利用について，観察，実験などを行い，自然環境の保全と科学技術の利用の在り方について，科学的に考察して判断しているなど，科学的に探究している。	自然環境の保全と科学技術の利用に関する事物・現象に進んで関わり，見通しをもったり振り返ったりするなど，科学的に探究しようとしている。

評価問題と授業改善のポイント

　この単元は，第1分野と第2分野の学習を生かし，科学技術の発展と人間生活との関わり方や自然と人間の関わり方について多面的，総合的に捉えさせることが目標である。科学技術の利用と自然環境の保全に注目させながら，自分でテーマを設定させる場面を設ける。評価問題として，科学的な根拠に基づいて意思決定させる場面を設定することが重要である。

右の二つの評価場面を取り上げたのは，なぜか

　場面1と場面2の課題は，「単元を貫く問い」の関係にある。単元の最初に行った場面1の課題に対する記述に対して，場面2の課題に対する記述が，学習内容を踏まえたより深化したものになっているかで，その生徒の変容を見取ることができる。同様の課題を活動の前後で行うことで，後者の課題がより科学的な視点で捉えられるようになることが目標である。

　場面1では，「持続可能な社会を築く上で大切なこと」という大きな課題に対して，自分の意見をもつことが重要である。他者のさまざまな意見や根拠となる事象を聞くことで，科学的な視点で課題を捉えられるようにして，場面2につないでいくことが望ましい。「主①」や「主②」の評価基準を，自己評価のような形でワークシートに記載することで，他者に説明することを意識した学習となる。

　場面2は，これまでの学習（他者の意見の聞き取り）をもとに，課題に対する自分の意見を再構成させる場面である。その際に，「持続可能な社会を築くために必要なこと」について科学的な根拠をもとに，自分の意見が書けているかを評価していく。

単元の指導と評価の計画　観点の黒丸数字は総括に用いる評価（記録に残す評価）

学習活動	活動ごとの評価規準〔評価方法〕
・≪場面1≫　持続可能な社会を築くためにはどのようなことが重要であるかを考える。その課題を解決するために，自分の考えの根拠となる資料を調べる。	主❶　持続可能な社会を築くため，自分や社会ができることについての自分の意見をもち，その根拠となる事象や現象について，調べようとしている。［ワークシート］

> **B基準**　持続可能な社会を築くため，自分や社会ができることについての自分の意見をもち，その根拠となる事象や現象について，調べようとしている。

> **A基準**　持続可能な社会を築くため，自分や社会ができることについての自分の意見をもち，その根拠となる事象や現象について，科学的な視点で調べようとしている。

学習活動	活動ごとの評価規準〔評価方法〕
・ジグソー法やワールドカフェ等を活用し，多くの考えにふれることができる活動を行う。	知❶　持続可能な社会とはどのようなものであるかを理解している。［ワークシート］
・各自が「自分の考えや根拠」について，他者に説明する。	主②　他者に自分の考えが伝わるように，根拠をもって説明しようとしている。［行動観察］
・さまざまな「他者の考え」について聞き取り，各情報をまとめる。	思①　課題に対するさまざまな意見に対して，共通点や相違点を見いだしている。［ワークシート］
・≪場面2≫　さまざまな「他者の考え」をもとに，持続可能な社会を築くために必要なことについて，自分の意見を再構成し，深化させる。	思❷　持続可能な社会を築くために必要なことについて，科学的な視点で自分の意見を表現している。［ワークシートまたはペーパーテスト］

> **B基準**　持続可能な社会を築くために必要なことについて，科学的な視点で自分の意見を表現している。

> **A基準**　持続可能な社会を築くために必要なことについて，多角的かつ科学的な視点で自分の意見を表現している。

定期テストとの関連について

・この単元を学習する時期や単元の内容から，定期テストで評価することはあまりないと考えられる。定期テストで評価をする場合は，事前に課題を示しておくなど，生徒が思考し準備できる時間を十分に確保したうえで行うことが望まれる。

・授業内で実施する場合は，指導と評価の一体化を図るために，場面1と場面2の課題に対して，評価規準を生徒に事前に示す。評価規準について説明することで，学ぶべきことや捉える視点が焦点化されるため，生徒はよりよいものをつくろうと主体的に取り組む。評価規準を事前に掲示し，説明することで，「評価」が生徒の資質・能力の向上を導くツールとなる。

≪場面1，主❶≫の評価事例

【課題】　持続可能な社会を築くために必要なことは何ですか。あなたの考えを書きなさい。またあなたの考えの根拠となることがらを調べなさい。

おおむね満足：B	十分満足：A
持続可能な社会は，3Rが行われることが大切である。例えば，プラスチックのリサイクルが効率的に行われていないと感じる。	持続可能な社会を築くためには，3Rのほか自然環境と人間の生活との共存が大切である。日本ではまだリサイクルが十分に行われていないと感じる。例えば，プラスチックのリサイクルが効率的に行われていないと感じる。日本では，廃プラスチックの排出量に対するサーマルリカバリーの割合が58％であり，マテリアルリサイクルやケミカルリサイクルの割合より高いのが課題点である。人間の生活のために森林などを伐採して減らすのではなく，森林のなかで木を生かした生活を考えていくことも必要である。
【判断のポイント】	【判断のポイント】
・自分の考えの根拠となる事象（プラスチックのリサイクルについて）を調べている。	・自分の考えの根拠となる事象（プラスチックのリサイクルについて）を，いろいろな視点で考察している。

指導・支援の手だて（努力を要する：C）

・課題に対する自分の考えをもつことが苦手な生徒に対しては，身の回りの製品やリサイクル，気温の変化，災害などの身近な例に注目するように助言する。
・自分の考えの根拠を調べることが苦手な生徒に対しては，まずは自分の考えをもつようになった背景を書かせる。次にその事象について，自分に関わることがらを調べる等，スモールステップで取り組むように指導する。

≪場面2，思❷≫の評価事例

【課題】　次の (1)，(2) に対して，あなたの考えを科学的な視点で述べなさい。

(1) 持続可能な社会の一部分として，資源の消費量を減らして再利用を進め，資源の循環を可能にした社会（循環型社会）がある。この社会の実現のために，いまの私たちにできることは何かを考えなさい。

(2) 私たちが豊かな生活をするうえで，科学技術の開発は必要不可欠である。科学技術を開発するときに，次の世代に負の遺産を残さないように，どのような社会をつくることが重要であるか。

おおむね満足：B	十分満足：A
(1)　ごみが多く出るようなものは買わない，ごみを分別してリサイクルするなど，物質の性質を意識した利用を心がける。 (2)　利便性や快適性だけを求めた技術開発ではなく，資源の循環を意識して，持続可能な社会をつくる。	(1)　ごみが多く出るようなものは買わない，ごみを分別してリサイクルに出す，自然に戻る循環型の製品を使用するなど，物質の性質を意識した利用を心がける。 (2)　利便性や快適性だけを求めた技術開発ではなく，資源の循環や自然環境の保全等を優先して，持続可能な社会をつくる。
【判断のポイント】 ・(1)，(2) の記述ともに，物質の性質や物質の循環という視点を捉えた記述になっている。	【判断のポイント】 ・(1)，(2) の記述ともに，再利用などの物質の循環についての視点だけでなく，自然環境の保全についても意識した多角的な視点での記述になっている。

指導・支援の手だて（努力を要する：C）

・(1) については，場面1で行ったワークシートや聞き取り用のワークシートを振り返り，そこでの内容をもとに考えるように助言する。
・(2) については，場面1で行ったワークシートや聞き取り用のワークシートの内容をもとに，科学技術の開発という視点について論述する課題である。聞き取り用のワークシートから科学技術に関する内容に着目し，そのメリットやデメリットについて改めて考えることを助言する。

第 **4** 章

第2分野の評価プラン

1　生物の観察と分類の仕方

学習指導要領との対応：【解説（文部科学省，2018）[pp.74-79]】

学習前の生徒の状態

身の回りの生物には，どんな共通点や相違点があるのかな？

単元の評価規準　【参考資料（国立教育政策研究所，2020）[p.111]】をもとに作成

知識・技能	思考・判断・表現	主体的に学習に取り組む態度
いろいろな生物の共通点と相違点に着目しながら，生物の観察，生物の特徴と分類の仕方についての基本的な概念や原理・法則などを理解しているとともに，科学的に探究するために必要な観察，実験などに関する基本操作や記録などの基本的な技能を身に付けている。	生物の観察と分類の仕方についての観察，実験などを通して，いろいろな生物の共通点や相違点を見いだすとともに，生物を分類するための観点や基準を見いだして表現しているなど，科学的に探究している。	生物の観察と分類の仕方に関する事物・現象に進んで関わり，見通しをもったり振り返ったりするなど，科学的に探究しようとしている。

評価問題と授業改善のポイント

　生物を分類できるだけでなく，根拠や基準を説明できる状態を求めたい。生物の分類や共通点・相違点を検討する際，わずかな種類しかあげられなかったり，わかりやすい特徴だけしか指摘できなかったりする生徒がいる。生物にはいろいろな特徴があり，同じ特徴ごとに仲間分けできることを理解させるようにする。いろいろな見方で観察させ，生物の特徴を数多く指摘できるように指導したい。

右の二つの評価場面を取り上げたのは，なぜか

　場面1では，野外観察の際に，何に注目し，どのようなことを記録するとよいか，観察の方法を理解しているかを評価する。身近な環境にはいろいろな特徴をもったおもしろい生物が生活していることなど興味をもたせながら，生活環境によって植物の種類が異なることを見いださせ，生物の観察や分類の仕方を理解させ，その基礎を身につけさせていく。

　場面2では，観察記録をもとに，いろいろな生物の特徴から共通点や相違点を見いだすことができるかを確認する。目の前に与えられた材料を，指示された方法で観察するだけでなく，自分が考える観点で観察して情報を入手しようとしているかや，共通点や相違点を見いだすための基本的な分類の仕方が身についているかも評価したい。

単元の指導と評価の計画　観点の黒丸数字は総括に用いる評価（記録に残す評価）

学習活動	活動ごとの評価規準〔評価方法〕
・≪場面1≫　校庭や学校周辺の生物の観察を行い，生物の調べ方の基礎を学習する。	思❶　いろいろな植物を観察し，環境によって生育する植物の種類に相違があることを指摘している。[レポート，ノート，スケッチの記述分析]

B基準　いろいろな植物を観察し，環境によって生育する植物の種類に相違があることを指摘している。

A基準　より多くの植物について調べ，生息する植物に影響する環境要因を指摘し説明している。

学習活動	活動ごとの評価規準〔評価方法〕
・校内に生息する植物を，ルーペを正しく使って観察し，複数の植物の共通点を見いだす。	知①　ルーペを正しく操作し，小さな花にも，めしべやおしべなどのつくりがあることを観察している。[レポート，ノート，スケッチの記述分析]
・校内に生息する小動物を，双眼実体顕微鏡を使って観察し，共通点や相違点を見いだす。	思②　異なる種類にも共通する特徴があり，似たような生物にも相違点があることを見いだして表現している。[レポート，ノート，スケッチの記述分析]
	知②　双眼実体顕微鏡を正しく操作し，いろいろな特徴を見いだし，スケッチしている。[レポート，ノート，スケッチの記述分析]
・親しみのある生物20種をあげ，いろいろな観点や分類の基準を考えさせ，さまざまな仲間分けをさせる。	主①　さまざまな観点で生物の分類の基準を考え，表現しようとしている。[行動観察]
	思③　特徴ごとにいろいろな仲間分けをし，その分類基準を説明したり，分類の結果をわかりやすく表現したりしている。[ワークシート]
・≪場面2≫　いままでの学習を生かし，校内で観察したいろいろな記録から，生育環境や体の特徴などを比較して共通点や相違点を見いだし，分類する。	思❹　観察した生物の特徴をいくつか書き出し，共通点と相違点を見いだし，表現している。[ペーパーテスト]

B基準　観察した生物の特徴をいくつか書き出し，共通点と相違点を見いだし，表現している。

A基準　観察した生物の特徴を適切にまとめ，共通点と相違点を根拠を示して見いだし，表現している。

定期テストとの関連について

・場面2の評価問題を授業内で実施する場合は，評価規準にそって記述ができるよう自由度を大きくしてよいが，定期テストで評価する場合は，評価の観点があいまいにならないよう，採点基準をはっきりさせる必要がある。「二つの観点について記述できていればA，一つだけならばB」と評価することも考えられる。

≪場面1，思❶≫の評価事例

【課題】 校内の植物の生育状況や分布を調べる野外観察を行い，分布図に記録しなさい。また，観察の結果から植物の共通点や相違点を見いだして，考察をまとめなさい。

おおむね満足：B	十分満足：A

北
○＝タンポポ
△＝ゼニゴケ
×＝カタバミ

北
カ カタバミ
シ シロツメクサ
タ タンポポ
ゼ ゼニゴケ

おおむね満足：B

・タンポポは日なたに多いが，日陰にも見られる。

・ゼニゴケは日が当たらない校舎の北側に多い。

・カタバミの花が日なたで咲いていた。

・植物によって生活する場所がだいたい決まっていて，生活に好む環境は植物によって違っているといえる。

十分満足：A

・タンポポはいろいろな場所に分布している。タネが風であちこちに運ばれることがわかる。日当たりが悪いところにも生息している。

・カタバミやシロツメクサは集中して咲いている。光がよく当たり乾燥した土が多い。

・ゼニゴケは壁に沿ったところに多い。土が湿っていて日があまり当たらない場所である。

・花が咲く植物は日なたに生育していることが多いが，花が咲かない植物は日かげを好むようだ。

【判断のポイント】

・観察できた植物の生育環境について記述している。

【判断のポイント】

・より多くの植物の分布を調べ，植物の種類によって，光や水の量に見合った生育場所があることを指摘している。

指導・支援の手だて（努力を要する：C）

・調べた場所が偏っていたり，植物の種類が少なすぎたりする場合は，日なたと日陰を比べさせ，生育場所による植物の違いを指摘できるように指導する。また，分布図に記録する際に方位も考えるように指導する。

・植物の生育場所の環境を，太陽の光の当たり方などを中心に特徴を捉えさせ，どのような環境を好む植物なのかを考えるように助言する。

≪場面2，思❹≫の評価事例

【問題】　学校に生息している植物の観察を行いました。下はその記録です。また，図鑑で調べたところ，観察できた植物は，カタバミ，ナズナ，シロツメクサであることがわかりました。これについて，後の（1）〜（3）に答えなさい。

【観察の記録】
観測した日：4月20日　11：00〜11：50　　　天気：晴れ　　　場所：校舎の南側

植物A
・花は黄色で花弁が5枚あった。
・葉はハートが三つ付いたような形をしていた。

植物B
・20cmほどの穂の先に白い小さな花の集まりが付いていた。花弁は4枚あった。
・花の下には，柄に付いた扇形の果実がたくさん並んでついていた。
・細長く先がとがった葉が放射状に付き，切れ込みがあってギザギザしていた。

植物C
・15cmくらいの柄の先に，数十個の白い小さな花の集まりが丸く付いていた。
・長い柄の先に三つずつ付いた葉があり，それぞれの表面に白い模様があった。

(1) 観察の記録から，A〜Cの3種類の植物に共通する特徴を二つあげ，15字程度で答えなさい。

(2) 3種類の植物を二つのグループに分けたい。どのような基準で分けられるか。共通するものを二つあげ，その根拠・基準を10字程度で説明しなさい。ただし，2通りの分け方をあげること。

(3) さらに3種類の植物の共通点や相違点を詳しく調べるために，あなたなら植物Cについてどのような観察をするか。10字程度で答えなさい。

おおむね満足：B	十分満足：A
(1) 日なたを好んで生息する。	(1) 日なたを好み，春に花を咲かせる。
(2) BとC。白い小さな花の集まり。	(2) ① AとC。三つずつ付いた葉。 ② BとC。小さな白い花の集まり。
(3) 花のつくりを調べる。	(3) 花弁の数を調べる。

【判断のポイント】
・(1)は植物の生育に適した環境を理解し，特徴を一つあげている。
・(2)は植物の共通点を一つ指摘し分類している。
・(3)は花のつくりを観察することで，共通点や相違点を見いだすことができることを理解している。

【判断のポイント】
・(1)は生育場所について，日のあたり方や気温，季節などに言及して指摘している。
・(2)は複数の観察結果に注目して記述している。
・(3)は異なる植物の共通点や相違点を見分ける方法について，具体的に記述している。

指導・支援の手だて（努力を要する：C）

・(1)についての解答が十分でない生徒には，観察記録にはどのような項目が記載されているのかを考えさせるとともに，観察する際に必要な記録の情報などを理解させるようにする。可能ならば，実際に野外観察をする場面を設定できるとよい。
・(2)，(3)について十分な解答ができていない生徒には，花のつくりの共通点や相違点によって植物の仲間分け（分類）ができることを指摘し，授業ではどのような観察を行い，どのような共通点が見られたかを，ノートで確認しながら復習させるようにする。

2 生物の体の共通点と相違点

学習指導要領との対応：【解説（文部科学省，2018）[pp.74-79]】

学習前の生徒の状態

生徒

同じ仲間の生物は，体のつくりもだいたい共通しているんじゃないかな？

単元の評価規準　【参考資料（国立教育政策研究所，2020）[p.111]】をもとに作成

知識・技能	思考・判断・表現	主体的に学習に取り組む態度
いろいろな生物の共通点と相違点に着目しながら，植物の体の共通点と相違点，動物の体の共通点と相違点についての基本的な概念や原理・法則などを理解しているとともに，科学的に探究するために必要な観察，実験などに関する基本操作や記録などの基本的な技能を身に付けている。	生物の体の共通点と相違点についての観察，実験などを通して，いろいろな生物の共通点や相違点を見いだすとともに，生物を分類するための観点や基準を見いだして表現しているなど，科学的に探究している。	生物の体の共通点と相違点に関する事物・現象に進んで関わり，見通しをもったり振り返ったりするなど，科学的に探究しようとしている。

評価問題と授業改善のポイント

　身の回りの生物の観察を通して，体の特徴についての共通点や相違点を見いださせ，特徴ごとに分類できることを理解させることがねらいである。また，いろいろな生物について，分類するための観点や基準を見いださせ，特徴ごとに分類できるように指導する。

右の二つの評価場面を取り上げたのは，なぜか

　場面1については，花のつくりの観察結果に基づいて，植物の体の共通点や相違点を見いだすことができるかどうかを見るために設定した。身の回りに見られる花が咲く植物は，種子をつくって仲間を殖やす種子植物の仲間であり，多くは被子植物である。裸子植物に比べて，身近であり花のつくりを理解しやすい。前時の授業で学んだ知識や技能を活用して，花のつくりの共通点や相違点を見いだすことができるかを評価する。

　場面2については，動物の体の共通点と相違点についての総括的な評価の場面として設定した。脊椎動物と無脊椎動物の体の共通点と相違点について，別々に学習していたものを身近な動物としてまとめ，いろいろな生物の共通点や相違点を総合的に捉えながら，生物を分類するための観点や基準を見いだして表現するなどができるかどうかを評価する。

単元の指導と評価の計画　観点の黒丸数字は総括に用いる評価（記録に残す評価）

学習活動	活動ごとの評価規準〔評価方法〕
・アブラナやエンドウの花のつくりを観察する。	主① 花のつくりの観察に主体的に取り組もうとしている。[行動観察]
・花の基本的なつくりを理解する。	思① 花は中心から，めしべ，おしべ，花弁，がくの順に付いているという共通点があることを見いだしている。[ワークシート]
・≪場面１≫　ツツジの花のつくりを観察し，エンドウの花との共通点や相違点を見いだす。	思❷ めしべ，おしべ，花弁，がくが順に付いているが，種類によって形や数が異なることを見いだしている。[ノートの記述分析]
B基準 ツツジとエンドウの花の共通点と相違点を見いだして表現している。 **A基準** ツツジの花の特徴をエンドウの花との共通点や相違点ごとに整理して表現している。	
・花と果実との関係，被子植物の仲間の特徴を理解する。	知① 花には，将来，果実や種子になる部分があり，胚珠は子房に包まれていることを理解している。[授業中の発言，ノートの記述分析]
・裸子植物の観察を行い，特徴を理解する。	知② 裸子植物にも花があり種子になる部分があるが，花弁はなく，胚珠がむき出しになっていることを理解している。[授業中の発言，ノートの記述分析]
・花が咲かない植物の観察を行い，特徴を理解する。	思③ シダやコケには花がなく，胞子で仲間をふやしていることを理解している。[授業中の発言，ノートの記述分析]
・植物の特徴を整理し，共通点や相違点によって分類できることを見いだす。	思④ 花や葉，根のつくりによって植物の仲間を分類できることを見いだしている。[ペーパーテスト]
・身近な動物を，いろいろな観点で仲間分けする。	主② 動物の仲間分けについて，主体的に取り組もうとしている。[行動観察，授業中の発言]
・脊椎動物の体のつくりや生活の共通点や相違点を理解する。	知③ 脊椎動物の五つの仲間の体のつくりや生活の相違点を理解している。[授業中の発言，ノートの記述分析]
・脊椎動物の特徴を基準に分類できることを知る。	思⑤ 脊椎動物の共通点と相違点を見いだして，仲間を分類している。[ワークシート]
・無脊椎動物の観察を行い，脊椎動物との相違点を見いだす。	主❸ 無脊椎動物の体の特徴を，脊椎動物と比較しながら，共通点と相違点を見いだそうとしている。[ワークシート]
・≪場面２≫　体のつくりの相違点や共通点によって，動物を分類できること見いだす。	思❻ いろいろな生物の共通点や相違点を見いだし，観点や基準ごとに分類している。[ペーパーテスト]
B基準 いろいろな生物の共通点や相違点を見いだし，観点や基準ごとに分類している。 **A基準** いろいろな生物の共通点や相違点を見いだし，複数の観点や基準と関連づけながら分類している。	

定期テストとの関連について

・場面２は，植物の体の共通点と相違点の学習においても，同様に総括的な評価の場面を設定することができる。また，今回提示した例は，そのまま定期テストにおいて，総括的な評価として活用できるようにもしている。分類の基準を，自分で考え設定するような問いに変更すれば，授業のなかで実施したり，結果を共有する場面を設けて，視野や考え方を広げたり，思考を深めたりする評価としても活用できる。

≪場面１，思❷≫の評価事例

【課題】　ツツジの花を分解し，花のつくりを調べました。ツツジの花はどのような特徴をもっていますか。その特徴を，エンドウの花との共通点と相違点ごとにまとめなさい。

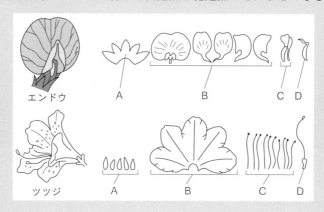

(1) エンドウとの共通点
(2) エンドウとの相違点

おおむね満足：B	十分満足：A
(1)　めしべ，おしべ，花弁，がくが花の中心から順に付いている。 (2)　花弁がつながっている。	(1)　花の中心からめしべ，おしべ，花弁，がくの順に付いている。花弁とがくの数が五つずつある。 (2)　エンドウは花弁の大きさが異なる離弁花だが，ツツジは花弁が根元でつながっている合弁花である。めしべやおしべの形が違っている。
【判断のポイント】 ・基本的な花のつくりを説明している。 ・花弁の違いについて表現している。	【判断のポイント】 ・共通点と相違点という見方をもって，比較している。 ・複数の観点で，表現している。

指導・支援の手だて（努力を要する：C）

・まず，ツツジの花の観察でわかったことを複数あげさせる。次に，花のつくりには，めしべ，おしべ，花弁，がくがあることを確認させ，ノートの記述をもとに，ツツジとエンドウの花を比較させる。共通点及び相違点について気づいたことを表現させ，ノートに記述させる。

≪場面2，思❻≫の評価事例

【問題】　A〜Fの六つの動物について，以下の (1)〜(4) に答えなさい。

| A | ウサギ | B | ニワトリ | C | フナ |
| D | カエル | E | エビ | F | バッタ |

(1) 仲間のふやし方で，六つの仲間を二つのグループに分けることができる。
　　① 二つのグループに分けた結果を記号で示しなさい。
　　② 二つに分けたうち数が少ないほうのグループの動物の仲間の殖やし方を答えなさい。
(2) ある観点で分類すると，A，B，C，DとE，Fの二つに分けられる。ある観点とは何か。
　　分類の観点を説明しなさい。
(3) 六つの動物のうち，親が卵を産んでから，卵を温めてかえす動物がいる。この動物がこの
　　ような仲間の殖やし方ができる理由を説明しなさい。
(4) 六つの動物を生活の場所によって，いくつかのグループに分けたい。
　　① 分類の基準を答えなさい。また，その基準によって分けたグループの仲間をすべて記
　　　　号で表しなさい。
　　② 分類の結果と呼吸の仕方との関係を説明しなさい。

おおむね満足：B	十分満足：A
(1)① 　AとB，C，D，E，F 　　②　Aは胎生 (2)　背骨があるか，背骨がないか (3)　(無回答) (4)①　・一生陸上生活をする　A，B，F 　　　・水中生活と陸上生活をする時期が 　　　　ある　D 　　　・一生水中生活する　C，E 　　②　陸上生活をするものは肺呼吸，水中 　　　生活をするものはえら呼吸をする。	(1)，(2)，(4)①　B評価と同様（解答例は省略） (3)　ニワトリは羽毛をもっていて，周囲の 　　気温に関係なく体温が一定に保たれて 　　いるから。 (4)②　水中生活をする動物はえらをもち， 　　陸上生活する動物は肺または気門 　　（気管）をもつ。
【判断のポイント】 ・(1)，(2) の解答が正しければB評価とする。	【判断のポイント】 ・(1)，(2) に加え，(3) の説明および (4) が正しく解 　答できればA評価とする。

指導・支援の手だて（努力を要する：C）

・まず，六つの動物について，その特徴をあげながら，何の仲間であるかを答えさせる。指摘や説明ができないときは，ノートを確認させ，授業で学習したことを振り返らせるようにする。
・次に，共通点ごとに，当てはまる特徴をもつ動物をあげさせる。そして，体の特徴からどのような生活をしているかを説明させるようにする。
・脊椎動物については五つの仲間を，無脊椎動物については節足動物と軟体動物の体のつくりの特徴や生活の仕方・場所に注目させるようにする。

3　身近な地形や地層，岩石の観察

学習指導要領との対応：【解説（文部科学省，2018）[pp.80-85]】

学習前の生徒の状態

生徒

身近な大地の観察から何がわかるのかな？

単元の評価規準　【参考資料（国立教育政策研究所，2020）[p.111]】をもとに作成

知識・技能	思考・判断・表現	主体的に学習に取り組む態度
大地の成り立ちと変化を地表に見られる様々な事物・現象と関連付けながら，身近な地形や地層，岩石の観察についての基本的な概念や原理・法則などを理解しているとともに，科学的に探究するために必要な観察，実験などに関する基本操作や記録などの基本的な技能を身に付けている。	身近な地形や地層，岩石の観察について，問題を見いだし見通しをもって観察，実験などを行い，地層の重なり方や広がり方の規則性などを見いだして表現しているなど，科学的に探究している。	身近な地形や地層，岩石の観察に関する事物・現象に進んで関わり，見通しをもったり振り返ったりするなど，科学的に探究しようとしている。

評価問題と授業改善のポイント

　単元（内容のまとまり「（2）大地の成り立ちと変化」）の始めであるため，身近な大地への興味関心を高め，観察記録の技能を身につけた状態を求めたい。また，疑問点を整理することで，以降の学習で学ぶべき要点を明確にしておきたい。長大な時間的・空間的スケールでできた地形や大地の構成物と，身近に起きている火山活動や地震などの大地の変化が結びつきにくいため，生徒の実態に応じて実物の観察やモデルを活用した授業の工夫を行い，関連づけを支援したい。

右の二つの評価場面を取り上げたのは，なぜか

　場面1は，身近な大地の構成物を観察記録し，その特徴を見いだすための観察の視点や技能が身についているか，またどのような大地の変化があったかを推測する力も評価する場面である。したがって，露頭を実物や映像を通して観察し，大地の変化への興味関心を高めながら観察の視点や技能を身につけさせる。露頭の見方や観察の技能は，場面2以降の観察の基礎となるため，形成的な評価場面として取り上げた。

　場面2は，身近な地形や化石などの情報をもとに，大地の変化と地形の関係や，その時間的スケールの理解について確認する場面である。観察した結果に基づいて，根拠を示しながら大地の変動やその原因を推測する力が身についているかを，総括的に評価する場面として取り上げた。

単元の指導と評価の計画　観点の黒丸数字は総括に用いる評価（記録に残す評価）

学習活動	活動ごとの評価規準［評価方法］
・火山活動や地震などによる，大地の変化について学習する。	知① 地形や大地の構成物を調べることによって，関連する大地の変化が推測できることを理解している。［ワークシート］
・身近な地形の特徴を観察して記録し，関連する大地の変化について調べる。	知② 地形の特徴を空間的に捉え，関連する大地の変化を理解している。［ノートの記述分析］
・≪場面1≫　身近な大地の構成物を観察して記録し，関連する大地の変化について調べる。	知③ ハンマーの使い方や観察記録の仕方を身につけ，観察結果と関連する大地の変化を理解している。［行動観察，ノートの記述分析］

B基準 ハンマーの使い方や観察記録の仕方を身につけ，観察結果と関連する大地の変化を指摘している。

A基準 B基準に加えて，観察結果と関連する大地の変化を具体的な根拠をもとに推測している。

・学校周辺の地形や大地の構成物について調べて記録し，問題を見いだす。	主① 学校周辺のさまざまな地形や大地の構成物を調べて記録し，疑問を整理しようとしている。［ワークシート］
・≪場面2≫　身近な地形や大地の構成物を例に，大地の変化との関連を考える。	思❶ 観察結果から，大地の成り立ちや変化を考察し，説明している。［ペーパーテスト］

B基準 観察結果から，大地の成り立ちや変化を考察し，説明している。

A基準 観察結果から考えられる大地の変動を，時間的スケールにもふれながら根拠をもって説明している。

定期テストとの関連について

・場面2の評価問題を授業内で扱う場合は，室戸岬周辺の地形の観察やヤッコカンザシの生態を調べる活動を加えるなど，探究的な課題として取り組むことも可能である。定期テストで評価する場合は，小問 (2) において字数制限や使用語句の指定などを行い，採点基準も明確化しておく必要がある。

≪場面1，知③≫の評価事例

【課題】 二つの露頭の標本（映像）を提示します。それぞれの構成物に着目しながら観察を行い，結果をもとに，大地のでき方を推測しなさい。

おおむね満足：B	十分満足：A

○露頭の観察

	観察結果	推測される大地のでき方
地層が見られる露頭	・厚さの違う地層が，規則正しく重なる。 ・地層によって粒の大きさが違い，れき・砂・泥の層が見られた。 ・れきが丸みを帯びている。 ・砂の地層からアサリの化石が見つかった。	昔ここは浅い海であった。
溶岩の露頭	・全体的に黒っぽい色で，小さな穴が空いている部分がある。 ・茶色く見える部分もハンマーで表面を割ると，黒かった。 ・規則正しい割れ目が見られた。 ・ルーペで見える角ばった白い粒が含まれている。	周辺で火山の噴火があった。

○露頭の観察

	観察結果	推測される大地のでき方
地層が見られる露頭	・厚さの違う地層が，規則正しく重なる。 ・地層によって粒の大きさが違い，れき・砂・泥の層が見られた。 ・れきが丸みを帯びている。 ・砂の地層からアサリの化石が見つかった。	アサリの化石から，浅い海で堆積したものが，隆起して地表に表れた。
溶岩の露頭	・全体的に黒っぽい色で，小さな穴が空いている部分がある。 ・茶色く見える部分もハンマーで表面を割ると，黒かった。 ・規則正しい割れ目が見られた。 ・ルーペで見える角ばった白い粒が含まれている。	周辺で火山の噴火があり，流れた溶岩が冷えてできた。

【判断のポイント】

・露頭全体の特徴を捉え，ルーペやハンマーを使って部分の特徴も見いだしている。
・観察結果から大地の変化を推測している。

【判断のポイント】

・観察結果から推測される大地の変化を，根拠も含めて具体的に説明している。

指導・支援の手だて（努力を要する：C）

・実物や映像を用いて，露頭の観察について興味関心を高める。
・露頭全体の特徴を捉えてから部分の観察を行うなど，観察の視点や見方を具体的に助言する。
・小学校で学習した地層のでき方などを想起させ，地層ができる場所や流れる水の働きを確認する。

≪場面2，思❶≫の評価事例

【問題】 図1は，高知県室戸市の室戸岬の地図です。室戸岬の海岸では，切り立った崖と海との間にたいらな土地が見られます。図2は，図1のX付近の岩の表面に付着している化石の様子とその模式図です。これは，ヤッコカンザシというゴカイの仲間の巣が化石になったものです。ふつうヤッコカンザシは海面付近の岩の表面に巣をつくりますが，現在これらの化石は海面から数m上の高さに見られます。巣の化石がつくられた年代を調べると，上の化石が2800年以上前に作られ，下の化石が2700年前〜1000年前につくられたことがわかりました。次の(1)〜(3)に答えなさい。

図1

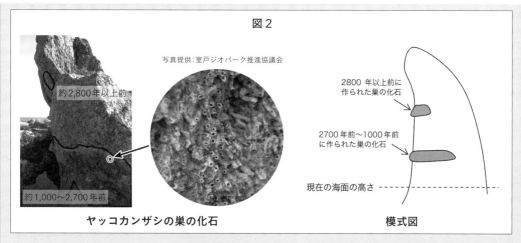

図2

写真提供：室戸ジオパーク推進協議会

約2,800年以上前

約1,000〜2,700年前

ヤッコカンザシの巣の化石

2800年以上前に
作られた巣の化石

2700年前〜1000年前
に作られた巣の化石

現在の海面の高さ

模式図

(1) 図1の海岸に見られるような階段状の地形を何というか。
(2) 図2のヤッコカンザシの巣の化石の情報から，この付近で起きたと考えられる大地の変化を説明しなさい。
(3) (2)のような，大地の変動をもたらす現象は何であると推測できるか。

おおむね満足：B	十分満足：A
(1)　海岸段丘（海成段丘）	(1), (3) B評価と同様（解答例は省略）
(2)　海面より上に過去につくられた化石があるので，大地が隆起したと考えられる。	(2)　上と下の巣の化石の間に化石がないため，2800年前から2700年前の間に急激な隆起が起き，さらに1000年前から現在の間も隆起していると考えられる。
(3)　地震	
【判断のポイント】	【判断のポイント】
・(1)は図や問題文の情報から地形の特徴を捉えている。 ・(2)は化石がつくられた年代と海面の高さを関連づけ，海面に対して大地が隆起したことが記述されている。 ・(3)は大地の隆起が地震による変化であることを理解している。	・具体的な年代に触れ，長期にわたる連続的な変動ではなく，急激な変動であったことを見いだしている。 ・1000年前から現在の間の隆起にも言及できている。

指導・支援の手だて（努力を要する：C）

・ゴカイを知らない生徒には，現生のヤッコカンザシや巣の写真を提示し，どのような生物でどのような生活をしているかを説明する。
・(1)で地形の特徴を捉えにくい生徒がいた場合は，Google Earthなどを用いて実際の地形を提示し支援する。
・(2)で解答が十分でない生徒には，図2の模式図を使って巣の化石が付着した岩に対して海面がどのように変化したか時系列で示して支援する。また，上と下の巣の化石の間に化石がないことを指摘し，長期間の連続的な変動でないことを見いだせるように支援する。
・(2)で大地ではなく海面が変動したと考える生徒がいた場合は，過去の海水面変動に関するデータなどを示して理解を促す。

4　地層の重なりと過去の様子

学習指導要領との対応：【解説（文部科学省，2018）[pp.80-85]】

学習前の生徒の状態

地層の様子や含まれる化石から何がわかるのかな？

生徒

単元の評価規準　【参考資料（国立教育政策研究所，2020）[p.112]】をもとに作成

知識・技能	思考・判断・表現	主体的に学習に取り組む態度
大地の成り立ちと変化を地表に見られる様々な事物・現象と関連付けながら，地層の重なりと過去の様子についての基本的な概念や原理・法則などを理解しているとともに，科学的に探究するために必要な観察，実験などに関する基本操作や記録などの基本的な技能を身に付けている。	地層の重なりと過去の様子について，問題を見いだし見通しをもって観察，実験などを行い，地層の重なり方や広がり方の規則性などを見いだして表現しているなど，科学的に探究している。	地層の重なりと過去の様子に関する事物・現象に進んで関わり，見通しをもったり振り返ったりするなど，科学的に探究しようとしている。

評価問題と授業改善のポイント

　堆積岩の見分け方や，化石についての概念的知識を充実させることのみで学習を終えないようにしたい。実物の観察を通して地層や化石の特徴を見いだし，その特徴から地層が堆積した環境や形成過程を推測できる状態を求めたい。地層の広がりを空間的に捉えることや，時間的なスケールをイメージすることが難しい生徒もいるため，教材や授業の工夫をすることで支えたい。

右の二つの評価場面を取り上げたのは，なぜか

　場面1は，地層を構成する堆積岩に着目し，それらを見分ける視点が身についているのかを評価する場面である。したがって，実物を観察することを通して，堆積岩への興味関心を高めながら見分ける視点を見いださせていく。堆積岩のつくりや性質の違いの理解は，場面2の地層の様子から形成過程を推測する基礎になるため，形成的な評価場面として取り上げた。ここでの「知識・技能」の評価は，粒の大きさやかたさ，うすい塩酸との反応などの着目し，その特徴の記録や見分ける視点を含めて整理できているかを評価する。

　場面2は，露頭の観察結果から地層の様子や化石の特徴を見いだし，地層の広がりを捉え，根拠を示しながら形成過程や環境を推測する力が身についているかを，総括的に評価する場面として取り上げた。

単元の指導と評価の計画　観点の黒丸数字は総括に用いる評価（記録に残す評価）

学習活動	活動ごとの評価規準［評価方法］
・流水によって地層ができるモデル実験を行い，地層ができる仕組みを学習する。	知① 地層のでき方を，風化から侵食・運搬・堆積までの一連の流れのなかで捉え，水中の砕せつ物の広がり方の違いと関連づけて理解している。［ワークシート］
・≪場面1≫　堆積岩を観察し，そのつくりや性質の違いを調べる。	知② 堆積岩の粒の大きさやかたさ，うすい塩酸との反応などに着目して，堆積岩の特徴を観察して記録している。［ノートの記述分析］

> **B基準** 堆積岩の粒の大きさやかたさ，うすい塩酸との反応などに着目して，堆積岩の特徴を観察して記録している。
> **A基準** B基準に加えて，堆積岩の観察から見いだされた特徴から，見分ける視点を含めて整理している。

学習活動	活動ごとの評価規準
・地層の様子や化石から，地層ができた環境や時代が推測できることを学習する。	知③ 地層に含まれる化石をもとに，地層が堆積した時代や環境が推測できることを理解している。［ワークシート］
・地質年代について，その時間的スケールを年表や時計，カレンダーづくりから実感する。	主① 地質年代の長さを年表などのモデルで正しく表現し，各年代の特徴的な動物や植物を調べて記述しようとしている。［行動観察，作品］
・柱状図を比べて，地層の空間的な広がりを推測する。	思① 柱状図をもとに，地層の空間的な広がりを推測して表現している。［ワークシート］
・≪場面2≫　これまでの学習を生かし，地層や化石の観察から，地層が堆積した当時の環境を推測する。	思❷ 地層の様子や含まれる化石から，地層の広がりを捉えたり，地層の形成過程や環境を推測して説明している。［ペーパーテスト］

> **B基準** 地層の様子や含まれる化石から，地層の広がりを捉えたり，地層の形成過程や環境を推測して説明している。
> **A基準** 地層の空間的な広がりを正確に捉え，地層の形成過程や環境を推測し，根拠とともに具体的に説明している。

定期テストとの関連について

・場面2の評価問題を授業内で行う場合は，小問(4)においてブナなどの夏緑樹林が広がる気候のデータを資料追加することや，図を用いた説明を加えるなど，解答の自由度を上げることも考えられる。定期テストで評価する場合は，小問(4)において字数制限や使用語句の指定などを行い，採点基準も明確化しておく必要がある。

≪場面１，知②≫の評価事例

【課題】 堆積岩のつくりや性質の違いを調べるために，さまざまな堆積岩（れき岩，砂岩，泥岩，石灰岩，チャートなど）を観察して，それぞれの特徴を表にまとめなさい。ルーペでの観察や手ざわりなどからわかることや，うすい塩酸を用いた反応の結果も示しなさい。

おおむね満足：B		十分満足：A	

おおむね満足：B

	ルーペでの観察や手ざわりなど	うすい塩酸への反応
れき岩	粒の大きさが2mm以上で，丸みを帯びている。手ざわりはごつごつ。	なし
砂岩	粒の大きさが2mm未満だが，ルーペで見える。手ざわりはざらざら。	なし
泥岩	粒が見えない。手ざわりはさらさら。	なし
石灰岩	粒が見えない。サンゴの化石が入っている。鉄くぎで傷がつく。	気体を発生する。
チャート	粒が見えない。鉄くぎで傷がつかない。	なし

十分満足：A

	ルーペでの観察や手ざわりなど	うすい塩酸への反応	
れき岩	粒の大きさが2mm以上で，丸みを帯びている。手ざわりはごつごつ。	なし	⇒ 粒の大きさで見分ける
砂岩	粒の大きさが2mm未満だが，ルーペで見える。手ざわりはざらざら。	なし	
泥岩	粒が見えない。手ざわりはさらさら。	なし	
石灰岩	粒が見えない。サンゴの化石が入っている。鉄くぎで傷がつく。	気体を発生する。	⇒ 成分の違いで見分ける
チャート	粒が見えない。鉄くぎで傷がつかない。	なし	

【判断のポイント】

・れき岩，砂岩，泥岩の粒の大きさの違いを見いだしている。

・粒が確認できない石灰岩とチャートについて，相対的なかたさの違いや成分の違いを表現している。

【判断のポイント】

・観察結果を表にまとめるだけでなく，見分ける視点で整理されている。

指導・支援の手だて（努力を要する：C）

・身近な堆積岩を用いたり，含まれる化石に着目させるなどして，興味関心を高める指導を行う。

・一つの視点にこだわって特徴が見いだせていない生徒には，その他の視点を具体的に示す。

・手ざわりと粒の大きさが結びつかない生徒には，食塩と片栗粉の手ざわりの違いなどの具体例を示す。

・うすい塩酸をかける理由がわからない生徒には，水溶液の学習を想起させ，物質の塩酸への溶け方の違いがあることを確認する。

≪場面２，思❷≫の評価事例

【問題】 次の図1は，観察者と崖（がけ）の位置関係を示した地図です。図2は観察者A，Bがそれぞれ矢印（→）の方向に崖を観察した記録です。また，図2のaの地層を詳しく観察した結果を図3に示しました。ただし，観察者A，Bが記録した地層は，それぞれつながっていて，板状に広がっているものとします。次の(1)〜(4)に答えなさい。

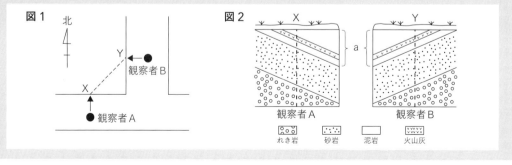

図3　図2のaの地層の地層観察結果

・泥の層には，ブナやイヌブナの葉の化石が多く
見つかった。また，池や沼によく見られる水草で
あるマツモの化石も見つかった。

化石のスケッチ
ブナ　イヌブナ　マツモ

・火山灰の上と下の泥岩の層に含まれる化石の種類に変化はなかった。
・火山灰を顕微鏡で観察すると火山ガラスが多く含まれていた。

(1) れきや砂，泥は何を基準に見分けられるか。

(2) 図1のXYの点線に沿って切った場合，その断面はどうなっていると考えられるか。右の図3に表しなさい。

(3) 地層の上下が逆転していないとすると，この地層が堆積した当時どのような変化があったと推測されるか。流れる水の力の変化に着目して説明しなさい。

(4) 表の観察結果から，図2のaの地層が堆積した当時の環境を推測して説明しなさい。

図3

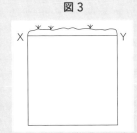

おおむね満足：B	十分満足：A
(1)　粒の大きさ	(1)　B評価と同じ（解答例は省略）
(2) 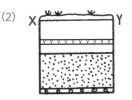	(2) 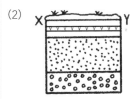
(3)　徐々に水の流れが弱くなった。	(3)　上の地層ほど粒が小さいため，徐々に水の流れが弱くなった。
(4)　ブナやイヌブナの林にある沼や池のような環境で，火山が噴火していた。	(4)　ブナやイヌブナの林にある沼や池のような環境で，少なくとも1回は火山噴火による降灰があった。
【判断のポイント】 ・(1)はれき・砂・泥の見分け方の基準を説明している。 ・(2)は地層の広がりを空間的に捉えて表現している。 ・(3)，(4)は地層の様子や含まれる化石の特徴を見いだし，地層の形成過程や環境を推測できている。	【判断のポイント】 ・(2)は堆積順だけでなく，地層の厚さも正確に表現できている。 ・(3)は根拠を含めた説明ができている。 ・(4)は根拠を含めた説明や，噴火の回数などを具体的に推測した記述になっている。

指導・支援の手だて（努力を要する：C）

・(2)で解答が十分でない生徒には，地層に見立てたカラー粘土などを用いて地層モデルを作成し，任意の断面を観察する活動を行って理解を促す。
・(3)で解答が十分でない生徒には，地層の堆積順を指摘する。また，流水によって地層ができるモデル実験を想起させ，粒の大きさと流れる水の力の大きさの関連づけを促す。
・(4)で解答が十分でない生徒には，ブナ林や池や沼の画像を提示するなどして支援する。

5 火山と地震

学習指導要領との対応：【解説（文部科学省, 2018）[pp.80-85]】

学習前の生徒の状態

どうして日本には火山がたくさんあるんだろう？

単元の評価規準　【参考資料（国立教育政策研究所, 2020）[p.112]】をもとに作成

知識・技能	思考・判断・表現	主体的に学習に取り組む態度
大地の成り立ちと変化を地表に見られる様々な事物・現象と関連付けながら、火山活動と火成岩、地震の伝わり方と地球内部の働きについての基本的な概念や原理・法則などを理解しているとともに、科学的に探究するために必要な観察、実験などに関する基本操作や記録などの基本的な技能を身に付けている。	火山と地震について、問題を見いだし見通しをもって観察、実験などを行い、地下のマグマの性質と火山の形との関係性などを見いだして表現しているなど、科学的に探究している。	火山と地震に関する事物・現象に進んで関わり、見通しをもったり振り返ったりするなど、科学的に探究しようとしている。

評価問題と授業改善のポイント

　火山や地震は、地球内部のエネルギーと深く関係するダイナミックな自然の事物・現象である。本問では火山を扱い、マグマの性質や冷え方の違いが、火山活動や火成岩の多様性をもたらしているということを理解できているかを問う。授業では、地表に見られる火山噴出物や火成岩を観察したり、視聴覚教材を用いて火山活動を調べたりして、それらをマグマと関連づけて捉えさせる。

右の二つの評価場面を取り上げたのは、なぜか

　本単元の学習は、この後に続く「自然の恵みと火山災害・地震災害」を学習するための礎になる。場面1では、マグマの粘り気と火山の形との関係性について問題を見いだし、仮説を立てることができるかを評価する。さまざまな火山を観察し、前時までに学習したマグマと火山噴出物の関係の理解を関連づけることで、マグマの粘り気の違いによって地表に見られる火山の形が変わるのではないかという推測を導く。その際、火山の様子をもとに複数の視点から推測できることが望ましいが、何を根拠とするか、どのように説明すればよいか迷う生徒がいる。十分に時間を取りながら、火山の形だけでなく、噴火の様子など適切な資料を提示して学習を進めたい。推測したことを言語化して具体化することは、目的意識をもってマグマの性質と火山の形の関係性を調べるモデル実験を自ら計画し、実施するために大切である。このような学習を通して、マグマの性質に基づいて地表での火山活動の多様性を科学的に認識させることを期待したい。

　場面2では、既習事項を使いながら、マグマと身近な火山の関係性について総合的に考察できる

かを評価する。具体的には，溶岩（火山岩）の特徴からマグマの性質や冷え方を推測し，さらにマグマの粘り気と火山の形・活動の関係（場面1）と関連づけて考察する。本問では溶岩の特徴を示したが，必要な情報と不必要な情報が混在している。これは，目的に照らしながら情報を取捨選択して，既習事項と関連づけることができるかを試すためである。別の展開として，溶岩の特徴を示さず，実際の標本を各生徒へ配布して特徴を見いださせ，火成岩を観察する技能の習得状況の確認とあわせて進めることも考えられる。なるべく生徒にとってリアルに課題・問題に取り組ませるように工夫し，マグマの性質などに基づいて地表の火山活動や火成岩の多様性を捉えさせ，科学的に探究するための資質・能力の育成を図る。

単元の指導と評価の計画　　観点の黒丸数字は総括に用いる評価（記録に残す評価）

学習活動	活動ごとの評価規準〔評価方法〕
・「マグマと火山の関係性を明らかにする」という課題を知り，火山噴出物の観察を行う。	思① 火山噴出物の特徴から，マグマがどのような状態の物質なのかを推測したり，マグマには性質の違いがあることを見いだしたりしている。[ワークシート]
・≪場面1≫ マグマの性質と火山の形，噴火の様子などとの関係性についての仮説を立て，モデル実験を行う。	思❷ マグマの性質と火山の形などの関係性についての問題を見いだして仮説を立て，表現している。[レポート]
	B基準 さまざまな火山の形を比べて違いを見いだし，マグマの性質の違いとの関係性を推測し，説明している。
	A基準 さまざまな火山の形や火山活動の様子などを比べて共通点や違いを見いだし，マグマの性質の違いとの関係性を推測し，説明している。
	主① 問題の解決に向けて粘り強く調べたり，その過程を振り返ったりして改善しようとしている。[行動観察]
・さまざまな火成岩を観察し，共通点や相違点を見いだして成因を推測する。	思③ マグマの性質や冷え方と火成岩の特徴との関係性を考察し，表現している。[ワークシート]
・地震計の記録や過去の地震の資料などをもとに，揺れの大きさや伝わり方の規則性を調べる。	知① 地震による揺れの大きさや伝わり方の特徴を調べる視点や方法を身につけたり，地震が起こる仕組みを地球内部の働きと関連づけて理解している。[ワークシート]
・≪場面2≫ いままでの学習を生かし，身近なところに見られる火山や地震の痕跡から大地の変化を推測する。	思❹ 火山や地震といった地表で見られたり観測されたりする自然の事物・現象を地球内部の働きなどと関連づけて考察し，表現している。[ワークシート]
	B基準 溶岩の特徴をもとにしてマグマの性質を推測するとともに，そのマグマの性質から火山の形や噴火したときの様子を推測し，説明している。
	A基準 溶岩の特徴をもとにしてマグマの性質を推測するとともに，そのマグマの性質から火山の形や噴火したときの様子を多面的に推測し，説明している。

定期テストとの関連について

・生徒は，火山の学習は暗記だと思いがちである。マグマの性質や冷え方に基づいて火山活動や火成岩の多様性を思考，判断して，表現できる工夫をしたい。特に火成岩の内容においては，火成岩の組織や名称を問いがちであるが，場面2に例示したように，火成岩の特徴を通して地球のダイナミックな活動を考察させたい。

≪場面1, 思❷≫の評価事例

【課題】 火山は, 溶岩などが積み重なってできています。「三原山やマウナロア」の形と, 「平成新山や昭和新山」では, どのような違いがありますか。また, その違いには, マグマのどのような性質が関係していると考えられますか。

写真1　マウナロア

写真2　昭和新山

※三原山と平成新山の写真は省略

写真（左）：クマ／PIXTA
（右）：YsPhoto／PIXTA

おおむね満足：B	十分満足：A
三原山やマウナロアは, 平成新山や昭和新山と比べて平べったい。これは, 三原山やマウナロアの地下にあるマグマのほうが, 平成新山や昭和新山よりも粘性が小さく流れやすいからだと考えられる。	写真を見ると, 三原山やマウナロアはなだらかで傾斜がゆるやかだけど, 平成新山や昭和新山は, もり上がっていて傾斜が急である。噴火の様子の動画を見ると, 三原山やマウナロアの溶岩のほうが流れやすかった。 　このことから, 溶岩のもとはマグマだから, 三原山やマウナロアのマグマは粘り気が弱く, 平成新山や昭和新山のマグマはねばねばしていて, マグマの粘り気の違いが関係していると考えられる。
【判断のポイント】 ・火山の形の違いを適切に捉えている。 ・マグマの粘り気の違いが火山の形の違いと関係していることを推測している。	【判断のポイント】 ・三原山やマウナロアの共通点, 平成新山や昭和新山の共通点を見いだしたうえで, それらの違いを明確に捉えている。 ・溶岩の流れる様子にも着目したり, 溶岩とマグマを関連づけたりして述べている。

指導・支援の手だて（努力を要する：C）

・火山の形は, 縦断面の違いを指摘させる。言葉で説明するよりも, 図を描いて説明するほうが表現しやすい生徒もいることを考慮して, 最初はそれぞれの生徒にとって表現しやすい方法で説明させる。ただし, 図を描くだけでよしとせず, 図を用いて話す。その後話したことを文字で書かせることによりレポートに相応しい説明へと導く。文字に表すことは, 仮説を検証するモデル実験後に行う振り返りにおいて, 思考の過程をたどるうえで役立つ。

・形の違いの原因を考えられない生徒には, 火山噴出物の多様性やマグマの性質との関係を想起させる。また, 「マグマの温度が違う」「マグマの水分量が違う」など, マグマの粘り気の違いをもたらす要因を答える生徒がいる。生徒の思考を一旦受け止めたうえで, 「温度などが違うと, 次にマグマの何が変わっていくのか」と問い, マグマの粘り気の違いを意識させる。

≪場面２，思❹≫の評価事例

【課題】　学校の近くにある活火山の溶岩（火山岩）を観察しました。この溶岩には，次の特徴が見られました。

[特徴]
・角張った鉱物が点在していて，肉眼でもはっきりわかるぐらい大きいものが多かった。
・鉱物の種類にはセキエイ，チョウ石，クロウンモ，カクセン石があった。最も多く見られたのはチョウ石で，その次にセキエイだった。
・鉱物が見られないところは赤茶色だった。

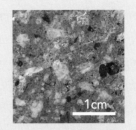

1cm

溶岩の特徴を示しながら，この活火山の形，噴火したときの様子などを推測し，説明しなさい。

おおむね満足：Ｂ	十分満足：Ａ
溶岩にセキエイやチョウ石，クロウンモ，カクセン石が見られるので，粘り気が強いマグマが冷え固まってできたものと考えられる。 このような粘り気が強いマグマからできた活火山の形はもり上がり，噴火は爆発的だったと考えられる。	クロウンモ，カクセン石，セキエイなどの白っぽい鉱物が多く見られるので，粘り気が強いマグマだったと考えられる。また，大きな鉱物が見られ斑状組織であることから，地下深くでマグマがゆっくり冷えて鉱物が大きく成長していたが，その途中で鉱物を含むマグマが地表に噴出して急に冷えることによってできた岩石だと考えられる。 マグマの粘り気が強いためこの活火山の形はもり上がり，噴火は爆発的で火山灰が大量に噴出したり，火砕流が起こったり，カルデラができたりしたと推測される。
【判断のポイント】 ・鉱物の種類からマグマの粘り気を推測している。 ・マグマの粘り気から，活火山の形や噴火したときの様子を推測している。	【判断のポイント】 ・鉱物の種類や大きさ・組織に着目してマグマの粘り気や冷え方の様子を推測している。 ・具体的な噴火の様子やその結果生じる地形などをあげて多面的に推測している。

指導・支援の手だて（努力を要する：Ｃ）

・まず活火山の形はマグマの性質が関係していることを想起させる。続いて，各火成岩の造岩鉱物を整理した一覧表を提示し，火成岩に含まれる鉱物の種類がマグマの性質を反映していることを想起させる。そして，考察の順序を示す。

6　自然の恵みと火山災害・地震災害

学習指導要領との対応：【解説（文部科学省，2018）[pp.80-85]】

学習前の生徒の状態

> 火山や地震がなくなれば，もっと豊かに生活できるんじゃないかな？

単元の評価規準　　【参考資料（国立教育政策研究所，2020）[p.112]】をもとに作成

知識・技能	思考・判断・表現	主体的に学習に取り組む態度
大地の成り立ちと変化を地表に見られる様々な事物・現象と関連付けながら，自然の恵みと火山災害・地震災害についての基本的な概念や原理・法則などを理解しているとともに，科学的に探究するために必要な観察，実験などに関する基本操作や記録などの基本的な技能を身に付けている。	自然の恵みと火山災害・地震災害について，問題を見いだし見通しをもって観察，実験などを行い，火山活動や地震発生の仕組みとの関係性などを見いだして表現しているなど，科学的に探究している。	自然の恵みと火山災害・地震災害に関する事物・現象に進んで関わり，見通しをもったり振り返ったりするなど，科学的に探究しようとしている。

評価問題と授業改善のポイント

　自然の恵み・自然災害とは，自然の事物・現象が人間生活・社会にもたらす影響のことを言う。防災教育は，教科横断的に行うことが望ましい。中学校理科第1学年では，自然の恵みと火山災害・地震災害の一般的な種類を幅広く扱う。本問では自然の恵みと自然災害について，自然の事物・現象の仕組みとの関係性を見いだして捉えることができるかを問う。授業では，ジオパークの資料，ハザードマップなどを用いて自然の恵みと自然災害の種類を調べさせ，火山活動や地震発生の仕組みとの関係性を考察させる。その際，自然の恵みと自然災害が人間生活・社会にもたらす時間スケールの違いにも気づかせたい。

右の二つの評価場面を取り上げたのは，なぜか

　場面1では，自然の恵みと自然災害について，地震の仕組みとの関係性を捉えて考察できるかを評価する。また，次時以降の「自然の恵みと火山災害・地震災害を調べる学習活動」を行うケーススタディとして扱うことを想定している。なお，地震の場合，その災害ばかりに着目し，「人間は地震に伴ってできた地形を利用しているがゆえに，地震災害を被りやすい」ことを見落としがちである。場面2では，既習事項を使い，特徴的な地形が発達する地域の自然の恵みと自然災害について，地震発生の仕組みなどとの関係性から総合的に考察できるかを評価する。考察後，本地域における自然の恵みと自然災害（今後起こりうる自然災害も含む）を実際に調べ，考察の妥当性を検討させることで，科学的に探究させたい。

単元の指導と評価の計画　観点の黒丸数字は総括に用いる評価（記録に残す評価）

学習活動	活動ごとの評価規準〔評価方法〕
・世界における火山や震央の分布の特徴を調べる。	知① 世界の火山や震央の分布の資料などを読み取り，特徴を理解している。[ワークシート]
・≪場面１≫　日本における活火山または地震による特徴的な地形が発達する一地域における自然の恵みと自然災害を考察する。	思❶ 自然の恵みと自然災害の例について，火山活動や地震発生の仕組みとの関係性に基づいて表現している。[ワークシート]

B基準 海岸段丘が見られる地域における自然の恵みと自然災害の例を，地震発生の仕組みとの関係性に基づいて説明している。

A基準 海岸段丘が見られる地域における自然の恵みと自然災害の例を複数あげ，地震発生の仕組みとの関係性に基づいて多面的に説明している。

・さまざまな自然の恵みと火山災害・地震災害の種類・特徴と仕組みを調べる。	知② 自然の恵みと火山災害・地震災害の資料などを読み取り，種類・特徴と仕組みを理解している。[ワークシート]
	主❶ 自然の恵みと火山災害・地震災害について具体的なテーマを決めて粘り強く調べようとしている。[行動観察]
・≪場面２≫　いままでの学習を生かし，活火山または地震による特徴的な地形が発達する一地域における自然の恵みと自然災害を総合的に考察する。	思❷ 自然の恵みと自然災害について，火山活動や地震発生の仕組みとの関係性に基づいて総合的に考察し，表現している。[ワークシート]

B基準 自然の恵みと自然災害について，地形の特徴や地震発生の仕組みとの関係性に基づいて総合的に考察し，説明している。

A基準 自然の恵みと自然災害について，地形の特徴や地震発生の仕組みなどとの関係性に基づいて具体例をあげて総合的かつ論理的に考察し，説明している。

定期テストとの関連について

・自然の恵みと災害の種類だけでなく，火山活動や地震発生の仕組みと関連づけることで，自然の恵みと災害が表裏一体の関係にあるという認識をもつことができているか確認したい。
・防災教育を教科横断的な学習によって進めることを踏まえ，理科の学習が他教科の学習とどのようにつながっているのかを整理し，何をどのように問うのか事前に検討しておきたい。

≪場面1，思❶≫の評価事例

【課題】 右のような海岸段丘で生活する人にとっての自然の恵み，備えるべき自然災害として，具体的にどのようなことが考えられますか。海岸段丘の特徴やでき方と関連づけて説明しなさい。

写真：miyazaki／PIXTA

おおむね満足：B	十分満足：A
自然の恵み……地震によって海底が隆起して陸に現れたたいらな土地は，家を建てたり，畑をつくったりすることに役立つ。 自然災害……地震によって海底が変形することで津波が発生し，沿岸に押し寄せてくることがある。	大陸プレートの端は，沈みこむ海洋プレートに引きずられて沈降し，やがて急激に隆起して巨大な地震が起こる。これが繰り返されて海底が陸地として現れ，海岸沿いにたいらな面と崖からなる階段状の土地ができる。たいらな面は，住宅地や耕作地として長期間利用できる。階段状の土地の高いところは，津波が来たときの避難場所になるかもしれない。しかし，巨大な地震が起こったときに，震源に近いと震度が大きくなって住宅が倒壊したり，海底が変形することで発生した大きな津波が海岸に押し寄せたり，崖が崩れたりしてしまう危険がある。これらの自然災害が短期間に起こる。
【判断のポイント】 ・海岸段丘で生活する地域における自然の恵みと自然災害を適切に例示している。 ・自然の恵みと自然災害を地震発生の仕組みとの関係性から捉えている。	【判断のポイント】 ・地震の仕組みや規模を想定して，地形の特徴や地震災害を捉えている。 ・自然の恵みと自然災害を複数あげて，それらの関係性に言及している。

指導・支援の手だて（努力を要する：C）

・自然の恵みについては，海岸段丘にたいらな土地があることを捉えさせたうえで，一般的なたいらな土地の利用をあげさせることから始めるとよい。自然災害については，小学校理科で学習した地震災害を想起し，海岸付近の地形であることと関連づけて考えさせるとよい。
・海岸段丘のたいらな面がかつて海底であったことを説明し，隆起によって陸地に現れたことを推測させる。

≪場面2，思❷≫の評価事例

【課題】 図1は，日本海に面した若狭湾の沿岸地域と内陸の京都を結ぶ街道を示したものです。各街道の大部分は谷に沿っています。これらの街道は，江戸時代，若狭湾周辺の港に水揚げされた鯖などを京都へ運ぶ道として利用され，若狭街道は「鯖街道」，高浜街道は「西の鯖街道」と呼ばれていました。
図2は，図1の地域に分布する主要な活断層を示したものです。

(1) 若狭街道の形状は，高浜街道と比べてどのような特徴があるといえますか。
(2) 若狭街道はどのようにしてできたと考えられますか。活断層と関連づけて推測しなさい。
(3) 若狭街道に関する自然の恵みとはどのようなものであるといえますか，またこの地域に起きやすい災害はどのようなものですか，説明しなさい。

おおむね満足：B	十分満足：A
(1)　カーブは少なく直線的。	(1)　直線的で長い。
(2)　活断層と街道の形が似ているので，断層を活用している。	(2)　地下の岩石は，巨大な力が働き続け，破壊されてずれた。この動きを繰り返し，直線的で長い活断層ができた。地表に現れた活断層周辺の岩石はもろく，削られて谷になり，谷沿いに若狭街道ができた。
(3)　活断層によってできた土地を使用すると直線的な道がつくられ，鯖などを運びやすい。地震が発生しやすく災害も起こる可能性がある。	(3)　若狭街道沿いの浅い地下で規模の大きな地震が発生すると，地表で大きい揺れが起こる。そのとき，街道沿いの建物の倒壊や崖崩れなどがほぼ同時多発的に起こる。しかし，カーブが少ない街道は，若狭湾と京都を安全に結ぶ道として，物資の輸送に長年役立ち，文化交流も行われてきた。
【判断のポイント】	【判断のポイント】
・地震と活断層との関係性，地形と活断層との関係性から街道の形状を捉えている。 ・それらの関係性をもとに，自然の恵みと自然災害を適切に考察している。	・活断層や谷の形成の仕組みと関連づけて，街道の形状のでき方を考察している。 ・自然の恵みと自然災害を具体的に想定している。

指導・支援の手だて（努力を要する：C）

・地震が地下の岩石が破壊される現象であることを理解できているか，地震により活断層ができることを理解できているかを順に確認して言語化させる。また，自然の恵みと火山災害・地震災害の種類・特徴や仕組みを調べたことを想起させ，本課題・問題と関連づけさせる。

7　生物と細胞

学習指導要領との対応：【解説（文部科学省，2018）[pp.86-91]】

学習前の生徒の状態

生物の体には細胞が住んでいるの？

単元の評価規準　　【参考資料（国立教育政策研究所，2020）[p.113]】をもとに作成

知識・技能	思考・判断・表現	主体的に学習に取り組む態度
生物の体のつくりと働きとの関係に着目しながら，生物と細胞についての基本的な概念や原理・法則などを理解しているとともに，科学的に探究するために必要な観察，実験などに関する基本操作や記録などの基本的な技能を身に付けている。	生物と細胞について，見通しをもって解決する方法を立案して観察，実験などを行い，その結果を分析して解釈し，生物の体のつくりと働きについての規則性や関係性を見いだして表現しているなど，科学的に探究している。	生物と細胞に関する事物・現象に進んで関わり，見通しをもったり振り返ったりするなど，科学的に探究しようとしている。

評価問題と授業改善のポイント

　顕微鏡で実際に観察を行いながら，プレパラートの作成や顕微鏡の操作に慣れさせ，細胞の構造や動物，植物，単細胞生物の共通点や相違点を実物から見いださせるようにする。顕微鏡観察ではスケッチを行わずに写真撮影だけで済ませる場合もあるが，細胞はプレパラートの作成もしやすく，得られる像が比較的単純であるので，観察をより深く行うための手段としてスケッチを活用したい。

右の二つの評価場面を取り上げたのは，なぜか

　場面1では，顕微鏡観察とスケッチを伴う観察記録の作成という複数の技能を評価できる。スケッチは1年生のときに学んでいるが顕微鏡で観察したものを記録するのは初めてになる。スケッチを行うことは対象をより深く観察することにつながる。

　場面2では，観察結果をもとにさまざまな細胞の共通点や相違点を見いだすことができるかを確認する。観察からわかることと，植物細胞の液胞のように観察は難しいが知識として学んだことを判別できるかどうかも評価したい。

単元の指導と評価の計画　　観点の黒丸数字は総括に用いる評価（記録に残す評価）

学習活動	活動ごとの評価規準〔評価方法〕
・顕微鏡の正しい使い方とプレパラートの作り方を学習する。	知① 顕微鏡を正しく操作でき，プレパラートを作成してピントを合わせている。〔行動観察，ノートの記述分析〕
・水中の小さな生物の観察を行い，大きさや動き方などの特徴で分類する。	思① 顕微鏡で観察した水中の生物の特徴をスケッチに表現している。〔行動観察，ノートの記述分析〕
	主① 分類の基準を自ら考えて生物を分類しようとしている。〔行動観察，ノートの記述分析〕
・≪場面1≫　オオカナダモの葉やタマネギのりん片の表皮を観察し，植物の体が細胞からできていることを見いだす。	知❷ 顕微鏡を正しく操作して観察を行い，植物の細胞の特徴を見いだして，スケッチに表している。〔スケッチの記述分析〕

> **B基準**　顕微鏡を正しく操作して観察を行い，植物の細胞の特徴を見いだして，スケッチに表現している。
>
> **A基準**　顕微鏡を正しく操作して観察を行い，植物の細胞の特徴を見いだして，スケッチに表現し，<u>さらに共通した特徴について説明している</u>。

学習活動	活動ごとの評価規準〔評価方法〕
・ヒトのほおの内側の細胞を観察し，植物の細胞と動物の細胞の共通点や相違点を見いだす。	知③ ヒトのほおの内側の細胞を顕微鏡で観察している。〔スケッチの記述分析〕
	思② 観察結果をもとに植物の細胞と動物の細胞の共通点や相違点をわかりやすく表現している。〔スケッチの記述分析〕
・単細胞生物と多細胞生物の特徴や細胞の働きを見いだす。	主② 単細胞生物と多細胞生物の共通点や相違点を考え，表現しようとしている。〔行動観察〕
・≪場面2≫　いままでの学習を生かし，細胞の顕微鏡写真から単細胞生物，植物，動物の細胞について共通点や相違点を指摘する。	思❸ これまでの観察結果や学習内容から，単細胞生物，植物，動物の細胞について共通点や相違点を見いだし，表現している。〔ペーパーテスト〕

> **B基準**　これまでの観察結果や学習内容から，単細胞生物，植物，動物の細胞について共通点や相違点を見いだし，表現している。
>
> **A基準**　これまでの観察結果や学習内容から，単細胞生物，植物，動物の細胞の<u>特徴を整理して</u>，共通点や相違点を見いだし，<u>根拠とともに</u>表現している。

定期テストとの関連について

・場面1を定期テストに用いる場合，あえて不適切なスケッチの例を出題して，修正すべき点を指摘させてもよい。
・場面2を定期テストに用いる場合，選択肢を用意して選ばせると評価がより明確になる。

≪場面1，知❷≫の評価事例

【課題】 植物の細胞の特徴を見いだすために，オオカナダモの葉とタマネギのりん片の表皮
の顕微鏡観察を行います。タマネギの表皮は酢酸オルセイン溶液などで核を染色します。それ
ぞれの細胞の特徴がわかるようにスケッチしなさい。

おおむね満足：B	十分満足：A
オオカナダモの葉	オオカナダモの葉

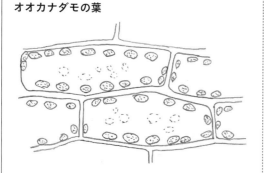

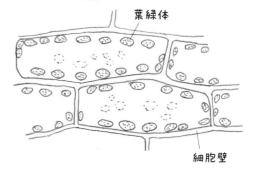

葉緑体

細胞壁

タマネギの表皮

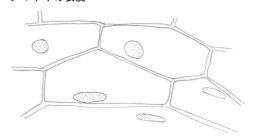

タマネギの表皮

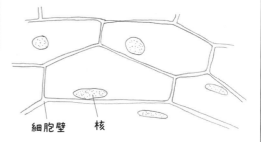

細胞壁　核

・オオカナダモの葉には緑色の粒がたくさんあった。 ・タマネギの表皮には緑色の粒はなく，核が見えた。	・オオカナダモの葉には緑色の葉緑体がたくさんあった。 ・タマネギの表皮には葉緑体はなく，赤く染まった核が見えた。オオカナダモも染めれば核が見えるのかもしれない。 ・どちらもすき間なく細胞が並んでいたが，細胞と細胞の間には細胞壁があるように見えた。
【判断のポイント】 ・スケッチを適切に描くことができている。 ・それぞれの特徴を記述している。	【判断のポイント】 ・スケッチの中に細胞の構造を示している。 ・オオカナダモとタマネギのそれぞれの特徴に加えて，共通点を指摘して記述している。

指導・支援の手だて（努力を要する：C）

・顕微鏡でうまく細胞が観察できない場合は，プレパラートを正しく作成できているか，絞りやピント調節など顕微鏡の操作方法に問題がないかをよく確認し，支援をする。
・正しいスケッチの方法について，輪郭は細い1本の線で描くこと，輪郭の線が途切れたり交差したりしないように丁寧に描くこと，黒く塗りつぶさないことなどを指導する。
・何を観察しているのか，教科書の図なども参考にして細胞の特徴を捉えさせるように助言する。

≪場面2，思❸≫の評価事例

【課題】　さまざまな細胞を顕微鏡で観察したところ，以下の写真のように見えました。

A
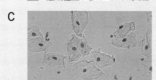
オオカナダモの葉
150倍

B

タマネギのりん片
の表皮（酢酸オル
セイン染色）
150倍

C

ヒトのほお内側
（酢酸オルセイン
染色）　600倍

D
ミドリムシ
600倍

(1) 写真からわかるA～Dの共通点と相違点をあげ，説明しなさい。

(2) AとBは植物，Cは動物の細胞です。写真からわかる，植物にあって動物にない細胞のつくりと，写真からはわからない植物の細胞にあるつくりを根拠とともに説明しなさい。

(3) BとCにだけ見える細胞のつくりは何ですか。また，AとDの写真でそれが見えない理由を書きなさい。

(4) Dのミドリムシは，A～Cの生物とどのような点が異なりますか。また，A～Cのうち，どの生物と共通したつくりをもっているか，根拠とともに説明しなさい。

おおむね満足：B	十分満足：A
(1) 細胞がたくさんある。細胞の形はそれぞれ異なる。	(1) 生物によって細胞の形や大きさはそれぞれ違うが，どれも同じような細胞がたくさん集まっている。
(2) 葉緑体と細胞壁は見える。液胞は見えない。	(2) Aには葉緑体が見える。AとBは細胞どうしが二重線で区切られているように見えているので細胞壁があるとわかる。AにもBにも液胞は見えない。
(3) 核。（理由は無回答）	(3) 核。核は染めないと見えにくいのでAとDにもあるが見えない。
(4) 自ら動き回る。葉緑体をもっているのでA。	(4) 自ら動き回り，一つの細胞でできている。葉緑体をもっているのでA。

【判断のポイント】

・(1)は生物の体はそれぞれ細胞からできていると理解している。
・(2)は動物にはない植物の細胞のつくりを理解している。
・(3)は染色されたものが核であると理解している。
・(4)は単細胞生物と多細胞生物の相違点を理解している。

【判断のポイント】

・同じような形状の細胞が集まって組織をつくっていることも指摘している。
・写真からどのように判断したのかについて，根拠を具体的に記述している。
・核は染色体に染めることで観察できることを記述している。
・多細胞生物にはない単細胞生物の特徴を理解している。

指導・支援の手だて（努力を要する：C）

・観察記録を振り返らせ，植物と動物の細胞のつくりにはどのようなものがあったかについて考えさせる。また多細胞生物と単細胞生物について，教科書の図やノートを確認しながら共通点と相違点を理解させる。

8　植物の体のつくりと働き

学習指導要領との対応：【解説（文部科学省，2018）[pp.86-91]】

学習前の生徒の状態

植物はどのように栄養をとっているのかな？

単元の評価規準　【参考資料（国立教育政策研究所，2020）[p.113]】をもとに作成

知識・技能	思考・判断・表現	主体的に学習に取り組む態度
植物の体のつくりと働きとの関係に着目しながら，葉・茎・根のつくりと働きについての基本的な概念や原理・法則などを理解しているとともに，科学的に探究するために必要な観察，実験などに関する基本操作や記録などの基本的な技能を身に付けている。	植物の体のつくりと働きについて，見通しをもって解決する方法を立案して観察，実験などを行い，その結果を分析して解釈し，植物の体のつくりと働きについての規則性や関係性を見いだして表現しているなど，科学的に探究している。	植物の体のつくりと働きに関する事物・現象に進んで関わり，見通しをもったり振り返ったりするなど，科学的に探究しようとしている。

評価問題と授業改善のポイント

　本単元は，生徒自身に実験を計画させる場面を設定しやすい内容であり，学習指導要領においてもそのような実践が求められている。評価問題の作成においても，生徒自身が見通しをもって実験計画を立案できたか，また結果を分析・解釈できているかといった視点をもちたい。計画に正解を求めるのではなく，生徒が仮説を根拠として実験を計画できたかどうかを評価したい。

右の二つの評価場面を取り上げたのは，なぜか

　場面1では，仮説に基づいて実験計画を立てる際に，どのような対照実験を設定すれば仮説を検証できるのかということを評価する。このような評価場面を設定することで，見通しをもって解決する方法を立案する能力を育成することにつながる。

　場面2では，実験計画の立案と実施を振り返りながら，どのような考察を行うと根拠とともに仮説を実証できるのかについて確認する。実験結果の分析や解釈をしているかを評価する。

単元の指導と評価の計画　観点の黒丸数字は総括に用いる評価（記録に残す評価）

学習活動	活動ごとの評価規準〔評価方法〕
・葉に光が当たると葉緑体で光合成が行われることを見いだす。	思① 葉に光が当たるとデンプンができることをヨウ素溶液の反応から見いだして表現している。[ワークシート]
・≪場面1≫ 光合成と二酸化炭素の関係について調べる実験を計画する。	思❷ 対照実験を設定しながら，光合成によって二酸化炭素が吸収されることを調べる実験を計画している。[レポートの記述分析]

B基準 対照実験を設定しながら，光合成によって二酸化炭素が吸収されることを調べる実験を計画している。

A基準 対照実験を設定する際，仮説をより確かに検証するため複数の対照実験を組み合わせた実験を計画している。

学習活動	活動ごとの評価規準〔評価方法〕
・実験を実施し，光合成によって二酸化炭素が吸収されていることを見いだす。	知① 自分たちで計画した光合成の実験を安全に実施している。[レポートの記述分析]
	思③ 実験結果からわかったことを表現している。[レポートの記述分析]
・光合成と呼吸による酸素や二酸化炭素の出入りを理解する。	思④ 自分たちの実験結果や演示実験の結果を組み合わせて気体の出入りを見いだして表現している。[ワークシート]
・吸水と蒸散の関係について実験を行い，気孔から蒸散していることを見いだす。	主① 吸水と蒸散を調べる実験を行ううえで，さまざまな実験条件を検討しようとしている。[行動観察，ノートの記述分析]
・色水を吸わせた植物の葉や茎の断面を観察し，水の通り道について考える。	知② 蒸散の実験と，葉や茎の断面の観察を安全に実施している。[行動観察，ノートの記述分析]
	思⑤ 実験結果と観察結果から，植物の吸水と葉の蒸散の関係を見いだして表現している。[行動観察，ノートの記述分析]
・≪場面2≫ いままでの学習を生かし，植物の体のつくりと働き，物質の出入りについて考えて説明する。	思❻ 植物の体のつくりと働きについて，科学的に調べる方法も振り返りながら，物質の出入りとともにわかりやすく表現している。[ペーパーテスト]

B基準 植物の体のつくりと働きについて，科学的に調べる方法も振り返りながら，物質の出入りとともにわかりやすく表現している。

A基準 科学的に調べる際には，仮説に基づいた対照実験を設定し，光合成における物質の出入りについて根拠とともに表現している。

定期テストとの関連について

・場面2の評価問題を授業内で実施する場合は，生徒同士でどのように実験操作を行ったり考察を行ったりすればよいかについて，互いに学び合う場面として設定することもできる。実験は班で行うことが多く，生徒個人の理解度や定着度を測るには，定期テストや確認テストでの出題として個人に取り組ませることが有効である。

≪場面1，思❸≫の評価事例

【課題】　どのような実験を行うと，植物の光合成で二酸化炭素が吸収されることを確かめることができるか。仮説を立て，オオカナダモとBTB溶液を使った実験方法を計画しなさい。

おおむね満足：B	十分満足：A
仮説 　植物に光が当たると二酸化炭素が吸収される。 実験方法 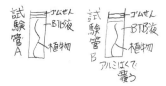 　試験管2本，アルミニウムはく，ゴム栓，オオカナダモ2本，BTB溶液を用意する。試験管にBTB溶液とオオカナダモを入れてゴム栓をし，1本はそのまま，1本はアルミニウムはくを巻いて光を当てる。	仮説 　植物に光が当たると二酸化炭素が吸収される。 実験方法 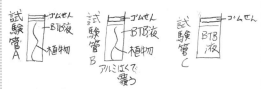 　試験管3本，アルミニウムはく，ゴム栓，オオカナダモ2本，息を吹き込んで緑色にしたBTB溶液を用意する。試験管AとBにはBTB溶液とオオカナダモ，試験管CにはBTB溶液だけを入れてゴム栓をして，AとCはそのまま，Bはアルミニウムはくを巻いて光を当てる。
【判断のポイント】 ・光以外の条件をすべてそろえて対照実験を設定している。	【判断のポイント】 ・BTB溶液は光が当たることで変化しないことを確かめる対照実験も設定している。 ・BTB溶液の色を何色にして実験を行うかについても言及している。

指導・支援の手だて（努力を要する：C）

・試験管1本だけで実験を計画するなど，対照実験を設定できていない場合は，その実験を行って得られる結果からいえることは何なのかについてよく考えさせる。
・BTB溶液の色から水中の二酸化炭素の量を推測できることを確認し，小学校で学んだ植物の生育に必要な条件を思い出させながら実験の条件を検討できるように助言する。

≪場面2，思❻≫の評価事例

【問題】　光合成の実験を計画して，実施しました。
　まず，3本の試験管にBTB溶液を入れて，試験管Aにはそのままゴム栓をして，試験管BとCにはオオカナダモを入れてからゴム栓をしました。さらに，試験管Bだけアルミニウムはくで完全におおいました。
　これらを直射日光に20分間当てたところ，試験管CだけBTB溶液の色が変化し，試験管AとBは変化がありませんでした。これについて，次の(1)～(4)に答えなさい。

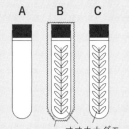

148

(1) BTB溶液は，はじめは青色だった。試験管3本のBTB溶液に溶けこんでいる二酸化炭素の量を同じにして実験するのに必要な操作方法だけを選んで，順に並べなさい。
ア　BTB溶液を少量試験管に入れて栓をしてよく振る
イ　3本の試験管にBTB溶液を分ける
ウ　大きいビーカーにBTB溶液を入れる
エ　BTB溶液の色が緑色になったのを確認する
オ　ストローでBTB溶液に少しずつ呼気を吹き込む

(2) なぜ試験管Aはオオカナダモを入れていないのに，わざわざ直射日光に当てたのですか。理由を説明しなさい。

(3) 試験管Bは，どの試験管と結果を比べて，どういう仮説を証明する実験なのか説明しなさい。

(4) BTB溶液がはじめ緑色だったとき，試験管CのBTB溶液は何色に変化したか。理由とともに説明しなさい。

おおむね満足：B	十分満足：A
(1)　ウ→オ→エ→イ	(1)　B評価と同様（解答例は省略）
(2)　BTB溶液の色が変わるかもしれないから。	(2)　BTB溶液の色が直射日光によって変わったら試験管Cの色の変化が植物によるものであるとはいえないため。
(3)　試験管C。光合成に光が必要かどうか。	(3)　試験管C。オオカナダモは光に当たらなければ光合成ができず，二酸化炭素を吸収しないという仮説。
(4)　青色。オオカナダモが光合成したため。	(4)　青色。オオカナダモが光をあびて光合成をして二酸化炭素を吸収したため，BTB溶液中の二酸化炭素が減って緑色から青色になった。
【判断のポイント】	【判断のポイント】
・(1)は対照実験を設定するのに必要な操作を理解している。 ・(2)は実験の前提となる条件が変化しないことを確かめる方法が身についている。 ・(3)は対照実験を設定している理由を理解している。 ・(4)は光合成で二酸化炭素が使われることを理解している。	・対照実験を複数設定する意義について，設定する根拠について言及している。 ・仮説を論理的に記述している。 ・光合成による物質の出入りについて，想定される実験結果を根拠として示しながら具体的に記述している。

指導・支援の手だて（努力を要する：C）

・(1)についての解答が十分でない生徒には，どのように操作すると二酸化炭素濃度を同じにできるか考えさせ，できれば実際に実験操作を行いながら確認する。
・(2)〜(4)について解答が十分でない生徒には，考察を飛躍させずに実験結果からまずいえることを段階的かつ丁寧に記述できるよう支援する。

9　動物の体のつくりと働き

学習指導要領との対応：【解説（文部科学省，2018）［pp.86-91］】

学習前の生徒の状態

心臓や肺のつくりはどうなっているのかな？

単元の評価規準　【参考資料（国立教育政策研究所，2020）［p.113］】をもとに作成

知識・技能	思考・判断・表現	主体的に学習に取り組む態度
動物の体のつくりと働きとの関係に着目しながら，生命を維持する働き，刺激と反応についての基本的な概念や原理・法則などを理解しているとともに，科学的に探究するために必要な観察，実験などに関する基本操作や記録などの基本的な技能を身に付けている。	動物の体のつくりと働きについて，見通しをもって解決する方法を立案して観察，実験などを行い，その結果を分析して解釈し，動物の体のつくりと働きについての規則性や関係性を見いだして表現しているなど，科学的に探究している。	動物の体のつくりと働きに関する事物・現象に進んで関わり，見通しをもったり振り返ったりするなど，科学的に探究しようとしている。

評価問題と授業改善のポイント

　動物が生命を維持するために，外界と体内との間で物質を出し入れして，刺激に適切に反応している巧妙な仕組みについて，ストーリー性をもって理解させていく。消化酵素の名称など単なる用語の羅列にならないように，実験や観察をなるべく多く取り入れるようにしたい。評価問題については，考察を適切に表現できているか，また基本的な概念や原理・法則などを理解しているかを重視したい。

右の二つの評価場面を取り上げたのは，なぜか

　場面1では，実験を行ったあとにどのような考察を行うとよいのかについて理解しているかを評価する。生徒はわかりきったことを書かないことが多いが，一つ一つ丁寧に記述させることによって，科学的で論理的な表現の仕方を身につけさせる。

　場面2では，物質の出し入れという観点から血液と細胞との関係を捉えることができているかを評価する。用語を提示して，それらを使って正しく表現できるかで評価してもよい。

単元の指導と評価の計画　観点の黒丸数字は総括に用いる評価（記録に残す評価）

学習活動	活動ごとの評価規準〔評価方法〕
・仮説を立てて，だ液の働きを調べる実験を計画する。	思① 仮説を立て，対照実験を設定しながらだ液の働きについての仮説を検証する実験を計画する。［レポートの記述分析］
・≪**場面1**≫ だ液の働きを調べる実験を行い，実験結果から考察する。	知① だ液の働きを調べる実験を安全に行う方法を身につけている。［レポートの記述分析］
	思❷ だ液の働きを調べる実験の結果からわかったことを表現している。［レポートの記述分析］

> **B基準** だ液の働きを調べる実験の結果からわかったことを表現している。
> **A基準** だ液の働きを調べる実験の結果からわかったことをそれぞれ説明し，それらを根拠としてあげながら，だ液の働きを表現している。

学習活動	活動ごとの評価規準〔評価方法〕
・消化系のつくりと消化酵素の働きを理解する。	思③ 消化系のつくりや消化酵素による働きを理解し，表現している。［ワークシート］
・肺のつくりから呼吸でガス交換を行う働きを見いだす。	知② 肺によるガス交換の仕組みを理解している。［ワークシート］
・血液の成分や心臓による循環の働き，肝臓と腎臓による排出の働きについて理解する。	思④ 血液の成分とそれらのおもな働き，全身を血液がめぐる様子を理解し，表現している。［ワークシート］
	思⑤ 不要物を肝臓で処理して腎臓から排出する過程をわかりやすく表現している。［ワークシート］
・反応時間を調べる実験を行い，刺激と反応の仕組みについて実験や観察の結果から見いだす。	主① 反応時間を調べる実験に進んで取り組もうとしている。［行動観察］
	知③ ヒトの感覚器官や神経，運動器官が働いて反応が起こる一連の仕組みを理解している。［行動観察］
・手羽先の解剖を行い，運動器官の仕組みを見いだす。	主❷ 筋肉，けん，骨がどのような仕組みで運動にかかわっているのかを科学的に探究しようとしている。［ワークシート，行動観察］
・≪**場面2**≫ これまでの学習を生かし，ヒトが生命を維持する働きについてまとめる。	思❻ ヒトがさまざまな物質を取り込んだり排出しているか，刺激に反応してどのように生命を維持する働きをしているか表現している。［ペーパーテスト］

> **B基準** ヒトがさまざまな物質を取り込んだり排出したり，刺激に反応したりして生命を維持している働きを表現している。
> **A基準** さまざまな物質が取り込んだり排出したり，刺激に反応したりする働きを整理し，相互に関わり合っていることを見いだして表現している。

定期テストとの関連について

・場面1では，生徒各自が仮説を設定して実験計画を立てる段階も絡めて評価することもできる。レポートだけでなく，定期テストの問題としても出題して，仮説を検証するような考察になっているかについて選択肢を選ばせることも考えられる。

≪場面1，思❷≫の評価事例

【課題】 だ液の働きを調べるために，デンプンのり，ヨウ素溶液，ベネジクト溶液を使った実験を行い，結果から考察をまとめなさい。

おおむね満足：B				十分満足：A		

おおむね満足：B

	ヨウ素溶液	ベネジクト溶液
デンプンのり+だ液	変化なし	赤褐色の沈殿ができた
デンプンのり+水	青紫色	変化なし

デンプンのりにだ液を加えて温めると，デンプンがなくなり麦芽糖ができた。デンプンのりに水を入れただけでは変化はなかった。このことから，だ液がデンプンを麦芽糖に変化させたと考えられる。

十分満足：A

	ヨウ素溶液	ベネジクト溶液
デンプンのり+だ液	変化なし	赤褐色の沈殿ができた
デンプンのり+水	青紫色	変化なし

デンプンのりにだ液を加えて温めた液体にヨウ素溶液を入れたところ，反応はなかった。ベネジクト溶液を加えて加熱したら，赤褐色の沈殿ができた。このことからデンプンのりにだ液を加えると，デンプンから麦芽糖ができたことがわかる。
だ液の代わりに水を加えて温めた液体にヨウ素溶液を入れたところ，青紫色になった。ベネジクト溶液では反応がなかった。このことから，デンプンは水や温度では変化せず，麦芽糖はできないと考えられる。以上のことから，だ液がデンプンを麦芽糖に変化させたと考えられる。

【判断のポイント】

・実験結果から，だ液がデンプンを麦芽糖に変化させたことを見いだして表現している。

【判断のポイント】

・実験結果から明らかになったことについて，それぞれ説明している。
・水を加えた対照実験の結果とその意味に言及し，実験結果を複合的に捉えてだ液の働きを見いだして表現している。

指導・支援の手だて（努力を要する：C）

・ヨウ素溶液やベネジクト溶液によって何を調べられるのかを確認し，今回の実験では何を調べるためにどのような対照実験を設定していたのかについて振り返りながら考えさせる。
・実験結果からそれぞれいえることを，飛躍せずに記述できるよう支援する。

≪場面2，思❻≫の評価事例

【問題】 生物の体をつくっている一つ一つの細胞は，どのように物質を出し入れすることで生きているのかを考えてみましょう。
右の図は，血管とその周辺の細胞が物質をやり取りする様子を表しています。
次の（1）～（4）に答えなさい。

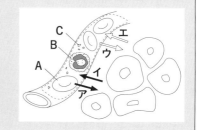

(1) 図の矢印ア，イは肺で出し入れする物質，矢印ウ，エはその他の臓器で出し入れする物質の移動を表すとすると，ア〜エはそれぞれ何の物質か。ただし，一つだけとは限らない。考えられるだけあげなさい。

(2) 矢印ウの一つに，アミノ酸がある。アミノ酸は細胞を形づくる材料になったり，酵素をつくる原料になったりする大事な物質である。アミノ酸は体の中にどのように取り込まれていくのか，食べるところから，消化と吸収の過程を説明しなさい。

(3) 矢印エの物質が，細胞から出されてやがて体の外に出されるまでの過程を説明しなさい。

(4) 血液の成分A〜Cのうち，体外の物質のやり取りに大きく関係しているものはどれか。どのように物質を運んでいるかも説明しなさい。

おおむね満足：B	十分満足：A
(1) ア：酸素　イ：二酸化炭素　ウ：ブドウ糖，水　エ：アンモニア	(1) ア：酸素　イ：二酸化炭素　ウ：ブドウ糖，アミノ酸，脂肪，水　エ：アンモニア
(2) タンパク質は，消化液のペプシンやトリプシンでアミノ酸に分解され，小腸から吸収される。	(2) タンパク質は，胃液のペプシン，すい臓のトリプシンで徐々に分解される。最終的には小腸内壁の消化酵素でアミノ酸に分解され，小腸の毛細血管から吸収される。
(3) アンモニアは，肝臓で尿素に変えられて，腎臓から尿として排出される。	(3) アンモニアは，血液で肝臓に運ばれて尿素に変えられる。尿素は血液によって腎臓へ運ばれ，水や塩分とともに尿として排出される。
(4) A：赤血球は血液で肺に運ばれて酸素を受け取る。	(4) A：赤血球に含まれるヘモグロビンは肺で大気中の酸素を受け取り，血液によって全身の組織に運ばれて酸素を渡す。

【判断のポイント】

・(1) は生命を維持するうえでどのような物質が出入りしているか理解している。
・(2) はタンパク質の消化と吸収について理解している。
・(3) はアンモニアが体外に排出される仕組みを理解している。
・(4) は赤血球の働きを理解している。

【判断のポイント】

・消化吸収された栄養分はみな血液に入って細胞へ届けられることを理解している。
・タンパク質の消化と吸収の一連の流れについて具体的に記述している。
・排出は血液の循環とともに行われていることに言及している。
・赤血球のヘモグロビンが酸素を肺で受け取り，組織で放出することを記述している。

指導・支援の手だて（努力を要する：C）

・解答が十分でない生徒には，これまでの学習の記録を振り返らせ，消化・吸収や呼吸，排出でそれぞれどのような物質が出し入れされていたかを考えさせ，理解させるようにする。
・全身の臓器が血管でつながっていて血流とともにさまざまな物質が移動して細胞一つ一つが生きていることをイメージさせ，色塗りのできるワークシートなども活用して復習させる。

10 気象観測

学習指導要領との対応：【解説（文部科学省，2018）[pp.92-98]】

学習前の生徒の状態

天気を調べるにはどうすればいいのかな？

単元の評価規準　【参考資料（国立教育政策研究所，2020）[p.114]】をもとに作成

知識・技能	思考・判断・表現	主体的に学習に取り組む態度
気象要素と天気の変化との関係に着目しながら，気象要素，気象観測についての基本的な概念や原理・法則などを理解しているとともに，科学的に探究するために必要な観察，実験などに関する基本操作や記録などの基本的な技能を身に付けている。	気象観測について，見通しをもって解決する方法を立案して観察，実験などを行い，その結果を分析して解釈し，天気の変化についての規則性や関係性を見いだして表現しているなど，科学的に探究している。	気象観測に関する事物・現象に進んで関わり，見通しをもったり振り返ったりするなど，科学的に探究しようとしている。

評価問題と授業改善のポイント

　気象やその変化にはどのような要素が関わっているか，どのような特徴やパターンがあるかを学習し，天気の変化の仕組みを理解する。なぜ気象観測をする必要があるか，どのように天気や気象要素を捉えるかを生徒に特に考えさせたい。学校や生徒の実態に応じて生活に身近な事象も扱い，気象観測の意義を踏まえながら，気象観測の手法を身につけさせたい。

　気象観測や言語活動など生徒が主となる活動が多くなることから，学習目標だけでなく単元の評価基準や学習活動ごとのA基準等を適宜生徒に提示するとよい。

右の二つの評価場面を取り上げたのは，なぜか

　場面1では，実際の野外での観測を行い，気象要素に注目してそれらを測定する方法を身につけているかを評価する場面である。実際に測定して気象要素と天気との関係を考えさせたり測定方法や仕組みを理解させ，より身近に天気を捉えるようにする。加えて，気象観測が何の役に立っているのか，社会的意義も見いだせるとよい。

　場面2では，「熱中症指数（WBGT）」を取り上げたものである。これは，気象要素と熱中症と非常に関連しているものとして近年注目されている。熱中症の危険性が高まるのはどのような条件かを実例を見ながら考えることで，より気象要素や観測の重要性を認識できると期待される。

単元の指導と評価の計画　観点の黒丸数字は総括に用いる評価（記録に残す評価）

学習活動	活動ごとの評価規準〔評価方法〕
・天気を考えるうえで，どのような気象要素を捉えればよいかを見いだす。	思① 天気とは何かを考えるときに，気象要素に注目して指摘している。[ワークシート，行動観察]
・≪場面1≫ 校庭で実際に気象観測を行い，気象観測の基礎となる技能を習得する。	知① 気象要素を測定するための実際の観測機器の使い方を理解し，定量的に気象要素を捉えている。[ワークシート，行動観察]

B基準 気象要素について，校内で行う気象観測の方法の技能を習得し，気象観測の計画を立て，観測結果を記述している。
A基準 気象要素について，校内で行う気象観測の方法の技能を習得し，具体的な気象観測の計画を立案し，観測結果について表を用いて整理している。

・校庭での観測を適切に自ら進んで行う。	主① 実際に校庭での気象観測において機器を適切に取り扱いデータを取得しようとしている。[行動観察]
・気圧に関する実験を行い，大気による圧力を体験的に捉え，定量的に扱う考え方を習得する。	知② 実験空において気圧を体感する実験（例：取っ手付きゴムシートの実験，アルミ缶つぶしの実験など）を実際に行い，気圧の原理を理解している。[ワークシート]
・さまざまな気象観測の機器や方法を調べ，それらの特徴を見いだす。	主② 天気予報のもととなるさまざまな気象観測の方法を調べ，それぞれ特徴をまとめようとしている。[ワークシート，授業中の発言]
・≪場面2≫ 気象観測の方法を調べ，その手法の特徴を見いだしたりする。	思❷ 暑さ指数のもととなる測定と計算式をふまえて，暑さ指数がもつ物理的な意味を説明している。[ワークシート，授業中の発言]

B基準 暑さ指数のもととなる測定と計算式を踏まえて，暑さ指数がもつ物理的な意味を説明している。
A基準 暑さ指数のもととなる測定と計算式を踏まえて，暑さ指数がもつ物理的な意味を理解し，熱中症の危険がある気象条件を見いだしている。

定期テストとの関連について

・場面2を授業内で実施する場合は，クラスで発表させ評価規準にそって記述できているかを判断するとよい。また，定期テストで実施する場合は，WBGT（暑さ指数）の算出式の係数決定のような問題や実際の気象データを用いて暑さ指数の算出をさせるような問題でもよい。この係数は，湿球温度が0.7がかけられており，おもには水蒸気（湿度）が熱中症の原因に大きく働いていることを問いたい。

・授業内での問いかけや定期テストの問題例
(1) 黒球温度は黒く塗られた黒球の中で測定するので温度が乾球や湿球より高くなります。それはなぜですか。
（解答例）黒く塗られることで太陽光の熱を吸収し，それが温度に反映されるから。[A評価]
(2) 通常，湿球温度は乾球温度よりも温度が低くなります。それはなぜですか。
（解答例）湿球のまわりの水が蒸発するときに熱を奪うから。[A評価]
(3) 湿度が100％に近くなると，湿球温度が乾球温度に近づきます。それはなぜですか。
（解答例）湿度が100％に近づいた空気では蒸発がされにくく，湿球から熱を奪いにくい状態になるから。[A評価]
(4) WBGTは三つの気温を合成したような気温です。これによりどのような意味合いがある値だと解釈できますか。
（解答例）WBGTは通常の気温に加え，湿度（水蒸気量）と太陽からの放射の影響を加味したものであると解釈できる。湿度や太陽からの放射は，熱中症に大きく影響を与える。[A評価]
(5) WBGTの値が小さい環境とはどのようなものだと考えられますか。
（解答例）気温が低く，湿度が少ない，日陰のような環境。[A評価]

≪場面1，知①≫の評価事例

【課題】 校庭（野外）で，グループごとに，観測器具を用いた気象観測を行います。その結果とそこからわかることをわかりやすくまとめなさい。その際，必ず，乾球温度・湿球温度・気圧，全天を記録して雲量の測定をしなさい。また，教科書の雲の写真と比較して，そのときの雲の種類を書きなさい。

おおむね満足：B	十分満足：A

観察日時　2024年2月28日（水）10:30
観察場所　神奈川県横浜市

表

乾球温度	20℃
湿球温度	15℃
湿度	56%
気圧	1012hPa
雲量	2
雲の種類	積雲？高積雲？
地上の風	西風，風力2

全天の記録

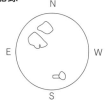

観察日時　2024年2月28日（水）10:30
観察場所　神奈川県横浜市

表

乾球温度	20.0℃
湿球温度	15.1℃
湿度	56%
気圧	1012.6hPa
雲量	2
雲の種類	積雲
地上の風	西風，風力2

全天の記録

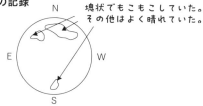

塊状でもこもこしていた。
その他はよく晴れていた。

B欄

・乾球温度と湿球温度の結果から，湿度表を用いて，湿度が56%と推定された。
・塊状の雲だったので形状から積雲または高積雲と判定した。
・雲量は2であったことから晴れと判定した。
・地上の風は弱かった。

A欄

・乾球温度と湿球温度の結果から，湿度表を用いて，湿度が56%と推定された。
・塊状の雲が複数個並んでいた。形状から積雲と判定した。雲は北の方角から南の方角へ流れていた。教科書によると積雲の高度は約1000m程度であることから，上空1km付近は北風と判定できる。
・雲量は2であったことから晴れと判定した。
・地上の風は顔に感じたり，木の葉がゆらめく程度だった。

【判断のポイント】

・観測中，観測機器を正しく扱っている。
・実際に観測して得たデータを単位を含めて記述している。雲量を推定できている。観測データをすべて取得している。

【判断のポイント】

・観測中，観測機器を正しく扱っている。
・実際に観測で取得したデータを，単位を含めて，表形式で整理しわかりやすく記述している。雲の特徴（様子，同定とその根拠）を記録している。最少メモリの1/10まで読み取るなど配慮して，観測データをすべて取得している。

指導・支援の手だて（努力を要する：C）

・気象観測で扱う機器の仕組みや使い方を理解していない生徒がいる場合，実際に野外で巡回する際に，手本となる生徒を見つけ，それを見て使い方を身につけるように指示する。
・また，観測したデータを項目別に表にまとめるように指示をする。それらのデータからどのようなことが読み取れるかをグループのメンバーで話し合わせたり，教員が質問を投げかけながら声かけをする。

≪場面2，思❷≫の評価事例

【課題】　暑さ指数（WBGT）は，乾球温度計，湿球温度計，黒球温度計による測定値を使って算出される数値で，熱中症予防の指標として使われています。以下の資料を適宜参照しながら，熱中症として危険となる気象条件はどのようなものと考えられますか，例えば，WBGTが高い状況が発生する天気とはどのようなものか推測しなさい。

<各温度の測り方>
- 黒球温度：黒色に塗装された薄い銅板の球（中は空洞，直径約15cm）の中心に温度計を入れて観測する。黒球の表面はほとんど反射しない塗料が塗られている。
- 湿球温度：水で湿らせたガーゼを温度計の球部に巻いて観測する。
- 乾球温度：通常の温度計を用いて，そのまま気温を観測する。

<暑さ指数（℃）>

計算式：0.7×湿球温度（℃）+ 0.1×乾球温度（℃）+ 0.2×黒球温度（℃）

　　最高気温は8月15日の方が低いが，最小湿度は8月15日の方が高かった。WBGTは8月15日の方が高く，熱中症搬送者数は，7月18日の56人に対して，8月15日は100人と大幅に多くなっていた。

熱中症の搬送に関する比較（下表は環境省ホームページから転載）

	7月18日	8月15日
最高気温	34.8℃	33.2℃
最小湿度	42%	54%
日射量	18.79MJ	21.85MJ
暑さ指数（WBGT）	28.6℃	30.2℃
暑さ指数ランク	厳重警戒	厳重警戒
熱中症搬送数	56人	100人

おおむね満足：B	十分満足：A
気温と日射量，湿度が高いときに熱中症が発生しやすい。雲が少なく太陽の光が地面に届き，地面に水蒸気のもととなるような水たまりがたくさんあるような状態で発生しやすいと考えられる。	気温，日射量，湿度が高いときに熱中症の発生する可能性が高まることが表から読み取れる。例えば太平洋側の夏の晴れた天気のように，湿度が高く，日射量が大きい環境下では起こりやすいと考えらえる。湿度が高い条件は前日の降水による地面の水の存在や，当日の風向（例えば海上からの水蒸気の供給）にも左右されると推測される。
【判断のポイント】	【判断のポイント】
・WBGTは気温だけでなく日射量と湿度を考慮した数値であることに言及している。 ・湿度が高い理由について説明している。	・WBGTがどのような気象要素と関係があるかをふまえたうえで，特に係数に注目し，その変数の重要性を理解している。 ・WBGTを指標として，熱中症の危険がある気象条件として，要素別に記述している。 ・測定方法と気象とを関連づけて説明している。

指導・支援の手だて（努力を要する：C）

・解答が不十分な生徒には，まず表から読み取れることをあげさせる。次に，暑さ指数は何を測定しているかを考えさせる。そして湿度が高くなる気象条件として考えられるものをあげさせる。

11 天気の変化

学習指導要領との対応：【解説（文部科学省，2018）［pp.92-98］】

学習前の生徒の状態

天気予報がなかった時代，どうやって天気を予想したのかな？

単元の評価規準　【参考資料（国立教育政策研究所，2020）［p.114］】をもとに作成

知識・技能	思考・判断・表現	主体的に学習に取り組む態度
気象要素と天気の変化との関係に着目しながら，霧や雲の発生，前線の通過と天気の変化についての基本的な概念や原理・法則などを理解しているとともに，科学的に探究するために必要な観察，実験などに関する基本操作や記録などの基本的な技能を身に付けている。	天気の変化について，見通しをもって解決する方法を立案して観察，実験などを行い，その結果を分析して解釈し，天気の変化についての規則性や関係性を見いだして表現しているなど，科学的に探究している。	天気の変化に関する事物・現象に進んで関わり，見通しをもったり振り返ったりするなど，科学的に探究しようとしている。

評価問題と授業改善のポイント

　天気の変化はミクロとマクロの視点の両輪から考え，時間的・空間的スケールを意識的に議論することに気象学の面白さがある。ここでは，雲ができる仕組みを理解する場面と，大気の動きが地表にもたらす変化を理解する場面を紹介する。雲の発生は熱力学的な理解が基礎となる。前線の通過に伴う天気の変化は，立体的な構造と密度差による大気の移動が基礎になる。また，前線通過前後の天気の変化に注目し，温帯低気圧の立体的な構造を把握させ，大気の乱れの基本的な理解を目指したい。話し合い活動を適宜設定することで，概念の精緻化を図りたい。

　授業の際には，学習活動ごとのA基準などを到達目標と合わせて説明すると，生徒が主体的に学習に取り組みやすい。

右の二つの評価場面を取り上げたのは，なぜか

　場面1では，雲を実際につくることに取り組む際に，なぜ一度ペットボトル内の内圧を高めてから急激な解放をすると水蒸気が水滴になって現れるのかについては理解が難しい内容である。そこで，その逆操作の意味合いをもつ断熱圧縮の実験を見せ，内部エネルギーの変化により温度変化が可能であることを体験的に気づかせたい。

　場面2では，接近・通過に伴う天気の変化，温帯低気圧の構造，温帯低気圧のもつ地球システムとしての役割を問いたい。中緯度帯で発生する温帯低気圧は熱的アンバランスの解消に一役買っているという，地球システム的な見方も身につけさせたい。

単元の指導と評価の計画　観点の黒丸数字は総括に用いる評価（記録に残す評価）

学習活動	活動ごとの評価規準〔評価方法〕
・雲が何からできていて，どのようにつくればいいかを話し合う。	主① 雲がどのようにしてできるか，仮説を立てながら実験方法の見通しをもち，科学的に探究しようとしている。[行動観察]
・シリンジ内の脱脂綿を内圧を高めて燃やす実験を通して圧縮により昇温することを確認し，膨張させる場合について考えさせる。	主② 断熱膨張の実験の結果をもとに，雲のでき方を科学的に説明しようとしている。[行動観察]
≪場面1≫　雲の発生に関する条件を整理して，発生実験を行う。	知① 雲の発生条件を理解している。[ワークシート]

B基準 水蒸気から水滴への変化を捉えて，雲ができる仕組みを理解している。
A基準 実際の自然界でどのように雲が発生するかを仕組みまで言及して説明している。

・前線とは何かを理解する。	知② 温度の異なる二つの気団がぶつかり合うとき，どのような動き方をするか理解している。[ワークシート]
・寒冷前線通過時の気温の時系列データのグラフを読み取る。	思① 寒冷前線通過時の気温の変化を読み取り，その原因を大気の立体構造から説明している。[ワークシート]
≪場面2≫　発達した温帯低気圧の構造を説明する。	思❷ 発達した温帯低気圧のまわりに伴う前線がどのようなもので，温帯低気圧が接近・通過してきたときにどのような天気の変化が起こるか説明している。[ワークシート，授業中の発言]

B基準 発達した温帯低気圧のまわりに伴う前線がどのようなものか，立体構造を踏まえて，温帯低気圧が接近・通過してきたときの天気の変化を説明している。
A基準 発達した温帯低気圧のまわりに伴う前線がどのようなものか，立体構造を踏まえて，温帯低気圧が接近・通過してきたときの天気の変化とその仕組みを説明している。

定期テストとの関連について

・場面1を授業内で実施する場合は，雲の発生の仕組みを，実験結果をもとにして，説明できているかをクラス内で発表させたり，図を描かせたりすることで，その理解度を判断できる。演示実験で見せた断熱圧縮と，生徒実験で取り組んだ断熱膨張の違いを定期テストで問うのもよい。

・場面2を授業内で実施する場合は，内容をクラスで発表させ評価規準にそって記述できているかを判断する。定期テストでは，気象要素の変化についてのグラフの問題に加え，温帯低気圧が接近してきた際の空の様子の写真を時系列に並べるような問題もよい。

・授業内での問いかけや定期テストの問題例
(1) ペットボトルを使った断熱膨張の実験の結果に基づいて，雲が発生する仕組みを説明しなさい。
　（解答例）空気が密に入ったペットボトルの蓋を解放すると，内部の気圧は急激に下がることで温度が下がり，水蒸気が水滴に変化して白く曇った。これと同様に，自然界では地上の水蒸気を含む空気の塊が上昇することで膨張し温度が下がることで雲が発生している。[A評価]
(2) 断熱膨張や断熱圧縮とは，空気の塊がどのように変化することですか。体積と温度に注目して答えなさい。
　（解答例）空気の体積を膨張させたり圧縮することで，外部から熱を加えたりしなくても，温度を変化させることができる。[A評価]
(3) 中緯度で見られる温帯低気圧は，南北の水平温度差を，強めていますか，それとも弱めていますか。また，それはなぜですか。
　（解答例）解消している。温帯低気圧のまわりでは，南北の温度差があることで，空気の塊がぶつかり合う前線が発生している。北側の寒気を南側へ，南側の暖気を北側へ輸送することで，温度差解消に役立っている。[A評価]

≪場面1, 知①≫の評価事例

【課題】 ペットボトルを用いた断熱膨張実験を行い，その実験結果をふまえて，雲ができる仕組みをレポートにまとめなさい。

おおむね満足：B	十分満足：A
・ふたを開けて一気に内部の空気を出したら，内部が曇った。急激に膨張したことで内部の温度が下がり，水蒸気が水滴になったと考えられる。 ・自然界では，空気が膨張したときに雲ができると考えられる。	・ふたを開けることで一気に内部の空気が抜けて膨張した。同時に白く曇ったことから，温度が低下したと考えられる。このことから空気の膨張は温度低下を引き起こすものと考えられる。自然界では空気の塊が上昇に伴って気圧が減少し膨張することから温度が低下し，空気中の水蒸気が凝結するものと考えられる。これが，雲が発生する仕組みであると考えられる。
【判断のポイント】 ・温度の変化と水の状態変化を関連づけている。	【判断のポイント】 ・実験結果を踏まえ，実際に自然界でどのような仕組みで雲が発生しているかについて言及している。 ・空気塊の上昇→気圧の減少→膨張を論理的に結びつけられているかを判断する。

指導・支援の手だて（努力を要する：C）

・雲がどのようなものからできているか理解していない場合は，雲があると天気はどうなるかを問いかけ，「雨が降る」など，「水」に関するキーワードを引き出す。また，雲は見えることから，水滴（液体）であることに気づかせ，空気中の水蒸気（気体）が状態変化して液体である水滴になったことを理解させたい。
・断熱圧縮の実験では，火を使わずに脱脂綿を燃やす方法を見せている。断熱膨張ではどのような温度変化が起こるかを考えさせる。

≪場面2, 思❷≫の評価事例

【課題】 次の(1)〜(3)について，自分の考えをまとめなさい。その後，グループで話し合い，考えをさらに修正し，まとめなさい。
(1) 北半球の中緯度において，南側と北側ではどちらのほうが気温が高いか。
(2) グラフは，ある地点における気象要素の時間変化を示している。この地点では，寒冷前線・温暖前線のどちらが通過したと考えられるか。それぞれの前線の特徴を述べたうえで，判断しなさい。

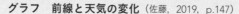

グラフ　前線と天気の変化（佐藤, 2019, p.147）

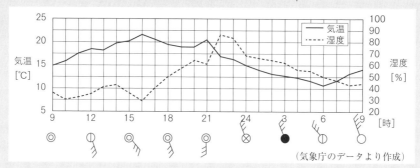

（気象庁のデータより作成）

（3） 中緯度帯で発生・発達する温帯低気圧が接近・通過すると，空の雲の様子はどのように変化すると考えられるか。その仕組みについて，モデル図を使って説明しなさい。

おおむね満足：B	十分満足：A
（1）　気温は，南側（低緯度側）が高く，北側（高緯度側）が低い。	（1）　中緯度なので，南北の気温差が大きく，南側が高く，北側が低い。
（2）　気温が下がり風が北向きに変化しているので，寒冷前線が通過したと判定できる。	（2）　寒冷前線は寒気が暖気に向かうときにできる境界である。温暖前線は暖気が寒気に乗り上げて進むときにできる境界である。グラフでは，21～24時に気温が急激に下がり，風向は南よりの風から北よりの風に変化した。また，湿度も急上昇している。したがって，21～24時の変化は寒冷前線の通過があったと判断できる。
（3）　雲の種類が徐々に変化し，空の明るさも変化する。	（3）　温帯低気圧は偏西風によって移動するため，西から東に移動することが一般的である。温帯低気圧が接近してくると，温暖前線面の東側から接近してくることになり，薄い雲（上層雲）が見られる。やがて，やや厚い雲（乱層雲以外の中層雲）→乱層雲のように雲が変化する。温暖前線通過後に，寒冷前線が近づいてきた場合には，積乱雲に遭遇する可能性もある。空の明るさは雲の厚みと関係しているため，徐々に暗く変化する。（モデル図はB評価と同様）

温帯低気圧の東西鉛直断面図

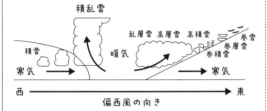

※図の出典（佐藤, 2019, p.147）

【判断のポイント】 ・地球には南北で気温差があることがわかる。 ・寒冷前線の通過による気象要素の変化の特徴を捉えていると判断できる。 ・（3）は温帯低気圧の立体構造から，天気の変化の理由を理解していると判断できる。	**【判断のポイント】** ・寒冷前線の大気の断面構造を用いて，気象要素の変化について指摘している。 ・立体構造のモデルから，温帯低気圧が接近してくると，薄い雲（上層雲）→やや厚い雲（乱層雲以外の中層雲）→乱層雲のように雲が変化することまで言及している。

指導・支援の手だて（努力を要する：C）

・地図帳などを用いて，低緯度地域の国と高緯度地域の国の具体的な国の名前を出させる（国名が出ない場合，例えば低緯度の地域としてメキシコやフィリピンなど，高緯度地域としてカナダやフィンランドなどを想起させてみる）。国の特徴から，気温がどうだったかを検討させる。

・気象要素の時系列データのグラフにおいて急変している箇所を探させる。

・温帯低気圧を上から見た場合と，横から見た場合の二つの視点での立体構造を整理させる。そのうえで，自分の立っている地点に温帯低気圧が向かってきたら，どのような変化が起こるかを想定させる。

・場面2の活動をグループワークで取り組んだ場合には，支援が必要な生徒に対して，課題をすでに取り組んだ生徒に教師役を担わせると双方にとって効果的である。

・教科書等に掲載されている雲の写真等を用いて，どのような形状の雲が，前線面のどのような場所に配置されるかを考えさせて，前線の形状（断面図）の理解につなげる。

12 日本の気象

学習指導要領との対応：【解説（文部科学省，2018）[pp.92-98]】

学習前の生徒の状態

生徒

日本の気候が過ごしやすいのは，どんな仕組みによるものなんだろう？

単元の評価規準　【参考資料（国立教育政策研究所，2020）[p.114]】をもとに作成

知識・技能	思考・判断・表現	主体的に学習に取り組む態度
気象要素と天気の変化との関係に着目しながら，日本の天気の特徴，大気の動きと海洋の影響についての基本的な概念や原理・法則などを理解しているとともに，科学的に探究するために必要な観察，実験などに関する基本操作や記録などの基本的な技能を身に付けている。	日本の気象について，見通しをもって解決する方法を立案して観察，実験などを行い，その結果を分析して解釈し，日本の気象についての規則性や関係性を見いだして表現しているなど，科学的に探究している。	日本の気象に関する事物・現象に進んで関わり，見通しをもったり振り返ったりするなど，科学的に探究しようとしている。

評価問題と授業改善のポイント

　地学領域においては，地球を一つのシステムとして見ていくことが大切である。そのシステムを構成するサブシステムの一つとしての日本の天気の特徴を，季節ごとに気団と関連づけて捉え，大気の動きと海洋の影響とも関連づけて説明できる状態を求めたい。日本の四季と関連する気団がなぜ出現するのかを地球のシステム的な見方・考え方を働かせながら考察させ，気象現象にはさまざまな規則性や関係性が存在することを見いださせたい。

右の二つの評価場面を取り上げたのは，なぜか

　場面1では，季節風や海陸風のモデル実験の際に，風が高気圧から低気圧に向かって吹くことや，高気圧や低気圧の中心の気流について理解されているのかを評価する。日本の天気の特徴を捉えるうえで，欠かすことのできない陸と海の比熱の違いについて，モデル実験で興味をもたせながら，気づかせていく。

　場面2では，作成したレポートをもとに，地球規模の視点から，日本の四季の気候の特徴を，他の地域との比較によって，共通点と相違点について捉えることができるかを確認する。目の前に与えられた材料を，サブシステムとして捉え，システムというつながりを踏まえながら，共通点と相違点を見いだすことができるかも評価したい。

単元の指導と評価の計画　観点の黒丸数字は総括に用いる評価（記録に残す評価）

学習活動	活動ごとの評価規準〔評価方法〕
・地球規模の大気の動きや日本付近の大気の動きなどについて，学習する。	主① 大気の動きについて，見通しをもって解決する方法を立案し，気象衛星の雲画像などを分析して解釈し，表現しようとしている。[行動観察]
・≪場面1≫ 陸と海の温まりやすさを比べる実験を行い季節風や海陸風の仕組みを学習する。	思❶ 季節風や海陸風が生じる理由について，トレイの土や水にライトを当てたときと消したときのそれぞれの意味を具体的に考え，表現している。[レポートの記述分析]

> **B基準** 季節風や海陸風の生じる理由について，トレイの土や水にライトを当てたときと消したときのそれぞれの意味を具体的に考え，表現している。
> **A基準** 季節風や海陸風の生じる理由について，トレイの土や水，ライトを当てたときと消したとき，それぞれの意味を具体的に考え，<u>モデル実験の結果と関連づけて</u>表現している。

学習活動	活動ごとの評価規準〔評価方法〕
・日本の四季の天気の特徴について，気団や季節風，海陸風と関連づけて学習する。	思② 日本の四季の天気について，観測記録や資料をもとに日本の気象についての規則性や関係性を分析して解釈し，表現している。[ワークシート]
・天気予報などの気象情報が提供される仕組みなどについて学習する。	思③ 天気の変化の予測について，天気予報などの気象情報が提供される仕組みを分析して解釈し，表現している。[ワークシート]
	知① 天気予報などの仕組みについて理解している。[ワークシート]
・≪場面2≫ いままでの学習を生かし，さまざまな気象現象の記録から，日本の気象についての規則性や関係性を踏まえて，科学的に考察する。	思❹ レポートにまとめた四季の天気のいくつかの特徴から，共通点と相違点を見いだし，表現している。[ペーパーテスト]

> **B基準** レポートにまとめた四季の天気のいくつかの特徴から，共通点と相違点を見いだし，表現している。
> **A基準** レポートにまとめた四季の天気のいくつかの特徴から，共通点と相違点を見いだし，<u>根拠をもとに</u>表現している。

定期テストとの関連について

・場面2の評価問題は一問一答式の出題形式ではなく，文章表現を伴う問題で評価したい。特に，「思考・判断・表現」を見取る問題であればなおさら文章表現を伴い，さらには，未知の状況にも，既習事項を活用すれば対応できるような問題であることが望ましい。

≪場面1，思❶≫の評価事例

【課題】　季節風や海陸風の仕組みを理解するために，土，水，線香，ライトなどを使って右図のようなモデル実験を行った。実験の結果と考察をまとめなさい。

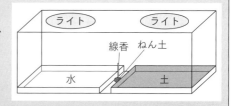

おおむね満足：B	十分満足：A
・ライトを当てて温めたときは，線香の煙は，水から土に向かって移動した。 ・ライトを消して温めるのをやめたときは，線香の煙は，土から水に向かって移動した。 ・ライトを当てて温めたときは夏（昼），ライトを消して温めるのをやめたときは冬（夜）を表している。	・ライトを当てたときは，線香の煙は水から土に向かって移動したことから，夏（昼）は，海から陸に向かって風が吹くといえる。 ・ライトを消したときは，線香の煙は，土から水に向かって移動したことから，冬（夜）は陸から海に向かって風が吹くといえる。 ・気温差が原因となって，上昇気流や風が生じる。
【判断のポイント】 ・モデル実験の結果を正しく説明している。 ・それぞれのモデルが，実際には何と対応しているのかを具体的に考察している。	【判断のポイント】 ・季節風や海陸風の生じる理由について，モデル実験の結果と関連づけて説明しているとともに，その仕組みが双方に共通していることに言及して指摘している。

指導・支援の手だて（努力を要する：C）

・線香の煙の移動の様子から，温まりやすさや冷めにくさの違いを判断することが難しい場合は，実際に水と土の温度を測ってみるように助言する。
・風は高気圧から低気圧に向かって吹くことを復習させ，温度変化や気流，高気圧，低気圧を関連づけて考えさせる。
・最終的には，モデル実験の結果と，季節風や海陸風が生じる仕組みを関連づけて考察するよう助言する。

≪場面2，思❹≫の評価事例

【問題】　ナギさんは，同じ島国である日本とニュージーランドの共通点や違いについて，レポートにまとめました。以下はそのレポートの内容についての先生との会話です。これについて，①～⑤の空欄に当てはまる適切な語句や文を書き入れなさい。

ナギさん：日本とニュージーランドは，赤道を境にして対称の位置にあり，とてもよく似ているといえます。
先　　生：どんなところが似ていましたか？
ナギさん：お互いに島国であることや四季がある点も似ていました。
先　　生：なるほど。日本は北半球にあり，ニュージーランドは南半球にあるため，四季は逆になっていますね。
ナギさん：ニュージーランドの夏は日本ほど暑くなく，冬も日本ほど寒くならないこともわかりました。赤道をはさんで対称な位置にあるのになぜでしょうか。

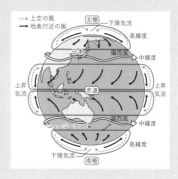

先　　生：ニュージーランドは大陸から離れたところにあります。そのため大陸からの影響は少なく，周りが海に囲まれていることから温度変化が（　①　）のですね。

ナギさん：ニュージーランドの上空にも日本と同様に偏西風が吹いており，東オーストラリア海流という暖流上空を通過することで，暖かい冬になっていました。

先　　生：地形の面で似ている点はありましたか？

ナギさん：どちらも島国で，島の中央には南北方向に山脈があります。日本には奥羽山脈や越後山脈など，ニュージーランドにはサザンアルプスという山脈があります。

先　　生：日本とニュージーランドはともに西側にある日本海やタスマン海からの湿った空気が吹きつけます。そのことから，降水量でも共通点が考えられませんか？

ナギさん：「　　②　　」（文で答えます）

先　　生：その通りです。

ナギさん：ということは，ニュージーランドにも（　③　）風が吹くのでしょうか。

先　　生：（　③　）風は吹きますが日本ほど影響はありません。日本の西側にはユーラシア大陸があり，ニュージーランドの西側にはオーストラリア大陸がありますが，ユーラシア大陸はとても大きく，北極圏まで広がっており，冬には（　④　）気団が発生し，日本に影響を与えます。しかし（　⑤　）ので，ニュージーランドではさほど影響を与えません（⑤は文で答えます）。

ナギさん：二つの国には共通点と相違点があることがわかりました。

おおむね満足：B	十分満足：A
①　小さい ②　西側は降水量が多い ③　季節 ④　シベリア ⑤　オーストラリア大陸はユーラシア大陸に比べて小さいので気団が発生することが少ない	①，③，④　B評価と同様（解答例は省略） ②　西側は降水量が多く，東側は少ない ⑤　どちらの国も西側に大陸があるがオーストラリア大陸はユーラシア大陸よりも小さく，気団が南極圏まで広がっていないので，冬に高気圧をつくることもない
【判断のポイント】 ・①は海と陸の温度変化の違いが理解されていると判断できる。 ・②は日本の天気の特徴を共通点として捉えている。 ・③，④は日本の天気の特徴を理解して説明している。 ・⑤は大陸の大きさの違いにより，ニュージーランドに影響を与えるような気団が発生しないことが書かれている。	【判断のポイント】 ・日本の天気の特徴を共通点として正確に捉えている。 ・⑤はニュージーランドが季節風の影響を受けない理由について，共通点と相違点に着目しながら説明できている。

指導・支援の手だて（努力を要する：C）

・①についての解答が十分でない生徒には，実験レポートの記載内容を振り返らせる。可能ならば，再実験を設定し，記録させる場面を設定できるとよい。
・②についての解答が十分でない生徒には，水蒸気を含んだ空気が山の斜面に沿って上昇した場合にどのような変化が生じたのかを問い，ノートで確認させる。
・③，④についての解答が十分でない生徒には，地球規模での日本の位置を確認させ，ユーラシア大陸と太平洋の間に位置していることでどんな影響を受けたかをノートで確認させる。

13 自然の恵みと気象災害

学習指導要領との対応：【解説（文部科学省，2018）[pp.92-98]】

学習前の生徒の状態

自然の恵みと気象災害って関係あるのかな？

単元の評価規準　　【参考資料（国立教育政策研究所，2020）[p.115]】をもとに作成

知識・技能	思考・判断・表現	主体的に学習に取り組む態度
気象要素と天気の変化との関係に着目しながら，自然の恵みと気象災害についての基本的な概念や原理・法則などを理解しているとともに，科学的に探究するために必要な観察，実験などに関する基本操作や記録などの基本的な技能を身に付けている。	自然の恵みと気象災害について，見通しをもって解決する方法を立案して観察，実験などを行い，その結果を分析して解釈し，天気の変化や日本の気象との関係性を見いだして表現しているなど，科学的に探究している。	自然の恵みと気象災害に関する事物・現象に進んで関わり，見通しをもったり振り返ったりするなど，科学的に探究しようとしている。

評価問題と授業改善のポイント

　気象現象がもたらす自然の恵みや気象災害について，「地球システムのバランス」という視点からの理解が求められる。気象災害に対する備えとしては，未然防止と避難行動の両面からの防災意識を高めることが必要となる。また，自然の恵みについては，日本だけでなく，地球システムとして保全していく意識も重要である。気象現象を「地球システムのバランス」と関連づけて考察し，フローチャートでまとめる活動を導入し，自然との共生を実現できる生徒を育成したい。

右の二つの評価場面を取り上げたのは，なぜか

　場面1では，これまで学習してきた天気の変化や日本の気象が，地球システムのバランスが崩れた場合に気象災害を引き起こす場合があることや，気象災害に対する備えとして，防災対策（災害が起こる前にできる取り組み）と避難行動（災害が起こった後にしなければならない取り組み）の二つの側面があることを理解できたかを評価する場面でもある。気象現象と気象災害，そしてその備えについて，フローチャートでまとめながら，その関連性に気づかせていく。

　場面2では，気象現象が，地球システムのバランスが取れている場合には自然の恵みをもたらし，システムのバランスが崩れたときには気象災害をもたらすことを総合的に捉えるとともに，防災意識を高めることで，環境保全の視点も含めた自然との共生を考えることができるかを評価したい。最終的には，地球規模での共生を考えるところまでを目指したい。

単元の指導と評価の計画　　観点の黒丸数字は総括に用いる評価（記録に残す評価）

学習活動	活動ごとの評価規準〔評価方法〕
・≪場面1≫　気象要素と天気の変化との関係に着目しながら，気象災害やその対策について学習する。	思❶　気象災害について，見通しをもって解決する方法を立案して調査や実験などを行い，天気の変化や日本の気象との関係性を分析して解釈し，表現している。［レポートの記述分析］

B基準　気象災害について，見通しをもって解決する方法を立案して調査や実験などを行い，天気の変化や日本の気象との関係性を分析して解釈し，表現している。

A基準　気象災害について，見通しをもって解決する方法を立案して調査や実験などを行い，天気の変化や日本の気象との関係性を分析して解釈し，<u>自らの見解を他者にわかりやすいように工夫して</u>表現している。

学習活動	活動ごとの評価規準〔評価方法〕
・気象現象による自然の恵みについて学習する。 ・地球システム全体として，自然との共生を考える。	知①　自然の恵みについて，見通しをもって調査を行い，結果をまとめる方法を身につけている。［ワークシート］ 主❶　気象現象による自然の恵みについて調べるために必要な調査の仕方などを身につけようとしているとともに，調べた結果を記録して整理しようとしている。［ワークシート］
・≪場面2≫　世界の水を取り巻く環境にまで思いをはせることができるように問いかけ，この単元での学習を振り返りながら考察する。	思❷　自然の恵みと気象災害について，見通しをもって解決する方法を立案して観察，実験などを行い，その結果を分析して解釈し，天気の変化や日本の気象との関係性を見いだして表現しているなど，科学的に探究している。［ペーパーテスト］

B基準　自然の恵みと気象災害について，見通しをもって解決する方法を立案して観察，実験などを行い，その結果を分析して解釈し，天気の変化や日本の気象との関係性を見いだして表現しているなど，科学的に探究している。

A基準　自然の恵みと気象災害について，見通しをもって解決する方法を立案して観察，実験などを行い，その結果を分析して解釈し，天気の変化や日本の気象との関係性を見いだして<u>わかりやすく工夫して表現するとともに</u>，科学的に探究している。

定期テストとの関連について

・場面2では，気象現象と自然の恵み，気象災害との関連づけを図るとともに，防災意識を高めるところまでを求めたい。そのうえで，定期テストでは，自然の恵みを保全する意識や，地球規模での自然の恵みや，気象災害といった社会問題にも目を向けることができる生徒の育成を目指したい。そのためには，地球システムとして，気象現象と自然の恵みや気象災害を捉えた総合問題であることが必要となってくる。

≪場面1，思❶≫の評価事例

【課題】 台風（大雨や強風）などによって起こった気象災害や，気象災害から身を守るために行われている対策や避難行動について調べ，情報を整理しなさい。なるべく時系列や対策の根拠や有効性がわかりやすいようにまとめること。

おおむね満足：B	十分満足：A

おおむね満足：B

発生した気象事例	前線による大雨	令和元年東日本台風（台風第19号）による大雨，暴風等
発生時期	令和3年 8月11日～8月19日	令和元年 10月10日～10月13日
概要	西日本から東日本の広い範囲で大雨。総降水量が多いところで1200ミリを超えた。	記録的な大雨，暴風，高波，高潮。
おもな被害	全国各地で土砂災害や河川の増水や氾濫，低地の浸水による被害が発生した。また，大気の状態が非常に不安定となり，一部の地域では竜巻による被害も発生した。	広い範囲で河川の氾濫，土砂災害や浸水害が発生した。住宅浸水，電気・水道・道路・鉄道施設等のライフラインへの被害が発生した。また，航空機や鉄道の運休等の交通障害が発生した。
身を守るためにできること	・日ごろからハザードマップを確認しておく ・大雨のときは周りと比べて低い土地や崖から離れる，近寄らない ・非常用の持ち出し袋を準備しておく ・避難経路，避難場所を確認しておく	

出典：気象庁ホームページ「災害をもたらした気象事例」
https://www.data.jma.go.jp/obd/stats/data/bosai/report/index.html

十分満足：A

表はB評価と同様（解答例は省略）

台風や大雨が発生したらどうするか

(0)
・ハザードマップ等を見て，日ごろから避難場所・避難経路を確認しておく
・非常用品を準備しておく
↓
台風（大雨）発生
↓
(1) 天気予報等で情報を集め始める
↓
(2) 避難するときにもっていくものを準備する
↓
(3) 国や自治体のホームページで川の水位を確認する
↓
(4) 避難しやすい服装に着替える
↓
警戒レベル4（避難勧告・避難指示）
↓
(5) 安全なところへ移動を始める
↓
(6) 避難完了

【判断のポイント】

・調べた結果を正しく表現している。
・気象災害と，天気の変化や日本の気象との関連づけがされており，災害対策や避難行動についての考察が見られる。

【判断のポイント】

・調べた情報を表に整理してまとめている。さらに気象災害と，天気の変化や日本の気象との関連づけがされており，かつ災害対策や避難行動についての考察が，フローチャートを活用して，時系列にまとめられている。

指導・支援の手だて（努力を要する：C）

・大雨や強風によって，どのような災害が起こるのか，その因果関係について具体例をもとに考えさせ，どのような対策が有効かを自由に発表させる。
・気象災害についてどのようなハザードマップを入手したらよいかや，インターネットではどのように検索するとよいかを助言する。
・身近なところで起こった気象災害を振り返らせ，そのとき，自分がどのような行動を取ったか，どのような行動が必要だったかを考えさせる。災害対策も同様に考えるとよいことを助言する。
・まとめる際には，フローチャートを活用して時系列に整理するよう助言する。

≪場面2，思❷≫の評価事例

【問題】 タケルさんは，地球上で水が循環している様子をレポートにまとめました。次は，その内容についての先生との会話です。①～⑤の空欄に当てはまる適切な語句や文を書き入れなさい。また下線部（1）について，そのときの状態を右図を用いて説明しなさい。

タケルさん：水は，陸，海，大気中を状態変化しながら循環していることがわかりました。

先　　　生：水の循環は，ＡとＣのような（①）と，ＢとＤのような（②）の形で行われているといえます。地球全体として見ると，（①）と（②）の量は等しく，バランスが取れています。ところが，日本では夏から秋にかけて，(1) 水の循環による気象災害が起こることがあります。

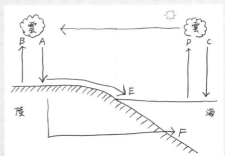

タケルさん：そうすると，ＥやＦの量も増加しますね。

先　　　生：ＥやＦは，人間が利用できる水（農業用水や生活用水）として重要です。しかし，Ｅの急激な増加は，ときに気象災害をもたらします。

タケルさん：（③）や（④）崩れなどですね。

先　　　生：その通りです。逆にＡが少なすぎても，ＥやＦの量が減少することになり，干ばつをもたらすことになります。

タケルさん：Ａの量は多すぎても少なすぎても困ることになるのですね。

先　　　生：そうですね。バランスが崩れたときのことを想定して，対策をしておくことが大切になってきますね。タケルさんならどのような対策を考えますか？

タケルさん：「　　⑤　　」（文で答えます）

おおむね満足：Ｂ	十分満足：Ａ
①　降水　　②　蒸発 ③　洪水　　④　土砂 ⑤　大雨による氾濫に備えて，避難場所と避難経路を確認しておきます (1)　未回答	①〜④　Ｂ評価と同じ ⑤　地域の防災会議に参加するとともに，地域のハザードマップを家族とも共有します (1)　Ｄの増加によって生じた台風が通過することでＡの量が急激に増加し，ＥやＦの増加によって災害が引き起こされる
【判断のポイント】 ・①〜④の用語が答えられている。 ・⑤は防災と関連づけられている。	【判断のポイント】 ・⑤は防災について防災対策と避難行動の二つの側面から，それぞれ具体例を示しながら説明している。 ・(1)は地球システムを理解して台風や災害の仕組みを，図を用いてわかりやすく説明している。

指導・支援の手だて（努力を要する：Ｃ）

・空欄①，②についての解答が十分でない生徒には，実験レポートの記載内容を振り返らせるとともに，既習事項である「循環する水」の内容も確認させる。

・空欄③，④についての解答が十分でない生徒には，天気の変化や日本の気象と，気象災害についての関連性を問い，ノートで確認させる。

・空欄⑤についての解答が十分でない生徒には，気象災害と防災の関連性について確認させ，災害対策と避難行動の両面から検討できることを，再度レポートやノートなどから復習させる。

14 生物の成長と殖え方

学習指導要領との対応：【解説（文部科学省，2018）［pp.99-103］】

学習前の生徒の状態

どうして同じ種をまくと同じものができるのかな？

単元の評価規準　　【参考資料（国立教育政策研究所，2020）［p.115］】をもとに作成

知識・技能	思考・判断・表現	主体的に学習に取り組む態度
生物の成長と殖え方に関する事物・現象の特徴に着目しながら，細胞分裂と生物の成長，生物の殖え方についての基本的な概念や原理・法則などを理解しているとともに，科学的に探究するために必要な観察，実験などに関する基本操作や記録などの基本的な技能を身に付けている。	生物の成長と殖え方について，観察，実験などを行い，その結果や資料を分析して解釈し，生物の成長と殖え方についての特徴や規則性を見いだして表現しているとともに，探究の過程を振り返るなど，科学的に探究している。	生物の成長と殖え方に関する事物・現象に進んで関わり，見通しをもったり振り返ったりするなど，科学的に探究しようとしている。

評価問題と授業改善のポイント

　細胞分裂と生物の成長を関連づけたり，生殖の仕組みを理解したりすることが目標である。しかし，知識や技能の習得だけでなく，これらの学習内容が産業や農業でどのように活用されているかに注目した構成とした。生殖の仕組みをいかに利用し，生活をより豊かにしてきたかを学ぶことで，理科を学ぶ意義や有用性を実感させたい。生徒がどのような知識を獲得しながら，日常生活や社会と結びつけることができるかが重要である。

右の二つの評価場面を取り上げたのは，なぜか

　場面1は，野菜を収穫する部分や植える部分が雌雄に関わりがあるかないか分類させる。例えば，ヒト（動物）と被子植物の生殖について共通点を見いだした後，ジャガイモについて問いかけ，植える部分や収穫する部分が種子でないことに気づかせる。その後，いくつかの野菜カードを提示し，雌雄が関わる殖え方かどうかを話し合いながら分類作業を進め，他の野菜について生活体験や1人一台タブレット端末を活用した調べ学習を通し，分類表を「知識・技能」として評価する。

　場面2は，無性生殖（分裂・出芽・栄養生殖）と有性生殖（動物・被子植物）について学習したことをもとに，農業分野や産業分野での活用を考えさせる。学級の実態に応じて，すぐに調べたりまとめたりと課題に取り組ませてもよいが，イチゴや米の研究について説明し，染色体の受け継がれ方という観点でそれぞれの生殖がどのように活用されているか考察させるとよい。

単元の指導と評価の計画　観点の黒丸数字は総括に用いる評価（記録に残す評価）

学習活動	活動ごとの評価規準〔評価方法〕
・体細胞分裂における細胞の変化を学習する。	知① 体細胞分裂している細胞を見つけている。
	思① 根の先端付近の細胞を観察した結果から，染色体の様子から分裂過程を考察している。[レポートの記述分析]
・≪場面1≫ これまでの生活体験や調べ学習を通して，仲間の殖え方の違いを見いだす。	知❷ 雌雄が関わる生殖と関わらない生殖があることを理解し，野菜づくりの観点で用いられる生殖がどちらの生殖であるか分類している。[ノートの記述分析]

> **B基準** 雌雄が関わる生殖と関わらない生殖があることを理解し，野菜づくりの観点で用いられる生殖がどちらの生殖であるか分類している。
> **A基準** それぞれの生殖の特徴を調べ，殖え方の違いや気づいた点をまとめている。

学習活動	活動ごとの評価規準〔評価方法〕
・無性生殖の特徴と種類について学習する。	知③ 雌雄が関わらない生殖で分裂や出芽，栄養生殖などがあることを理解している。[授業中の発言]
・有性生殖について受精から個体になるまでの過程を理解する。	知④ 動植物の受精と発生について，細胞がどのように変化しているか理解している。[授業中の発言]
・被子植物の受精について花粉管の役割を予想し，観察結果から推論する。	思② 精細胞を卵細胞に届けるために花粉管が伸長し花粉管内を精細胞が先端に向けて移動していることを説明している。[レポートの記述分析]
・無性生殖と有性生殖の染色体の受け継がれ方についてモデルを用いて推論する。	主① 体細胞分裂と減数分裂をそれぞれの生殖と関係づけて子が受け継ぐ染色体の違いについて指摘しようとしている。[ノートの記述分析]
・≪場面2≫ いままでの学習を生かし，二つの生殖を農業分野でどのように活用しているか調べる。	知❺ 有性生殖を用いて品種改良を行い，無性生殖では品質保持していることを理解している。[ノートの記述分析]

> **B基準** 有性生殖を用いて品種改良を行い，無性生殖では同じ種の品質保持をしていることを説明している。
> **A基準** 野菜づくりの観点からそれぞれの生殖の活用法をまとめているとともに，これまでの学習と関連づけて記述している。

定期テストとの関連について

・場面2の評価問題を授業内で実施する場合は，自由記述とし評価規準にそって評価するとよい。定期テストで評価する場合は，評価の観点があいまいにならないよう，語句問題や選択問題として実施する。例えば，ジャガイモを例にあげ品種改良を行うための生殖方法や植えたり収穫したりする部分の生殖方法を出題する。また，体細胞分裂の順序性や有性生殖と無性生殖の特徴について従来通りのテストを実施する。

≪場面1，知❷≫の評価事例

【課題】 植物の殖え方には，2通りあります。どの野菜がどのように殖えるか，殖え方やその特徴に着目しながら，次の野菜を分類しましょう。
　　　・トマト　　　・ジャガイモ　　　・ゴーヤ　　　・サツマイモ

おおむね満足：B	十分満足：A

おおむね満足：B

○雌雄が関わる生殖
　・トマト　　　・ゴーヤ
　　など種子から育ち花が咲いてできた果実

○雌雄が関わらない生殖
　・ジャガイモ　・サツマイモ
　　など体の一部が殖えたもの（いも，根，茎）

十分満足：A

	殖え方	特徴
・トマト ・ゴーヤ	雌雄が関わる生殖（有性生殖）	・遺伝子の組み合わせは変化しない。 ・環境の変化に対応しやすい。 ・殖え方の能率がよい。
・ジャガイモ ・サツマイモ	雌雄が関わらない生殖（無性生殖）	・遺伝子の組み合わせは変化する。 ・環境の変化に対応しにくい。 ・殖え方の能率が悪い。

【判断のポイント】

・植える部分や収穫する部分について雌雄が関わる生殖かどうか分類している。

【判断のポイント】

・有性生殖と無性生殖の特徴をまとめ，殖え方の違いや気づいたことを記述している。遺伝子の組み合わせの変化や生殖における効率，環境変化への対応性などについてまとめている。

指導・支援の手だて（努力を要する：C）

・野菜の分類が困難な場合は，小学校の生活科で学習した植物の栽培方法やこれまでの生活で体験してきた野菜づくりなどを聞き取り，植えた部分や収穫した部分が何であったか生徒同士，あるいは生徒と教師の対話を通して導くとよい。
・補助説明の例。「1年生で学習した「果実や種子」を食べる野菜かどうかで分けられそうだね」「雌雄が関わらない野菜に葉野菜があるけど，例えばキャベツの葉を植えても仲間は殖えない」。

≪場面2，知❺≫の評価事例

【課題】　これまでの学習が，農業や産業においてどのように生かされているか。また無性生殖と有性生殖の違いが，野菜の生産にどのような利点を生んでいるかをまとめましょう。

おおむね満足：B	十分満足：A

○有性生殖

・品種の組み合わせを研究し，より新しい品種をつくる。

○無性生殖

・品質が一定。

・親の個体と同じものができる。

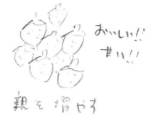

	有性生殖	無性生殖
おもな野菜	カボチャ	ジャガイモ
利点	受精で子を殖やすので多様な子孫が生まれやすく，品種改良がしやすい。	体細胞分裂で子を殖やすので，おいしい個体や病気に強い個体を安定して生産することができる。

【判断のポイント】

・有性生殖が品種改良に活用され，無性生殖で生産性の向上と品質保持に用いられていることが記述されている。

【判断のポイント】

・親の染色体を半分ずつ受け継ぐ有性生殖は，多様性が生まれ品種改良に適していることや無性生殖は，体細胞分裂により同一の個体となるため，品質保持につながることが記述されている。

指導・支援の手だて（努力を要する：C）

・有性生殖と無性生殖の特徴を振り返り，細胞の成長や生殖における細胞の変化について助言する。体細胞分裂と減数分裂の違いや二つの細胞分裂における染色体の受け継がれ方の違いについて振り返らせる。

・米やイチゴなどの特産品をあげ，どのような過程を経て開発・商品化されたか紹介する。

・補助説明の例。「無性生殖は受精を行わずに体細胞分裂で殖えるから，すべて同じ個体だったよね」「有性生殖は受精を行うから，減数分裂によって生殖細胞がつくられるよね。だから，子は両方の親の染色体を半分ずつ受け継ぐね」。

15 遺伝の規則性と遺伝子

学習指導要領との対応：【解説（文部科学省，2018）[pp.99-103]】

学習前の生徒の状態

親子や親せきが似ているのは，どんな規則性があるんだろう？

単元の評価規準　【参考資料（国立教育政策研究所，2020）[p.115]）をもとに作成

知識・技能	思考・判断・表現	主体的に学習に取り組む態度
遺伝の規則性と遺伝子に関する事物・現象の特徴に着目しながら，遺伝の規則性と遺伝子についての基本的な概念や原理・法則などを理解しているとともに，科学的に探究するために必要な観察，実験などに関する基本操作や記録などの基本的な技能を身に付けている。	遺伝の規則性と遺伝子について，観察，実験などを行い，その結果や資料を分析して解釈し，遺伝現象についての特徴や規則性を見いだして表現しているとともに，探究の過程を振り返るなど，科学的に探究している。	遺伝の規則性と遺伝子に関する事物・現象に進んで関わり，見通しをもったり振り返ったりするなど，科学的に探究しようとしている。

評価問題と授業改善のポイント

　交配実験の結果などから形質の表れ方の規則性を見いだし，染色体にある遺伝子を介して親から子へ形質が伝わることと分離の法則について理解することが目標である。その際，モデル実験を行って規則性を再現したり，形質の比を遺伝子を使って説明しながら探究させていく。ここでは，生徒の科学的な「思考力・判断力・表現力等」を育成する学びの過程を大切にしたい。

右の二つの評価場面を取り上げたのは，なぜか

　場面1では遺伝の規則性と遺伝子における「知識・技能」の習得を見取り，場面2では獲得した知識を活用しながらモデル実験を行い探究の過程を振り返りながら，試行回数と結果の関係や操作と結果の意味について「思考力・判断力・表現力等」の力を見取るものとする。

　場面1は，交配実験の結果をアルファベットの大文字・小文字で表現させる。そのために，まずはメンデルの交配実験の方法について整理し，純系や対立形質について説明する。また，純系の丸い種子をつくるエンドウと純系のしわの種子をつくるエンドウを交配させるとすべて丸い種子になる結果から対立形質に顕性・潜性が存在することや生殖細胞ができる減数分裂の過程で対の遺伝子が別々の細胞に分かれる分離の法則を確認する。

　場面2は，メンデルの交配実験において，2人一組でコインやカードなどを用いたモデル実験を行い，孫の代の種子の割合について考えさせる。結果の集約・処理などICT機器を用いるモデル実験における試行回数と得られる結果との関係や，モデル実験の操作や結果が何を意味するかなどを考える時間を十分に確保する。

単元の指導と評価の計画　観点の黒丸数字は総括に用いる評価（記録に残す評価）

学習活動	活動ごとの評価規準［評価方法］
・メンデルの交配実験の方法を学習する。	知① エンドウが自然状態で自家受粉することや純系と対立形質の用語を理解している。［ノートの記述分析］
・≪場面1≫　有性生殖の仕組みと関連づけて顕性と潜性の形質を理解し，分離の法則をもとに，孫の代の結果を推測する。	知❷ 顕性と潜性の対立形質をアルファベットの大文字・小文字で表現した際に，アルファベットの組み合わせと発現する形質を理解している。［ノートの記述分析］

> **B基準** 顕性と潜性の対立形質をアルファベットの大文字・小文字で表現した際に，アルファベットの組み合わせと発現する形質を説明している。
>
> **A基準** 純系の丸い種子をつくるエンドウと純系のしわの種子をつくるエンドウを交配させてできた種子の遺伝子と，その種子を自家受粉させて得られた孫の代に当たる種子の遺伝子をアルファベットの組み合わせで正しく表現している。

・交配実験を表すモデル実験を行い，遺伝子の伝わり方について理解する。	主① カードを用いたモデル実験の操作が示す意味を理解し，科学的に探究しようとしている。［行動観察，レポートの記述分析］
・≪場面2≫　モデル実験の方法の妥当性や，試行回数と得られる結果の関係について，自分の考えを表現する。	思❶ 試行回数がモデル実験の結果に与える影響について，探究の過程を振り返りながら科学的に考えをまとめている。［行動観察，レポートの記述分析］

> **B基準** 試行回数がモデル実験の結果に与える影響について，探究の過程を振り返りながら科学的に考えをまとめている。
>
> **A基準** 試行回数がモデル実験の結果に与える影響について，探究の過程を振り返り，遺伝の規則性について考えを深めている。

・遺伝子の本体がDNAであることを知り，DNA，染色体，遺伝子の関係を理解する。	知③ 染色体やDNA，遺伝子の関係について理解している。［授業中の発言］
・遺伝子やDNAに関する研究成果やその活用について調べる。	主② 遺伝子やDNAに関する研究成果の活用について調べ学習を行い，適切にまとめようとしている。［レポートの記述分析］

定期テストとの関連について

・場面1および場面2とも，ペーパーテストで遺伝の規則性と遺伝子に関する理解度を見取ることが可能である。純系や対立形質，顕性・潜性，分離の法則などの用語や遺伝の規則性をアルファベットの大文字・小文字を用いて検証する問題などを出題するとよい。

≪場面1，知❷≫の評価事例

【課題】　メンデルになりきって，エンドウの交配実験を考察してみましょう。丸い種子の遺伝子をＡとし，しわの種子の遺伝子をａとしたとき，子や孫の代に当たる種子の遺伝子を考えましょう。

おおむね満足：Ｂ	十分満足：Ａ

子の代はＢ評価と同じ。

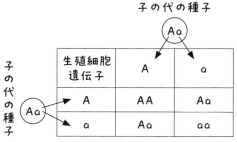

左（Ｂ評価）：純系の丸い種子 AA ×　純系のしわの種子 aa

	生殖細胞遺伝子	A	A
a		Aa	Aa
a		Aa	Aa

──▶は分離の法則を表す。

子の代は，すべてＡをもつため，丸い種子となる。

右（Ａ評価）：子の代の種子 Aa ×　子の代の種子 Aa

	生殖細胞遺伝子	A	a
A		AA	Aa
a		Aa	aa

──▶は分離の法則を表す。

孫の代は，Ａをもつ丸い種子が三つ，ａのみをもつしわの種子が一つとなる。

【判断のポイント】

・純系と対立形質の表し方，顕性・潜性の遺伝子の組み合わせを理解し，分離の法則を用いながら子の代に当たる種子の遺伝子を的確に表現している。

【判断のポイント】

・子の代に当たる種子の遺伝子を的確に表現しているとともに，子に当たる種子の自家受粉による孫の代の種子の遺伝子と発現する形質について正確に記述している。

指導・支援の手だて（努力を要する：Ｃ）

・メンデルの交配実験において，純系・対立形質の意味を振り返り，純系同士のかけ合わせから顕性・潜性の遺伝子が存在することを再確認する。
・純系の丸い種子と純系のしわの種子の交配によってできる子がすべて丸い種子となり，その種子を用いて育て自家受粉によってできた孫に当たる種子の形が丸形としわ型で3:1の割合になることを助言する。丸い種子としわのある種子という形質と，それぞれがもっている遺伝子の組み合わせを一緒に考えていく。
・補足説明の例。「染色体は同じ形や大きさのものが2本（1対）ずつ存在してたね。それぞれ一本ずつ両親からくるよ」「対になっている遺伝子が減数分裂によって，別々の生殖細胞に入ることを「分離の法則」といったね」

≪場面2，思❶≫の評価事例

【課題】 二人一組でメンデルの交配実験の結果を検証するためにモデル実験を行います。考察し，考えをまとめなさい。

（活動の概要）　顕性形質を表す遺伝子Aと潜性形質を表す遺伝子aのカードを持ち，Aかaかが見えないようにしながらどちらか1枚を選ぶ。もう一人も同様の操作を行い，2枚のカードの組み合わせを記録する。この作業を50回繰り返し行う。

おおむね満足：B	十分満足：A
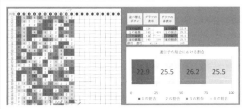	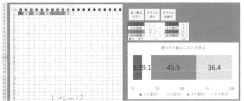
例）ICT機器の活用（各50回11ペアで試行） 共有化したファイルに一斉に結果を入力しグラフを瞬時に作成 ＊AAを1，Aaを2と3，aaを4として入力	結果を550回集約したデータと探究の過程を振り返るために11回にしたデータを提示する。
○対立遺伝のうち無作為に選択するのだから，回数が少ないと結果が偏る。回数を増やせば丸としわの割合が3：1に近づくことがわかる。 ○メンデルが多くの種子を数えた理由がわかった。	○試行回数が少ないと班によって割合のばらつきが大きいが，回数が多くなるとどの班の値も3：1に近づいていく。
【判断のポイント】 ・試行回数を減らすと理論値に至らないことを指摘しているが，遺伝の規則性との関係まで言及されていない。	**【判断のポイント】** ・試行回数がモデル実験の結果に与える影響に気づいて表現し，遺伝の規則性について考えを深めている。

指導・支援の手だて（努力を要する：C）

・理論上の値とモデル実験の結果とを比較するよう視点を示し，試行回数がモデル実験の結果に与える影響について，考えられるように支援する。
・遺伝子をアルファベットの大文字・小文字で表すことや，減数分裂と関連づけながら分離の法則に関する内容を再確認させ，メンデルの交配実験結果が3：1になることについて，段階を踏みながら理解できるように支援する。
・補足発問の例。「どうしてペアで50回も実験したと思いますか。それぞれが1回しか実験しなかったら結果はどうなるかな」。

16 生物の種類の多様性と進化

学習指導要領との対応：【解説（文部科学省，2018）[pp.99-103]】

学習前の生徒の状態

地球上にいろんな生物がいるのは，どうしてだろう？

単元の評価規準　【参考資料（国立教育政策研究所，2020）[p.116]】をもとに作成

知識・技能	思考・判断・表現	主体的に学習に取り組む態度
生物の種類の多様性と進化に関する事物・現象の特徴に着目しながら，生物の種類の多様性と進化についての基本的な概念や原理・法則などを理解しているとともに，科学的に探究するために必要な観察，実験などに関する基本操作や記録などの基本的な技能を身に付けている。	生物の種類の多様性と進化について，観察，実験などを行い，その結果や資料を分析して解釈し，生物の種類の多様性と進化についての特徴や規則性を見いだして表現しているとともに，探究の過程を振り返るなど，科学的に探究している。	生物の種類の多様性と進化に関する事物・現象に進んで関わり，見通しをもったり振り返ったりするなど，科学的に探究しようとしている。

評価問題と授業改善のポイント

　生物や化石の観察や比較などを通して，現存の多様な生物は過去の生物が長い時間の経過するなかで変化して生じてきたものであることを体のつくりと関連づけて理解させるとともに，生物の間のつながりを時間的に見ることを通して進化の概念を身につけさせることが目標である。生命の歴史の長さを認識させることにより，生命を尊重する態度を育みたい。

右の二つの評価場面を取り上げたのは，なぜか

　場面1では，第1学年で学習した「動物の体の共通点と相違点」と「地層の重なりと過去の様子」から脊椎動物の特徴と出現した時期を整理し，進化と関連づけながらイメージマップを作成させる。脊椎動物の五つのグループの特徴と出現した時期の関係をイメージマップとして作成させる。第1学年時の「動物の体の共通点と相違点」における学習と脊椎動物の化石が発見されている地質年代を関係づけて，脊椎動物の五つのグループは，段階的に共通性が見られることに気づかせたい。

　場面2では，進化の証拠となる化石や生物の学習や相同器官について学習したことをマップに追記させることで自己の成長や変容に気づかせたい。イメージマップの更新にあたり，両方の特徴をもつユーステノプテロンや始祖鳥などの化石が発見されていることを振り返る。また，脊椎動物の相同器官についてもふれ，五つのグループの特徴と出現時期の関係に，進化の証拠となる化石や生物を追記するとともに，生物が多様性を獲得してきた過程を表現させる。

単元の指導と評価の計画　観点の黒丸数字は総括に用いる評価（記録に残す評価）

学習活動	活動ごとの評価規準［評価方法］
・現在見られる生物のグループがどの時代に現れたのかを化石から推測する。	思① 過去に存在した生物の様子や脊椎動物の化石が発見されている地質年代を整理し，生物の生存時期を推定している。[授業中の発言，ノートの記述分析]
・≪場面1≫　脊椎動物の特徴を比較し，出現した時代と関連づけて共通点や相違点について考える。	思❷ 脊椎動物が出現した時代や生物の進化についてイメージする言葉をつないで，イメージマップを作成し，考えを表現している。[ノートの記述分析]

> **B基準** 脊椎動物が出現した時期や，生物の進化についてイメージする言葉をつないでイメージマップを作成している。
>
> **A基準** 脊椎動物の特徴と出現した時期について，多様性の獲得過程を表現している。

・水中で生活する生物が陸上生活に合う体の仕組みを獲得してきた過程を学習する。	知① 脊椎動物において二つのグループの特徴をあわせもつ化石が見つかることを根拠に生物がどのように進化してきたか理解している。[授業中の発言，ノートの記述分析]
・二つのグループの特徴を備える化石や現存する生物から進化の証拠について考える。	知② 二つのグループの特徴をあわせもつ化石や生物から進化の証拠を見いだし，また相同器官について理解している。[授業中の発言，ノートの記述分析]
・進化によって生じた多様性とそれを保全する意味について考える。	主① 進化と生物の多様性について学んだことをインターネット等で深く調べ，生物多様性の保全をテーマにレポートをまとめようとしている。[レポートの記述分析]
・≪場面2≫　進化について学習を振り返り，イメージマップを再作成する。	主❷ 進化についてイメージする言葉をつないで作成したイメージマップを更新し，自己の成長や変容を表現しようとしている。[ノートの記述分析]

> **B基準** 進化についてイメージする言葉をつないで作成したイメージマップを更新し，自己の成長や変容を表現しようとしている。
>
> **A基準** 化石からの情報だけでなく，現存する生物の情報も踏まえて，変容を表現しようとしている。

定期テストとの関連について

・場面1から場面2への変容を「主体的に学習に取り組む態度」として見取る内容であるから，定期テストなどのペーパーテストでは読み取ることが困難である。しかし，理解度を測るために場面2のマップの一部を空欄にし，穴埋め問題として出題し「知識・技能」として評価することは可能である。

≪場面1，思❷≫の評価事例

【課題】 化石が発見されている地質年代と脊椎動物の五つのグループの特徴をまとめると，どのようなことがわかるでしょうか。進化と関連づけた図を作成し，考えを表現しなさい。

おおむね満足：B	十分満足：A
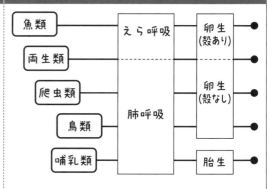	

おおむね満足：B

○呼吸器官について，先に出現した脊椎動物はえら呼吸を行い，その後肺呼吸を行うようになった。

○子の産まれ方について，卵生から胎生となった。

【判断のポイント】

・器官や機能について，出現した時期と関連づけながらまとめている。

十分満足：A

○呼吸器官について，先に出現した脊椎動物はえら呼吸を行い，その後肺呼吸を行うようになった。

○子の産まれ方について，卵生から胎生となった。

○呼吸の仕方は生活の場所と関係するから，生活の場は水中→陸上になったと考えられる。

【判断のポイント】

・器官や機能について，出現した時期と関連づけながらまとめている。さらに脊椎動物が多様性を獲得してきた過程まで表現されている。

指導・支援の手だて（努力を要する：C）

・図や表などの資料を用いて，第1学年時に学習した脊椎動物の特徴と地質年代から読み取れる出現時期などについて確認する。

・どのように生物が進化し，多様性を獲得してきたかを理解できるように助言・支援する。

・補足説明の例。「1年生の「動物の体の共通点と相違点」で学習した，脊椎動物の五つのグループの特徴を振り返ってみよう」。

≪場面2，主❷≫の評価事例

【課題】 ユーステノプテロンや始祖鳥のように，両方の特徴をもった化石が発見されています。これは進化の証拠となる大発見です。これらの内容をイメージマップに追記し，この化石から考えられることをまとめなさい。

おおむね満足：B	十分満足：A
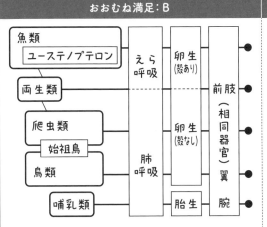	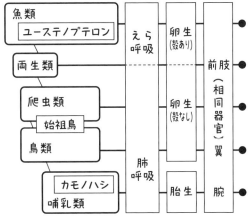
○両方の特徴をもった化石の発見より，進化の過程を裏づけることができる。	○両方の特徴をもった生物の発見より，進化の過程を裏づけることができる。
【判断のポイント】	【判断のポイント】
・脊椎動物の五つのグループについて，両方の特徴をもった生物の化石が追記されており，進化の過程を意識した分類のつながりが記述されている。	・化石からの情報だけでなく，現存する生物などの情報も調べ，追記されている。

指導・支援の手だて（努力を要する：C）

・水中で生活する脊椎動物のなかから陸上生活に合うものが進化してきたことを理解できるよう助言する。また，さまざまな進化の証拠を丁寧に説明し化石だけでなく現存する生物のなかにも二つのグループの特徴をもった生物がいることを再確認させる。

・タブレット端末を活用し，インターネットでの調べ学習を通して，生物がどのように多様性を獲得してきたか再確認させる。また，第1学年から生物に関するさまざまな学習を積み重ねてきたことを整理させ，進化とどのような関係があるかを考えるよう助言する。

・補足説明の例。「化石や現存している生物の情報をイメージマップに書いてみよう」「この章の学習で何を学び，何が身についたか，イメージマップに表現できるといいですね」。

17 天体の動きと地球の自転・公転

学習指導要領との対応：【解説（文部科学省，2018）[pp.104-108]】

学習前の生徒の状態

> どうして昔の人は地球の周りを太陽や月が回っていると信じたんだろう？

単元の評価規準　【参考資料（国立教育政策研究所，2020）[p.116]】をもとに作成

知識・技能	思考・判断・表現	主体的に学習に取り組む態度
身近な天体とその運動に関する特徴に着目しながら，日周運動と自転，年周運動と公転についての基本的な概念や原理・法則などを理解しているとともに，科学的に探究するために必要な観察，実験などに関する基本操作や記録などの基本的な技能を身に付けている。	天体の動きと地球の自転・公転について，天体の観察，実験などを行い，その結果や資料を分析して解釈し，天体の動きと地球の自転・公転についての特徴や規則性を見いだして表現しているとともに，探究の過程を振り返るなど，科学的に探究している。	天体の動きと地球の自転・公転に関する事物・現象に進んで関わり，見通しをもったり振り返ったりするなど，科学的に探究しようとしている。

評価問題と授業改善のポイント

　天体の動きと地球の自転・公転は，多くの生徒がつまずく場面である。「地上から宇宙空間へ」あるいは「宇宙空間から地上へ」の「視点の移動」や「方位の確認」など，中学生が本単元で混乱する原因となる要素が存在する。観察者の視点（地球目線）と宇宙から見た視点（宇宙目線）を明確にし，比較させながら学習を進める。地球目線は，地球から星空を見上げたときの天体観測を追体験できる視点である。宇宙目線は，宇宙空間から地球をはじめとする天体を俯瞰する視点である。主として二つのモデル（地球目線モデルと宇宙目線モデル）の実習を通して，空間的な視点とそれらの視点の切り替えを獲得しながら学習を進めるイメージを支えたい。

右の二つの評価場面を取り上げたのは，なぜか

　場面1では「A．地上から見た状態：地球目線」と「B．宇宙空間から見た状態：宇宙目線」をシミュレーションしたモデル実験を行う。Aは，生徒自身は観測者として地上から見ている現象と同じ視点を，Bは地球の北極側から見た視点であることを押さえたうえで宇宙空間から俯瞰する視点を体験させる。宇宙での地球・太陽・星座・月・金星などの位置関係を把握させながら指導を行う。

　場面2では，同時刻の同じ方位に見える星座の位置が1か月ごとに変わる様子から，地球の公転による見かけの動きであることを理解できているかを評価したい。

単元の指導と評価の計画　観点の黒丸数字は総括に用いる評価（記録に残す評価）

学習活動	活動ごとの評価規準［評価方法］
・事前課題：太陽の動きや星の動きを天体観測する。	知① 太陽の動きや星の動きを観察し，その結果を適切に記録している。［レポートの記述分析］
・透明半球を用いて，太陽の一日の動きの軌跡を表す。	知② 透明半球に付けた点を結び，太陽の動いた軌跡を表している。［透明半球］
・シミュレーションや写真，透明半球の観察記録から，天体の一日の動き方の特徴を見いだす。	
・天体の日周運動を地球の自転と関連づけて，モデルを使って推論する。	主① 太陽や星の動きの特徴を地球の自転と関連づけて，地球目線モデルを使って推論しようとしている。［行動観察］
・≪場面1≫　天体の年周運動のモデル実験から，公転によって，季節ごとに地球での星座の見え方が変わることを見いだす。	思① モデルによる実験結果を分析して解釈し，公転によって，季節ごとに地球での星座の見え方が変わることを表現している。［行動観察，ワークシート］

> **B基準** モデルによる実験結果を分析して解釈し，公転によって，季節ごとに地球での星座の見え方が変わることを表現している。
>
> **A基準** 季節ごとに地球での星座の見え方が変わる規則性をもとに，観測時刻と方位とを関連づけて表現している。

学習活動	活動ごとの評価規準［評価方法］
・白夜と極夜の現象をモデル実験で再現し，地球の地軸の傾きについて学習する。	思② 季節ごとの地球への太陽の光の当たり方の変化について，実験結果を分析して解釈し，表現している。［行動観察，レポートの記述分析］
・季節ごとの地球への太陽の光の当たり方の変化をモデル実験で調べる。	知③ 地軸の傾きと太陽の光の当たり方と，昼と夜の長さの関係を説明している。［行動観察，レポートの記述分析］
・≪場面2≫　いままでの学習を生かし，二次元で示されていた太陽と地球と星の位置関係を，三次元で示された星の動きの特徴と関連づけながら推論する。	思❸ 宇宙空間から示される太陽と地球と星の位置関係を，地球上から観察できる星の動きの特徴と関連づけながら表現している。［ペーパーテスト］

> **B基準** 宇宙空間から示される太陽と地球と星の位置関係を，地球上から観察できる星の動きの特徴と関連づけながら表現している。
>
> **A基準** ある時刻のある方位に見える星座の変化について，1か月ごとに変化していることに注目し宇宙空間から示される太陽と地球と星の位置関係を，地球上から観察できる星の動きの特徴と関連づけながら表現している。

定期テストとの関連について

・単元全体を通して，「地球目線／宇宙目線モデル」を導入し，観測者としてどの視点から事物・現象を考えているか意識させながら学習を進める。三次元のイメージをもたせた上で，二次元で示されている設問に対応させる。視点の移動を体験させながら空間把握能力の育成をねらいたい。

≪場面1，思①≫の評価事例

【課題】　ペアで地球目線と宇宙目線を使った天体の年周運動のモデル実験を行い，結果をもとに季節毎に星座の見え方が変わる仕組みをワークシートに沿って説明しなさい。

[活動内容]
・地球目線のモデル実験……理科室全体を宇宙空間とし，生徒は地球から見える目線を体験する。
・宇宙目線のモデル実験……地球儀モデルとミニ星座パネルを生徒の机の上に展開し，宇宙から見た目線を体験する。

[ワークシート]

◆　一人はシートを読み上げ，もう一人はモデルを動かしながら（　　　）に答えること。

(1) 地球は，A→（　）→（　）→（　）の順に，太陽の周りを（　　　　）しています。

(2) 冬（冬至），地球はDのあたりにいます。冬（冬至），真夜中のとき，南の空に，どんな星座が見えますか。（　　　　座）

(3) 春（春分）になると，地球はAのあたりにいます。春（春分），真夜中のとき，南の空に，どんな星座が見えますか。（　　　　座）
このときオリオン座はどの方位の空に見えますか。（　　　の空）

(4) 真夜中に見えるオリオン座の方位が，冬と春では違います。これは地球が太陽の周りを（　　　　）しているためです。

(5) 地球が公転しているために，同じ時刻に見える星が少しずつ動き，1年で1周しているように見える動きのことを（　　　運動）といいます。

(6) 夏（夏至）になると，地球はBのあたりにいます。夏（夏至），真夜中のとき，
南の空に，どんな星座が見えますか。（　　　　座）
東の空に，どんな星座が見えますか。（　　　　座）（　　　　座）
西の空に，どんな星座が見えますか。（　　　　座）（　　　　座）

(7) 夏（夏至）の位置で一晩中星を見ていると，オリオン座を見ることができますか。（　　　　　）

(8) 秋（秋分）になると，地球はCのあたりにいます。秋（秋分），真夜中のとき
南の空に，どんな星座が見えますか。（　　　　座）
東の空に，どんな星座が見えますか。（　　　　座）（　　　　座）
西の空に，どんな星座が見えますか。（　　　　座）（　　　　座）

(9) 地球が公転しているために，同じ時刻に見える星が少しずつ動き，1年で1周しているように見える動きのことを（　　　運動）といいます。

右上の図：
黒板
てんびん座／しし座／ふたご座／さそり座／みずがめ座／オリオン座／おうし座／うお座
A　B○D　C　太陽

おおむね満足：B	十分満足：A
モデルを正しく動かしながら(1)〜(5)に正解できている。 (1)　B，C，D／公転 (2)　オリオン (3)　しし／西 (4)　公転 (5)　年周	B評価に加えて，(6)〜(9)にも正解できている。 (6)　さそり／みずがめ，うお／しし，てんびん (7)　できない (8)　うお／おうし，オリオン／さそり，みずがめ (9)　年周
【判断のポイント】 ・天体モデルを動かしながら，季節によって星の見え方が変わることを見いだしている。	【判断のポイント】 ・天体モデルを動かしながら，季節によって星座の見え方がどのように変わるか具体的に説明している。

指導・支援の手だて（努力を要する：C）

・地球目線と宇宙目線による視点の概念や，それぞれのモデル実験について再確認し，コンピュータシミュレーションを再観察しながら個別指導を行うなどして支援する。

≪場面2，思❸≫の評価事例

【問題】　ナツミさんは，星座の観察のための事前準備として，インターネットで調べ学習をしました。日の入りの頃の西の空にある星や星座を調べ，地球の公転と季節による星座の移り変わりを説明する模式図とレポートを作成しました。次の (1) ～ (3) に答えなさい。

模式図

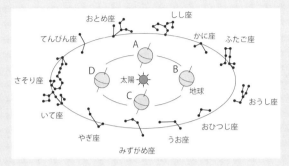

レポート

　インターネットを使って，7月1日, 8月1日, 9月1日の日の入りの頃の西の空の様子を調べたところ，太陽の方向にあるのは図のように，7月1日は「ふたご座」，8月1日は「かに座」，9月1日は「しし座」があることがわかった。

図

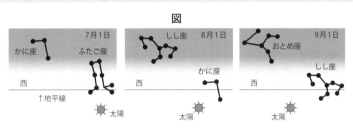

(1) 図から考えられる7月1日と9月1日の地球の位置を，模式図のA～Dの中からそれぞれ選びなさい。また，地球の公転の向きについてA～Dを使って表しなさい。ただし，Aから始めるものとする。

(2) (1)のように考えた理由について説明しなさい。

(3) 9月1日の明け方の南の空に見える星座として最も適切なものを，次のア～エの中から一つ選び，その記号を書きなさい。
　　ア　みずがめ座　　　イ　てんびん座　　　ウ　かに座　　　エ　おうし座

おおむね満足：B	十分満足：A
(1)　7月1日：D，9月1日：C 　　　公転の向き：A→D→C→B	(1)　B評価と同様（解答例は省略）
(2)　図の7月1日の西の空に「ふたご座」がちょうど太陽の裏側の位置にある。図の9月1日では「しし座」がちょうど太陽の裏側の位置にある。7月のDの位置から9月のCの位置に動いたので，D→C→B→Aが地球の公転の向きと考える。	(2)　図の7月1日の西の空に「かに座」と「ふたご座」が見えるが，1か月後の8月には「かに座」が西に移動して見える。さらに1か月後の9月には「しし座」も西へ移動する。これらは地球の公転によるもので，太陽の裏側にある位置からD→C→B→Aの公転の向きと考える。
(3)　無回答	(3)　エ
【判断のポイント】	【判断のポイント】
・図から地球の公転を根拠にして，太陽の方向にある星座を指摘している。	・図に示された星座が動いて見える理由は，地球の公転が原因であることを指摘したうえで，模式図の星と太陽，地球の位置関係と図の見え方が同じであることを説明している。

指導・支援の手だて（努力を要する：C）
・解答が十分でない生徒には，実際のモデルを使いながら問題を解かせて理解させるようにする。設問にある状況をモデルで再現し，太陽と地球と星の位置関係を確認させながら，宇宙目線モデルと地球目線モデルがそれぞれ模式図や図で考えられることや，コンピュータシミュレーションも活用して復習させたい。

18 太陽系と恒星

学習指導要領との対応：【解説（文部科学省，2018）[pp.104-108]】

学習前の生徒の状態

生徒

宇宙には太陽系みたいな集まりがいくつもあるのかな？

単元の評価規準　　【参考資料（国立教育政策研究所，2020）[p.116]】をもとに作成

知識・技能	思考・判断・表現	主体的に学習に取り組む態度
身近な天体とその運動に関する特徴に着目しながら，太陽の様子，惑星と恒星，月や金星の運動と見え方についての基本的な概念や原理・法則などを理解しているとともに，科学的に探究するために必要な観察，実験などに関する基本操作や記録などの基本的な技能を身に付けている。	太陽系と恒星について，天体の観察，実験などを行い，その結果や資料を分析して解釈し，太陽系と恒星についての特徴や規則性を見いだして表現しているとともに，探究の過程を振り返るなど，科学的に探究している。	太陽系と恒星に関する事物・現象に進んで関わり，見通しをもったり振り返ったりするなど，科学的に探究しようとしている。

評価問題と授業改善のポイント

　月や惑星，星座などの身近な天体について継続的な観察をさせながら，観察記録や写真，映像，シミュレーションなどの資料をもとに，地球上から見られる天体現象の特徴を見いださせ，モデルを使って天体の位置関係や運動を関連づけて考察し理解させたい。その際，地球上の観察者の視点と，地球・太陽・その他の天体を俯瞰させるような視点の移動を考えさせるように指導したい。

右の二つの評価場面を取り上げたのは，なぜか

　場面1では「地上にいる自分が見た状態：地球目線」である写真の情報をもとに，(1) モデルを活用して月の満ち欠けを再現させ，観測時刻と方位を確定する。(2) 一日ごとに月の満ち欠けの様子が変わる規則性を，観測時刻と方位とに関連づけて月の満ち欠けが変わることを表現させるパフォーマンス評価とした。その際，宇宙空間から俯瞰する視点で地球，太陽，月，金星，その他の惑星などの位置関係を把握しながら指導を行う。

　場面2では，地球上から観察できる月や金星の見え方から，観測時刻と方位を関連づけて表現させ，宇宙空間から示される太陽と地球と月やその他の天体の位置関係と関連づけながら理解できているかを評価したい。

単元の指導と評価の計画　観点の黒丸数字は総括に用いる評価（記録に残す評価）

学習活動	活動ごとの評価規準〔評価方法〕
・事前課題：月や惑星の動きについて天体観測を行う。	知① 月や金星，その他の惑星の動きを観察し，その結果を適切に記録している。[レポートの記述分析]
・天体望遠鏡で太陽の観察を数日かけて行い，太陽が自転していることを学習する。	知② 太陽観察のための天体望遠鏡の操作を身につけ，太陽の表面の様子を記録している。[ワークシート]
・シミュレーションや写真などの資料をもとに，宇宙誕生からの歴史や宇宙の壮大さに気づく。	主❶ 太陽や星の動きの特徴を地球の自転と関連づけて，地球目線モデルを使って推論しようとしている。[行動観察，レポートの記述分析]
・探査機の歴史や惑星について調べ，惑星の特徴を見いだす。	知② 月や金星，その他の惑星の動きを観察し，その結果を適切に記録している。[行動観察，レポートの記述分析]
・≪場面1≫　月が満ち欠けする理由や月の見える時間帯について，モデルを使って推論する。	思① モデルによる実験結果を分析して解釈し，月が地球の周りを公転していることと関連づけて，月の満ち欠けの様子が変わることを表現している。[行動観察，ワークシート]

B基準 モデルによる実験結果を分析して解釈し，月が地球の周りを公転していることと関連づけて，月の満ち欠けの様子が変わることを表現している。

A基準 一日ごとに地球での月の満ち欠けの様子が変わる規則性をもとに，観測時刻と方位を関連づけて月の満ち欠けの様子を表現している。

学習活動	活動ごとの評価規準〔評価方法〕
・日食と月食の現象について学習する。	知③ モデル実験で再現し，地球と月と太陽の距離と，それぞれの直径に関連づけて理解している。[行動観察]
・金星の満ち欠けと見える時間帯の違いをモデルで学習する。	知④ 金星が地球の内側の軌道を公転していることと関連づけて理解している。[行動観察]
・≪場面2≫　地球から観測できる天体同士の位置関係をもとに，宇宙から俯瞰した実際の位置関係を考える（推定する）。	思❷ 地球上から観察できる月や金星の見え方を，宇宙からの視点で太陽・地球・月・その他の惑星との位置関係を示しながら説明・表現している。[ペーパーテスト]

B基準 地球上から観察できる月や金星の見え方から，観測時刻と方位と関連づけて表現している。

A基準 地球上から観察できる月や金星の見え方から，宇宙空間から示される太陽と地球と月やその他の天体の位置関係と関連づけながら表現している。

定期テストとの関連について

・中項目「天体の動きと地球の自転・公転」【第2分野 (6) ア (ア)】と同様に，全体を通して観察者の視点（位置）として「地球から見た視点（地球目線）」と「宇宙から見た視点（宇宙目線）」を活用した「地球目線／宇宙目線モデル」を導入し，地球上から観察される月や金星の満ち欠けの様子（三次元のイメージ）と二次元で示されている設問のイメージをリンクさせながら学習を進める。モデルを活用して視点の移動を体験させながら空間把握能力の育成をねらいたい。

≪場面1，思❶≫の評価事例

【課題】 ペアで月の満ち欠けのモデル実験を行い，結果をもとに次
のワークシートの写真A〜Dに見える月の形や時刻や方角をシート
に沿って説明しなさい。

モデル

[ワークシート]

①写真Aは，月の形は，（　）
です。
②この写真の時刻は（　）で
す。
③（　）に，（　）が見られ
る方角は，（　）の方向です。
④この日に見られる（　）は，（　）までに，
（　）の方向に沈むので見られません。

①写真Bは，月の形は，（　）です。
②この写真の時刻は（　）です。
③（　）に，（　）が見られる方角
は，（　）の方向です。
④この日に見られる（　）は，
（　）には，（　）の方向に見え
ていました。

①写真Cは，月の形は，（　）
です。
②この写真の時刻は（　）で
す。
③（　）に，（　）が見られ
る方角は，（　）の方向です。
④この日に見られる（　）は，（　）には（　）
の方向，（　）には（　）の方向に見られます。

①写真Dは，月の形は，（　）
です。
②この写真の時刻は（　）で
す。
③（　）に，（　）が見られ
る方角は，（　）の方向です。
④この日に見られる（　）は，（　）には（　）
の方向，（　）には（　）の方向に見られます。

おおむね満足：B	十分満足：A
モデルを正しく動かしながら，シートA〜Dの①，②に正解できている。 A　①三日月　②夕方 B　①半月（上弦の月）　②真夜中 C　①満月　　②明け方 D　①満月　　②夕方	B評価に加えて，各シートの③，④にも正解できている。 A　③夕方／三日月／南西 　　④三日月／真夜中／南西 B　③真夜中／半月（上弦の月）／西 　　④半月，上弦の月／夕方／南 C　③明け方／満月／西 　　④満月／前日の夕方／東／真夜中／南 D　③夕方／満月／東 　　④満月／真夜中／南／翌日の朝／西
【判断のポイント】	【判断のポイント】
・月が地球の周りを公転していることを関連づけて，月の満ち欠けの様子が変わることが表現されている。	・観測時刻と方位を関連づけて，月の満ち欠けの様子が変わることが表現されている。

指導・支援の手だて（努力を要する：C）
・写真をもとに，地球から観測される月の満ち欠けの様子を，モデルを活用して視点移動について理解させ，シミュレーションを活用して再観察させるなど個別指導を行って支援する。

≪場面2，思❷≫の評価事例

【問題】　ある年の12月2日に，ある地点で，南西の空に見える月と金星および火星を観測しました。図1は，月の位置と形，金星，火星の位置をスケッチしたものです。次の(1)〜(3)に答えなさい。

図1

(1) 図1は何時に観測したときのものか。次のア〜エから一つ選びなさい。そう考えた理由も説明しなさい。
　　　ア　午前0時　　　イ　午前6時　　　ウ　正午　　　エ　午後6時

(2) 金星の満ち欠けの様子を，双眼鏡を用いて観測した。このときの月の一部分と金星の見え方の模式図として適当なものを，次のア〜エから一つ選びなさい。そう考えた理由も説明しなさい。

ア　　　　　　イ　　　　　　ウ　　　　　　エ

(3) 観測事実に基づき，この日の月，金星，火星の位置関係を図2に書き込みなさい。

図2
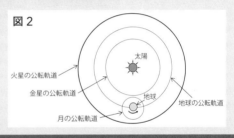

おおむね満足：B	十分満足：A
(1)　エ	(1)　エ。地球から見て，三日月は日没時は西のほうの空でしか見ることができないから。
(2)　ウ	(2)　ウ。三日月の形から，右下から太陽が当たっているから。
(3)　無回答	(3) 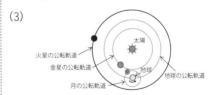

【判断のポイント】
・図1の地球上から観察できる月や金星の位置関係や方位の情報から，観測時刻や満ち欠けの様子を指摘している。

【判断のポイント】
・図1の位置関係や方位の情報から，図2での地球と月，金星，火星を公転軌道上で示している。

指導・支援の手だて（努力を要する：C）

・地球上から観測される月の満ち欠けの様子の特徴についてモデル実験を活用して，写真をもとに，まずはモデル実験で月や金星の満ち欠けを再現し，その後に視点を変え，地球と月・金星の位置関係を確認したり，コンピュータシミュレーションを活用して確認したりしながら個別指導を行うなどして支援する。

19 生物と環境

学習指導要領との対応：【解説（文部科学省，2018）[pp.109-113]】

学習前の生徒の状態

生物が環境に果たしている役割って何だろう？

単元の評価規準　【参考資料（国立教育政策研究所，2020）[p.117]】をもとに作成

知識・技能	思考・判断・表現	主体的に学習に取り組む態度
日常生活や社会と関連付けながら，自然界のつり合い，自然環境の調査と環境保全，地域の自然災害についての基本的な概念や原理・法則などを理解しているとともに，科学的に探究するために必要な観察，実験などに関する基本操作や記録などの基本的な技能を身に付けている。	生物と環境について，身近な自然環境や地域の自然災害などを調べる観察，実験などを行い，科学的に考察して判断しているなど，科学的に探究している。	生物と環境に関する事物・現象に進んで関わり，見通しをもったり振り返ったりするなど，科学的に探究しようとしている。

評価問題と授業改善のポイント

　本単元では，微生物の働きを確かめる実験を計画し，実行することで肉眼では見ることができない微生物の働きを調べたり，身の回りの微生物の働きによって生ごみや落ち葉などから堆肥がつくられることや，水を浄化できることなどを調べることで身の回りの環境に興味・関心をもち，人間と自然環境との関わり方について認識を深めさせ，日常生活と社会とを関連づけながら，自然環境の保全について主体的に関わろうとする態度を育成する。

右の二つの評価場面を取り上げたのは，なぜか

　場面1は，土の中の分解者の働きについて理解する場面でもある。授業で寒天培地を使用したことのない生徒が実験方法を立案することは困難であるため，土の中の分解者の働きについては，実験結果に基づき，分解者の働きである有機物を無機物にすることについて説明し，根拠を示して説明することを目標とした。場面2では，前時の授業である場面1の内容をもとにすれば，生徒は十分検証計画の立案をすることができるであろう。指示された方法で結果を得るのではなく，自分で考え，グループや全体で確認して取り組む主体性についても評価したい。

単元の指導と評価の計画　観点の黒丸数字は総括に用いる評価（記録に残す評価）

学習活動	活動ごとの評価規準［評価方法］
・土の中の小動物の観察を行う。	知❶　土の中でも，生物は食べる・食べられるという関係の中で生活していることを理解し，消費者，生産者などについての知識を身につけている。[AIドリル，ノートの記述分析]
・≪場面1≫　土の中の分解者の働きに関する実験を行う。	思❶　落ち葉などの有機物が分解されるのは，土の中の小動物や微生物の働きによることを推察し，解決する方法を立案して実験を行い，結果をまとめ，表現している。[ノートの記述分析，ワークシート]

B基準　微生物の働きについての実験結果から，微生物の働きを見いだし，表現している。
A基準　微生物の働きについての実験結果から，根拠を正しく示しながら微生物の働きを見いだし，適切に表現している。

学習活動	活動ごとの評価規準［評価方法］
・≪場面2≫　池の中の分解者の働きに関する実験方法を立案し，実験を行う。	思❷　有機物が分解されるのは，土の中の小動物や微生物の働きによることに基づき，水の中の微生物の働きについて，解決する方法を立案して実験を行い，結果をまとめ，表現している。[一人一台端末，行動観察，ノートの記述分析]

B基準　水の中の微生物の働きについて，実験計画を立案し，結果を予想している。
A基準　微生物の働きについて，土の中の微生物で学んだことを生かして，実験計画を立案し，根拠を正しく示しながら結果を予想している。

学習活動	活動ごとの評価規準［評価方法］
・自然界での物質の循環と生物の生活との関係を見いだす。	思❸　すべての生物が生きていくためのエネルギーは，太陽のエネルギーがもとになっていることを推察してまとめ，表現している。[ペーパーテスト，ノートの記述分析]
	主❶　物質の循環を通して，すべての生物がつながっていることに気づき，自然を大切にし，保全する方法を考えようとしている。[ペーパーテスト，ノートの記述分析]
・野生生物の生息数や大気汚染について時間的な変化と現在の状況を調査する。	主②　自然環境調査の結果をもとに，科学的な根拠を示しながら，自然への人間活動の影響について指摘しようとしている。
・身近な地域で起こった過去の災害を調べ，自然と人間の関係について考える。	思④　身近な地域の災害について調べたことをもとに，地域の自然環境と災害の危険性の関連について科学的な根拠をもとに説明している。[授業中の発言，ワークシート]

定期テストとの関連について

・場面2の評価問題を授業内で行う場合には，生徒の発想や意見を大切に扱うことができるように記述する部分を多くして自由度を高めてもよいが，定期テストでは，評価の観点があいまいにならないよう，知識・技能に関する問題，思考・判断・表現に関する問題に分けて出題することが考えられる。

≪場面1, 思❶≫の評価事例

【問題】　分解者は,「有機物を完全に無機物にする生物」です。みなさんは, 授業においてツルグレン装置を使用し, 土の中の生物を観察し, 分解者について学びました。分解者の働きを調べるために, 次のような実験を行いました。この実験でどうして分解者の働きがわかるのか, ③の異なる結果を明確にして説明しなさい。

　　[実験]
　　　①　デンプンを入れた寒天培地をペトリ皿につくる。
　　　②　腐った葉の混じった土を採取し, Aはその土, Bは焼いた土を中央部に少量のせる。
　　　③　3日後, ヨウ素溶液を垂らすと, AとBでは, 異なる結果が得られた。

A　腐った葉の混じった土　　　　　　B　焼いた土

おおむね満足：B	十分満足：A
・Aは分解者の働きでヨウ素溶液の反応が見られ, Bは分解者がいないため, 青紫色になる。	・Aは分解者の働きでデンプンが無機物に変えられたため, ヨウ素溶液の色が変化せず, Bは分解者がいないため, デンプンが分解されず, 青紫色になる。
【判断のポイント】	【判断のポイント】
・解答から実験結果に基づき, 分解者の働きという表現で説明することができている。	・実験結果に基づき, 分解者の働きである有機物を無機物にすることについて説明し, 根拠を示して説明している。

指導・支援の手だて（努力を要する：C）

・ヨウ素デンプン反応に関する知識として, ヨウ素溶液は, デンプンと反応すると青紫色になることを確認する。
・個別に培地表面やヨウ素溶液による反応を比較させ考えさせる。

≪場面2，思❷≫の評価事例

【課題】 池の中の微生物は，土の中の微生物と同じような働きをするのか疑問に思い，実験方法を考えました。池の水の中の微生物の働きを調べるために，池の水を採取しました。この後，どのような実験を行えばよいか。また，結果はどのようになるか予想しなさい。

おおむね満足：B	十分満足：A
・池の水とその水を煮沸したものを準備する。それ以外は土の中の分解者のときと同じような寒天培地を使用して実験する。結果は，ヨウ素液を垂らすとどちらも変化がない。	・池の水とその水を煮沸したものを準備する。それ以外は土の中の分解者のときと同じようにデンプンを入れた寒天培地を使用して実験する。結果は，池の水には分解者がいて，ヨウ素溶液を垂らすと青紫色でない部分が見られる。煮沸したほうはデンプンが分解されないので青紫色のままである。
【判断のポイント】	【判断のポイント】
・土の中の微生物の働きの実験に基づき，計画を立案し，実験結果を予想していることがわかる。	・土の中の微生物の働きの実験に基づき，計画を立案し，分解者の働きに着目して根拠を示し，実験結果を予想している。

指導・支援の手だて（努力を要する：C）

・土の中の分解者の働きの実験を振り返り，池等の水の中でも同じように分解者が生きていることを助言する。
・実験計画の立案で解答が十分でない生徒には，対照実験のポイントを振り返り，どの条件を変えればよいか考えられるよう助言する。
・結果の予想で解答が十分でない生徒には，授業で行った実験を想起させ，水の中の分解者の働きについて振り返るよう助言する。

20 自然環境の保全と科学技術の利用

学習指導要領との対応：【解説（文部科学省，2018）[pp.109-113]】

学習前の生徒の状態

SDGs ってよく聞くけど，どういうこと？

単元の評価規準　【参考資料（国立教育政策研究所，2020）[p.117]】をもとに作成

知識・技能	思考・判断・表現	主体的に学習に取り組む態度
日常生活や社会と関連付けながら，自然環境の保全と科学技術の利用についての基本的な概念や原理・法則などを理解しているとともに，科学的に探究するために必要な観察，実験などに関する基本操作や記録などの基本的な技能を身に付けている。	自然環境の保全と科学技術の利用について，観察，実験などを行い，自然環境の保全と科学技術の利用の在り方について，科学的に考察して判断しているなど，科学的に探究している。	自然環境の保全と科学技術の利用に関する事物・現象に進んで関わり，見通しをもったり振り返ったりするなど，科学的に探究しようとしている。

評価問題と授業改善のポイント

　身近な自然環境について調べ，自然環境を保全することや地域の自然災害について，総合的に調べ，自然と人間の関わり方について認識することが重要である。自然環境の保全や科学技術の利用について，概念や原理を理解するだけでなく，「人間も自然の一部」「自然環境を保全することが大切」等の考えを生徒から引き出させたい。科学を学ぶことの豊かさや科学の発展が自然と人間にもたらす豊かさ（理科を学ぶ意味）についても生徒自身に考えさせたい。

右の二つの評価場面を取り上げたのは，なぜか

　場面1では，身近な自然環境について調べ，自然環境を保全することや地域の自然災害について，総合的に調べ，自然と人間の関わり方について認識させることをねらいとし，身近な河川や湖沼の水質調査を行った。

　場面2では，これまでの授業を振り返り，自然環境の保全や科学技術の利用について，概念や原理を理解するだけでなく，「人間も自然の一部」「自然環境を保全することが大切」等の考えを生徒から引き出し，理科を学ぶ意味についても生徒自身に考えさせることをねらっている。

単元の指導と評価の計画　　観点の黒丸数字は総括に用いる評価（記録に残す評価）

学習活動	活動ごとの評価規準〔評価方法〕
・学校付近の野鳥や川の中の生物の観察を行う。身近な自然を守る活動をするゲストティーチャーの話を聞く。	知❶ 予想した生物数や種類よりも多くの生物を観察し記録している。または予想より少ないことに気づき，観察できた生物を記録している。[ノートの記述分析]
・ディープ・エコロジー・ワークなど身近な自然との一体感を感じる体験を行い，自然の立場という視点をもつ。	主❶ 自然の立場に立ち，人間も自然の一部であることを感じ，表現しようとしている。[ワークシート]
・≪場面1≫　地域の川，湖沼，生活排水の水質調査を行い，自然環境の保全，科学的調査の意味について考える。	主❷ 自然環境の保全の重要性，これからの自分自身の生活でできることについて述べている。[ノートの記述分析，ワークシート，行動観察，授業中の発言]

> **B基準**　自然環境の保全の重要性，これからの自分自身の生活でできることについて記述している。
> **A基準**　自然環境の保全の重要性やこれからの自分自身の生活でできることについて述べたうえで理科の学習や科学的調査の重要性について説明しようとしている。

	知❷ 水質調査を正しく行い，結果をまとめている。[ノートの記述分析，ワークシート，行動観察，授業中の発言]
	思❶ 透視度や色，においだけでなくCOD等の調査を行い，多角的な視点で考察している。[ノートの記述分析，ワークシート，行動観察，授業中の発言]
・≪場面2≫　「身近な地域の自然環境」についての学習をもとに，自然と人間の関係について考察する。	主❸ 身近な地域の自然環境について調べ，自然と人間の関係について，自らの考えを導いたりまとめたりして，表現しようとしている。[ワークシート]

> **B基準**　身近な地域の自然環境について調べ，自然と人間の関係について，自らの考えを導いたりまとめたりして，表現しようとしている。
> **A基準**　身近な地域の自然環境について調べ，自然を多面的，総合的に捉えて，自然と人間の関係について，人間も自然の一部であることに気づき，自然環境を保全するために自分にできることを表現しようとしている。

定期テストとの関連について

・定期テストで出題する場合は，採点基準を明確にする必要があるので，一つ書けていれば○点というように点数化することが考えられる。

≪場面１，主❷≫の評価事例

【課題】「牛久沼」「中通川」「１万倍に薄めた醤油」の水質を調べましょう。どの水が一番きれいだと思うか予想したうえで調査を行い，結果と考察をまとめましょう。

<予想>
どの水が一番きれいだろう？（　　　　　　　　　　　　　　　　　　　）
<結果>

水の種類	色	におい	透視度	COD
牛久沼の水			cm	
中通川の水			cm	
１万倍に薄めた醤油			cm	

① 水質調査から気づいたことを書きましょう。 　（自分の考え） ② 自然と人間の関係を考える上で，科学的調査にはどのような意味があるのだろう。 　（自分の考え）	みんなの考えで 参考になったこと

おおむね満足：B	十分満足：A
・水質調査から，１万倍に薄めた醤油のCODが一番高く，自然にとっての汚れと人間が感じている汚れとは違うことがわかった。生活排水を減らす努力をすることが必要であり，例えば洗剤を使い過ぎないようにしたい。 ・人間が出す生活排水が自然に大きな影響を与えていることを感じた。シャンプーやリンスを使い過ぎないようにしたい。	・水質調査から，１万倍に薄めた醤油のCODが一番高く，人間が自然に対して影響を大きく及ぼしていると感じ，油をふき取ってから皿を洗うなど自分ができることをしていきたい。科学的調査は，自分の感覚ではなく，科学的にきれいかきれいではないか知ることができるので重要であると感じた。 ・シャンプーや洗剤を使い過ぎないようにして適量を守りたい。科学的調査から得られた数値（データ）をもとにして考えることで，人間の「思い込み」をなくすことができ，自然を守ることにつながる。自然と人間の関係を説明するときの証拠や根拠となる。
【判断のポイント】 ・授業で行った実験の結果から，自分の生活を見直し，これからの生活に生かそうとしている。 ・環境保全のための具体的な行動を示し，これからの生活を改善しようとしている。	【判断のポイント】 ・環境保全行動を起こす意欲を示したうえで，科学的調査の意味について自分の考えを述べている。 ・環境保全行動について述べたうえで人間の感覚とは異なり，科学的調査によって得られるデータが，現象の根拠となることについて述べている。

指導・支援の手だて（努力を要する：C）
・実験の結果を踏まえた考えが具体的な行動についての記述でない生徒には，授業後にインタビューを行い，どの場面で楽しさを感じたのかを聞くことで具体的な表現を生徒から引き出す。

196

≪場面2，主❸≫の評価事例

【課題】　次の (1)，(2) に答えなさい。

(1)「自然と人間」の関係についてあなたの考えを表現しなさい。イメージを描いてください（図などを使っても OK です。授業の場面を思い出しながら描いてみましょう）。

　　　　＜環境学習プログラム＞　鳥や野草の観察／自然との一体化体験／地域の自然を守る方の話／川における堤防の観察／川の観察／水質調査

(2) いままでの授業を振り返り，授業のなかで考えたことや自分の考え方の変化について書きましょう。

おおむね満足：B	十分満足：A
(1)　生徒が描いた自然と人間の関係のイメージ	(1)　生徒が描いた自然と人間の関係のイメージ
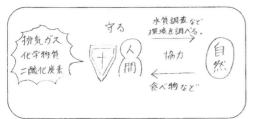	
(2)　生徒の振り返りの記述	(2)　生徒の振り返りの記述
・人間は自然からさまざまな恩恵を得ているが，自然と人間は複雑に関係していて互いに支え合っている。人間が自然を知ることが自然を守ることにつながる。授業で科学的調査について学び，水質などを調べるには見た目だけでは判断できないことがわかった。	・人間はさまざまな生物から恩恵を得る一方で，これまでは生態系や環境の破壊にも関与してきたが，これからは人間も生物も自然の一部としてよりよく共存していく方法を探す必要がある。授業で学んだことを生かして，まずは牛久沼の水質浄化キャンペーンの啓発ポスターのコンクールに応募してみたい。
【判断のポイント】	【判断のポイント】
・自然と人間の関係について，共生していくことや協力していくことの大切さに気づいている。	・授業を通して，自然と人間の関係について人間も自然の一部であることに気づき，環境を守るために自分にできることを述べている。

指導・支援の手だて（努力を要する：C）

・図の表現や振り返りの記述が困難な生徒に対しては，インタビューを行う。また授業の内容についてワークシートを見て振り返り，具体的な場面や印象に残った結果や言葉を思い出させ，記入できるようにする。

内容のまとまりごとの評価規準（例）
第1分野

（出典：国立教育政策研究所教育課程研究センター（2020）.「指導と評価の一体化」のための学習評価に関する参考資料【中学校理科】, 99-117.）

1　目標と評価の観点及びその趣旨

目標（1）	目標（2）	目標（3）
物質やエネルギーに関する事物・現象についての観察，実験などを行い，身近な物理現象，電流とその利用，運動とエネルギー，身の回りの物質，化学変化と原子・分子，化学変化とイオンなどについて理解するとともに，科学技術の発展と人間生活との関わりについて認識を深めるようにする。また，それらを科学的に探究するために必要な観察，実験などに関する基本的な技能を身に付けるようにする。	物質やエネルギーに関する事物・現象に関わり，それらの中に問題を見いだし見通しをもって観察，実験などを行い，その結果を分析して解釈し表現するなど，科学的に探究する活動を通して，規則性を見いだしたり課題を解決したりする力を養う。	物質やエネルギーに関する事物・現象に進んで関わり，科学的に探究しようとする態度を養うとともに，自然を総合的に見ることができるようにする。

知識・技能	思考・判断・表現	主体的に学習に取り組む態度
物質やエネルギーに関する事物・現象についての基本的な概念や原理・法則などを理解しているとともに，科学的に探究するために必要な観察，実験などに関する基本操作や記録などの基本的な技能を身に付けている。	物質やエネルギーに関する事物・現象から問題を見いだし，見通しをもって観察，実験などを行い，得られた結果を分析して解釈し，表現するなど，科学的に探究している。	物質やエネルギーに関する事物・現象に進んで関わり，見通しをもったり振り返ったりするなど，科学的に探究しようとしている。

2　内容のまとまりごとの評価規準（例）

（1）身近な物理現象

知識・技能	思考・判断・表現	主体的に学習に取り組む態度
身近な物理現象を日常生活や社会と関連付けながら，光と音，力の働きを理解しているとともに，それらの観察，実験などに関する技能を身に付けている。	身近な物理現象について，問題を見いだし見通しをもって観察，実験などを行い，光の反射や屈折，凸レンズの働き，音の性質，力の働きの規則性や関係性を見いだして表現している。	身近な物理現象に関する事物・現象に進んで関わり，見通しをもったり振り返ったりするなど，科学的に探究しようとしている。

（2）身の回りの物質

知識・技能	思考・判断・表現	主体的に学習に取り組む態度
身の回りの物質の性質や変化に着目しながら，物質のすがた，水溶液，状態変化を理解しているとともに，それらの観察，実験などに関する技能を身に付けている。	身の回りの物質について，問題を見いだし見通しをもって観察，実験などを行い，物質の性質や状態変化における規則性を見いだして表現している。	身の回りの物質に関する事物・現象に進んで関わり，見通しをもったり振り返ったりするなど，科学的に探究しようとしている。

（3）電流とその利用

知識・技能	思考・判断・表現	主体的に学習に取り組む態度
電流，磁界に関する事物・現象を日常生活や社会と関連付けながら，電流，電流と磁界を理解しているとともに，それらの観察，実験などに関する技能を身に付けている。	電流，磁界に関する現象について，見通しをもって解決する方法を立案して観察，実験などを行い，その結果を分析して解釈し，電流と電圧，電流の働き，静電気，電流と磁界の規則性や関係性を見いだして表現している。	電流とその利用に関する事物・現象に進んで関わり，見通しをもったり振り返ったりするなど，科学的に探究しようとしている。

（4）化学変化と原子・分子

知識・技能	思考・判断・表現	主体的に学習に取り組む態度
化学変化を原子や分子のモデルと関連付けながら，物質の成り立ち，化学変化，化学変化と物質の質量を理解しているとともに，それらの観察，実験などに関する技能を身に付けている。	化学変化について，見通しをもって解決する方法を立案して観察，実験などを行い，原子や分子と関連付けてその結果を分析して解釈し，化学変化における物質の変化やその量的な関係を見いだして表現している。	化学変化と原子・分子に関する事物・現象に進んで関わり，見通しをもったり振り返ったりするなど，科学的に探究しようとしている。

（5）運動とエネルギー

知識・技能	思考・判断・表現	主体的に学習に取り組む態度
物体の運動とエネルギーを日常生活や社会と関連付けながら，力のつり合いと合成・分解，運動の規則性，力学的エネルギーを理解しているとともに，それらの観察，実験などに関する技能を身に付けている。	運動とエネルギーについて，見通しをもって観察，実験などを行い，その結果を分析して解釈し，力のつり合い，合成や分解，物体の運動，力学的エネルギーの規則性や関係性を見いだして表現している。また，探究の過程を振り返っている。	運動とエネルギーに関する事物・現象に進んで関わり，見通しをもったり振り返ったりするなど，科学的に探究しようとしている。

（6）化学変化とイオン

知識・技能	思考・判断・表現	主体的に学習に取り組む態度
化学変化をイオンのモデルと関連付けながら，水溶液とイオン，化学変化と電池を理解しているとともに，それらの観察，実験などに関する技能を身に付けている。	化学変化について，見通しをもって観察，実験などを行い，イオンと関連付けてその結果を分析して解釈し，化学変化における規則性や関係性を見いだして表現している。また，探究の過程を振り返っている。	化学変化とイオンに関する事物・現象に進んで関わり，見通しをもったり振り返ったりするなど，科学的に探究しようとしている。

（7）科学技術と人間

知識・技能	思考・判断・表現	主体的に学習に取り組む態度
日常生活や社会と関連付けながら，エネルギーと物資，自然環境の保全と科学技術の利用を理解しているとともに，それらの観察，実験などに関する技能を身に付けている。	日常生活や社会で使われているエネルギーや物質について，見通しをもって観察，実験などを行い，その結果を分析して解釈するとともに，自然環境の保全と科学技術の利用の在り方について，科学的に考察して判断している。	科学技術と人間に関する事物・現象に進んで関わり，見通しをもったり振り返ったりするなど，科学的に探究しようとしている。

第2分野

1 目標と評価の観点及びその趣旨

目標（1）	目標（2）	目標（3）
生命や地球に関する事物・現象についての観察，実験などを行い，生物の体のつくりと働き，生命の連続性，大地の成り立ちと変化，気象とその変化，地球と宇宙などについて理解するとともに，科学的に探究するために必要な観察，実験などに関する基本的な技能を身に付けるようにする。	生命や地球に関する事物・現象に関わり，それらの中に問題を見いだし見通しをもって観察，実験などを行い，その結果を分析して解釈し表現するなど，科学的に探究する活動を通して，多様性に気付くとともに規則性を見いだしたり課題を解決したりする力を養う。	生命や地球に関する事物・現象に進んで関わり，科学的に探究しようとする態度と，生命を尊重し，自然環境の保全に寄与する態度を養うとともに，自然を総合的に見ることができるようにする。

知識・技能	思考・判断・表現	主体的に学習に取り組む態度
生命や地球に関する事物・現象についての基本的な概念や原理・法則などを理解しているとともに，科学的に探究するために必要な観察，実験などに関する基本操作や記録などの基本的な技能を身に付けている。	生命や地球に関する事物・現象から問題を見いだし，見通しをもって観察，実験などを行い，得られた結果を分析して解釈し，表現するなど，科学的に探究している。	生命や地球に関する事物・現象に進んで関わり，見通しをもったり振り返ったりするなど，科学的に探究しようとしている。

2 内容のまとまりごとの評価規準（例）

（1）いろいろな生物とその共通点

知識・技能	思考・判断・表現	主体的に学習に取り組む態度
いろいろな生物の共通点と相違点に着目しながら，生物の観察と分類の仕方，生物の体の共通点と相違点を理解しているとともに，それらの観察，実験などに関する技能を身に付けている。	身近な生物についての観察，実験などを通して，いろいろな生物の共通点や相違点を見いだすとともに，生物を分類するための観点や基準を見いだして表現している。	いろいろな生物とその共通点に関する事物・現象に進んで関わり，見通しをもったり振り返ったりするなど，科学的に探究しようとしている。

（2）大地の成り立ちと変化

知識・技能	思考・判断・表現	主体的に学習に取り組む態度
大地の成り立ちと変化を地表に見られる様々な事物・現象と関連付けながら，身近な地形や地層，岩石の観察，地層の重なりと過去の様子，火山と地震，自然の恵みと火山災害・地震災害を理解しているとともに，それらの観察，実験などに関する技能を身に付けている。	大地の成り立ちと変化について，問題を見いだし見通しをもって観察，実験などを行い，地層の重なり方や広がり方の規則性，地下のマグマの性質と火山の形との関係性などを見いだして表現している。	大地の成り立ちと変化に関する事物・現象に進んで関わり，見通しをもったり振り返ったりするなど，科学的に探究しようとしている。

（3）生物の体のつくりと働き

知識・技能	思考・判断・表現	主体的に学習に取り組む態度
生物の体のつくりと働きとの関係に着目しながら，生物と細胞，植物の体のつくりと働き，動物の体のつくりと働きを理解しているとともに，それらの観察，実験などに関する技能を身に付けている。	身近な植物や動物の体のつくりと働きについて，見通しをもって解決する方法を立案して観察，実験などを行い，その結果を分析して解釈し，生物の体のつくりと働きについての規則性や関係性を見いだして表現している。	生物の体のつくりと働きに関する事物・現象に進んで関わり，見通しをもったり振り返ったりするなど，科学的に探究しようとしている。

（4）気象とその変化

知識・技能	思考・判断・表現	主体的に学習に取り組む態度
気象要素と天気の変化との関係に着目しながら，気象観測，天気の変化，日本の気象，自然の恵みと気象災害を理解しているとともに，それらの観察，実験などに関する技能を身に付けている。	気象とその変化について，見通しをもって解決する方法を立案して観察，実験などを行い，その結果を分析して解釈し，天気の変化や日本の気象についての規則性や関係性を見いだして表現している。	気象とその変化に関する事物・現象に進んで関わり，見通しをもったり振り返ったりするなど，科学的に探究しようとしている。

（5）生命の連続性

知識・技能	思考・判断・表現	主体的に学習に取り組む態度
生命の連続性に関する事物・現象の特徴に着目しながら，生物の成長と殖え方，遺伝の規則性と遺伝子，生物の種類の多様性と進化を理解しているとともに，それらの観察，実験などに関する技能を身に付けている。	生命の連続性について，観察，実験などを行い，その結果や資料を分析して解釈し，生物の成長と殖え方，遺伝現象，生物の種類の多様性と進化についての特徴や規則性を見いだして表現している。また，探究の過程を振り返っている。	生命の連続性に関する事物・現象に進んで関わり，見通しをもったり振り返ったりするなど，科学的に探究しようとしている。

（6）地球と宇宙

知識・技能	思考・判断・表現	主体的に学習に取り組む態度
身近な天体とその運動に関する特徴に着目しながら，天体の動きと地球の自転・公転，太陽系と恒星を理解しているとともに，それらの観察，実験などに関する技能を身に付けている。	地球と宇宙について，天体の観察，実験などを行い，その結果や資料を分析して解釈し，天体の運動と見え方についての特徴や規則性を見いだして表現している。また，探究の過程を振り返っている。	地球と宇宙に関する事物・現象に進んで関わり，見通しをもったり振り返ったりするなど，科学的に探究しようとしている。

（7）自然と人間

知識・技能	思考・判断・表現	主体的に学習に取り組む態度
日常生活や社会と関連付けながら，生物と環境，自然環境の保全と科学技術の利用を理解するとともに，自然環境を調べる観察，実験などに関する技能を身に付けている。	身近な自然環境や地域の自然災害などを調べる観察，実験などを行い，自然環境の保全と科学技術の利用の在り方について，科学的に考察して判断している。	自然と人間に関する事物・現象に進んで関わり，見通しをもったり振り返ったりするなど，科学的に探究しようとしている。

中項目ごとの評価規準（例）
第1分野

（1）身近な物理現象
（1）ア（ア）光と音　の評価規準の例

知識・技能	思考・判断・表現	主体的に学習に取り組む態度
光と音に関する事物・現象を日常生活や社会と関連付けながら，光の反射や屈折，凸レンズの働き，音の性質についての基本的な概念や原理・法則などを理解しているとともに，科学的に探究するために必要な観察，実験などに関する基本操作や記録などの基本的な技能を身に付けている。	光と音について，問題を見いだし見通しをもって観察，実験などを行い，光の反射や屈折，凸レンズの働き，音の性質の規則性や関係性を見いだして表現しているなど，科学的に探究している。	光と音に関する事物・現象に進んで関わり，見通しをもったり振り返ったりするなど，科学的に探究しようとしている。

（1）ア（イ）力の働き　の評価規準の例

知識・技能	思考・判断・表現	主体的に学習に取り組む態度
力の働きに関する事物・現象を日常生活や社会と関連付けながら，力の働きについての基本的な概念や原理・法則などを理解しているとともに，科学的に探究するために必要な観察，実験などに関する基本操作や記録などの基本的な技能を身に付けている。	力の働きについて，問題を見いだし見通しをもって観察，実験などを行い，力の働きの規則性や関係性を見いだして表現しているなど，科学的に探究している。	力の働きに関する事物・現象に進んで関わり，見通しをもったり振り返ったりするなど，科学的に探究しようとしている。

（2）身の回りの物質
（2）ア（ア）物質のすがた　の評価規準の例

知識・技能	思考・判断・表現	主体的に学習に取り組む態度
身の回りの物質の性質や変化に着目しながら，身の回りの物質とその性質，気体の発生と性質についての基本的な概念や原理・法則などを理解しているとともに，科学的に探究するために必要な観察，実験などに関する基本操作や記録などの基本的な技能を身に付けている。	物質のすがたについて，問題を見いだし見通しをもって観察，実験などを行い，物質の性質や状態変化における規則性を見いだして表現しているなど，科学的に探究している。	物質のすがたに関する事物・現象に進んで関わり，見通しをもったり振り返ったりするなど，科学的に探究しようとしている。

（2）ア（イ）水溶液　の評価規準の例

知識・技能	思考・判断・表現	主体的に学習に取り組む態度
身の回りの物質の性質や変化に着目しながら，水溶液についての基本的な概念や原理・法則などを理解しているとともに，科学的に探究するために必要な観察，実験などに関する基本操作や記録などの基本的な技能を身に付けている。	水溶液について，問題を見いだし見通しをもって観察，実験などを行い，物質の性質や状態変化における規則性を見いだして表現しているなど，科学的に探究している。	水溶液に関する事物・現象に進んで関わり，見通しをもったり振り返ったりするなど，科学的に探究しようとしている。

（2）ア（ウ）状態変化　の評価規準の例

知識・技能	思考・判断・表現	主体的に学習に取り組む態度
身の回りの物質の性質や変化に着目しながら，状態変化と熱，物質の融点と沸点についての基本的な概念や原理・法則などを理解しているとともに，科学的に探究するために必要な観察，実験などに関する基本操作や記録などの基本的な技能を身に付けている。	状態変化について，問題を見いだし見通しをもって観察，実験などを行い，物質の性質や状態変化における規則性を見いだして表現しているなど，科学的に探究している。	状態変化に関する事物・現象に進んで関わり，見通しをもったり振り返ったりするなど，科学的に探究しようとしている。

（3）電流とその利用
（3）ア（ア）電流　の評価規準の例

知識・技能	思考・判断・表現	主体的に学習に取り組む態度
電流に関する事物・現象を日常生活や社会と関連付けながら，回路と電流・電圧，電流・電圧と抵抗，電気とそのエネルギー，静電気と電流についての基本的な概念や原理・法則などを理解しているとともに，科学的に探究するために必要な観察，実験などに関する基本操作や記録などの基本的な技能を身に付けている。	電流に関する現象について，見通しをもって解決する方法を立案して観察，実験などを行い，その結果を分析して解釈し，電流と電圧，電流の働き，静電気の規則性や関係性を見いだして表現しているなど，科学的に探究している。	電流に関する事物・現象に進んで関わり，見通しをもったり振り返ったりするなど，科学的に探究しようとしている。

（3）ア（イ）電流と磁界　の評価規準の例

知識・技能	思考・判断・表現	主体的に学習に取り組む態度
電流と磁界に関する事物・現象を日常生活や社会と関連付けながら，電流がつくる磁界，磁界中の電流が受ける力，電磁誘導と発電についての基本的な概念や原理・法則などを理解しているとともに，科学的に探究するために必要な観察，実験などに関する基本操作や記録などの基本的な技能を身に付けている。	電流と磁界に関する現象について，見通しをもって解決する方法を立案して観察，実験などを行い，その結果を分析して解釈し，電流と磁界の規則性や関係性を見いだして表現しているなど，科学的に探究している。	電流と磁界に関する事物・現象に進んで関わり，見通しをもったり振り返ったりするなど，科学的に探究しようとしている。

（4）化学変化と原子・分子
（4）ア（ア）物質の成り立ち　の評価規準の例

知識・技能	思考・判断・表現	主体的に学習に取り組む態度
化学変化を原子や分子のモデルと関連付けながら，物質の分解，原子・分子についての基本的な概念や原理・法則などを理解しているとともに，科学的に探究するために必要な観察，実験などに関する基本操作や記録などの基本的な技能を身に付けている。	物質の成り立ちについて，見通しをもって解決する方法を立案して観察，実験などを行い，原子や分子と関連付けてその結果を分析して解釈し，化学変化における物質の変化を見いだして表現しているなど，科学的に探究している。	物質の成り立ちに関する事物・現象に進んで関わり，見通しをもったり振り返ったりするなど，科学的に探究しようとしている。

（4）ア（イ）化学変化　の評価規準の例

知識・技能	思考・判断・表現	主体的に学習に取り組む態度
化学変化を原子や分子のモデルと関連付けながら，化学変化，化学変化における酸化と還元，化学変化と熱についての基本的な概念や原理・法則などを理解しているとともに，科学的に探究するために必要な観察，実験などに関する基本操作や記録などの基本的な技能を身に付けている。	化学変化について，見通しをもって解決する方法を立案して観察，実験などを行い，原子や分子と関連付けてその結果を分析して解釈し，化学変化における物質の変化を見いだして表現しているなど，科学的に探究している。	化学変化に関する事物・現象に進んで関わり，見通しをもったり振り返ったりするなど，科学的に探究しようとしている。

（4）ア（ウ）化学変化と物質の質量　の評価規準の例

知識・技能	思考・判断・表現	主体的に学習に取り組む態度
化学変化を原子や分子のモデルと関連付けながら，化学変化と質量の保存，質量変化の規則性についての基本的な概念や原理・法則などを理解しているとともに，科学的に探究するために必要な観察，実験などに関する基本操作や記録などの基本的な技能を身に付けている。	化学変化と物質の質量について，見通しをもって解決する方法を立案して観察，実験などを行い，原子や分子と関連付けてその結果を分析して解釈し，化学変化における物質の変化やその量的な関係を見いだして表現しているなど，科学的に探究している。	化学変化と物質の質量に関する事物・現象に進んで関わり，見通しをもったり振り返ったりするなど，科学的に探究しようとしている。

（5）運動とエネルギー
（5）ア（ア）力のつり合いと合成・分解　の評価規準の例

知識・技能	思考・判断・表現	主体的に学習に取り組む態度
力のつり合いと合成・分解を日常生活や社会と関連付けながら，水中の物体に働く力，力の合成・分解についての基本的な概念や原理・法則などを理解しているとともに，科学的に探究するために必要な観察，実験などに関する基本操作や記録などの基本的な技能を身に付けている。	力のつり合いと合成・分解について，見通しをもって観察，実験などを行い，その結果を分析して解釈し，力のつり合い，合成や分解の規則性や関係性を見いだして表現しているとともに，探究の過程を振り返るなど，科学的に探究している。	力のつり合いと合成・分解に関する事物・現象に進んで関わり，見通しをもったり振り返ったりするなど，科学的に探究しようとしている。

（5）ア（イ）運動の規則性　の評価規準の例

知識・技能	思考・判断・表現	主体的に学習に取り組む態度
運動の規則性を日常生活や社会と関連付けながら，運動の速さと向き，力と運動についての基本的な概念や原理・法則などを理解しているとともに，科学的に探究するために必要な観察，実験などに関する基本操作や記録などの基本的な技能を身に付けている。	運動の規則性について，見通しをもって観察，実験などを行い，その結果を分析して解釈し，物体の運動の規則性や関係性を見いだして表現しているとともに，探究の過程を振り返るなど，科学的に探究している。	運動の規則性に関する事物・現象に進んで関わり，見通しをもったり振り返ったりするなど，科学的に探究しようとしている。

（5）ア（ウ）力学的エネルギー　の評価規準の例

知識・技能	思考・判断・表現	主体的に学習に取り組む態度
力学的エネルギーを日常生活や社会と関連付けながら，仕事とエネルギー，力学的エネルギーの保存についての基本的な概念や原理・法則などを理解しているとともに，科学的に探究するために必要な観察，実験などに関する基本操作や記録などの基本的な技能を身に付けている。	力学的エネルギーについて，見通しをもって観察，実験などを行い，その結果を分析して解釈し，力学的エネルギーの規則性や関係性を見いだして表現しているとともに，探究の過程を振り返るなど，科学的に探究している。	力学的エネルギーに関する事物・現象に進んで関わり，見通しをもったり振り返ったりするなど，科学的に探究しようとしている。

（6）化学変化とイオン
（6）ア（ア）水溶液とイオン　の評価規準の例

知識・技能	思考・判断・表現	主体的に学習に取り組む態度
化学変化をイオンのモデルと関連付けながら，原子の成り立ちとイオン，酸・アルカリ，中和と塩についての基本的な概念や原理・法則などを理解しているとともに，科学的に探究するために必要な観察，実験などに関する基本操作や記録などの基本的な技能を身に付けている。	水溶液とイオンについて，見通しをもって観察，実験などを行い，イオンと関連付けてその結果を分析して解釈し，化学変化における規則性や関係性を見いだして表現しているとともに，探究の過程を振り返るなど，科学的に探究している。	水溶液とイオンに関する事物・現象に進んで関わり，見通しをもったり振り返ったりするなど，科学的に探究しようとしている。

（6）ア（イ）化学変化と電池　の評価規準の例

知識・技能	思考・判断・表現	主体的に学習に取り組む態度
化学変化をイオンのモデルと関連付けながら，金属イオン，化学変化と電池についての基本的な概念や原理・法則などを理解しているとともに，科学的に探究するために必要な観察，実験などに関する基本操作や記録などの基本的な技能を身に付けている。	化学変化と電池について，見通しをもって観察，実験などを行い，イオンと関連付けてその結果を分析して解釈し，化学変化における規則性や関係性を見いだして表現しているとともに，探究の過程を振り返るなど，科学的に探究している。	化学変化と電池に関する事物・現象に進んで関わり，見通しをもったり振り返ったりするなど，科学的に探究しようとしている。

（7）科学技術と人間
（7）ア（ア）エネルギーと物質　の評価規準の例

知識・技能	思考・判断・表現	主体的に学習に取り組む態度
日常生活や社会と関連付けながら，エネルギーとエネルギー資源，様々な物質とその利用，科学技術の発展についての基本的な概念や原理・法則などを理解しているとともに，科学的に探究するために必要な観察，実験などに関する基本操作や記録などの基本的な技能を身に付けている。	日常生活や社会で使われているエネルギーや物質について，見通しをもって観察，実験などを行い，その結果を分析して解釈しているなど，科学的に探究している。	エネルギーと物質に関する事物・現象に進んで関わり，見通しをもったり振り返ったりするなど，科学的に探究しようとしている。

（7）ア（イ）自然環境の保全と科学技術の利用　の評価規準の例

知識・技能	思考・判断・表現	主体的に学習に取り組む態度
日常生活や社会と関連付けながら，自然環境の保全と科学技術の利用についての基本的な概念や原理・法則などを理解しているとともに，科学的に探究するために必要な観察，実験などに関する基本操作や記録などの基本的な技能を身に付けている。	自然環境の保全と科学技術の利用について，観察，実験などを行い，自然環境の保全と科学技術の利用の在り方について，科学的に考察して判断しているなど，科学的に探究している。	自然環境の保全と科学技術の利用に関する事物・現象に進んで関わり，見通しをもったり振り返ったりするなど，科学的に探究しようとしている。

第2分野

（1）いろいろな生物とその共通点

（1）ア（ア）生物の観察と分類の仕方　の評価規準の例

知識・技能	思考・判断・表現	主体的に学習に取り組む態度
いろいろな生物の共通点と相違点に着目しながら，生物の観察，生物の特徴と分類の仕方についての基本的な概念や原理・法則などを理解しているとともに，科学的に探究するために必要な観察，実験などに関する基本操作や記録などの基本的な技能を身に付けている。	生物の観察と分類の仕方についての観察，実験などを通して，いろいろな生物の共通点や相違点を見いだすとともに，生物を分類するための観点や基準を見いだして表現しているなど，科学的に探究している。	生物の観察と分類の仕方に関する事物・現象に進んで関わり，見通しをもったり振り返ったりするなど，科学的に探究しようとしている。

（1）ア（イ）生物の体の共通点と相違点　の評価規準の例

知識・技能	思考・判断・表現	主体的に学習に取り組む態度
いろいろな生物の共通点と相違点に着目しながら，植物の体の共通点と相違点，動物の体の共通点と相違点についての基本的な概念や原理・法則などを理解しているとともに，科学的に探究するために必要な観察，実験などに関する基本操作や記録などの基本的な技能を身に付けている。	生物の体の共通点と相違点についての観察，実験などを通して，いろいろな生物の共通点や相違点を見いだすとともに，生物を分類するための観点や基準を見いだして表現しているなど，科学的に探究している。	生物の体の共通点と相違点に関する事物・現象に進んで関わり，見通しをもったり振り返ったりするなど，科学的に探究しようとしている。

（2）大地の成り立ちと変化

（2）ア（ア）身近な地形や地層，岩石の観察　の評価規準の例

知識・技能	思考・判断・表現	主体的に学習に取り組む態度
大地の成り立ちと変化を地表に見られる様々な事物・現象と関連付けながら，身近な地形や地層，岩石の観察についての基本的な概念や原理・法則などを理解しているとともに，科学的に探究するために必要な観察，実験などに関する基本操作や記録などの基本的な技能を身に付けている。	身近な地形や地層，岩石の観察について，問題を見いだし見通しをもって観察，実験などを行い，地層の重なり方や広がり方の規則性などを見いだして表現しているなど，科学的に探究している。	身近な地形や地層，岩石の観察に関する事物・現象に進んで関わり，見通しをもったり振り返ったりするなど，科学的に探究しようとしている。

（2）ア（イ）地層の重なりと過去の様子　の評価規準の例

知識・技能	思考・判断・表現	主体的に学習に取り組む態度
大地の成り立ちと変化を地表に見られる様々な事物・現象と関連付けながら，地層の重なりと過去の様子についての基本的な概念や原理・法則などを理解しているとともに，科学的に探究するために必要な観察，実験などに関する基本操作や記録などの基本的な技能を身に付けている。	地層の重なりと過去の様子について，問題を見いだし見通しをもって観察，実験などを行い，地層の重なり方や広がり方の規則性などを見いだして表現しているなど，科学的に探究している。	地層の重なりと過去の様子に関する事物・現象に進んで関わり，見通しをもったり振り返ったりするなど，科学的に探究しようとしている。

（2）ア（ウ）火山と地震　の評価規準の例

知識・技能	思考・判断・表現	主体的に学習に取り組む態度
大地の成り立ちと変化を地表に見られる様々な事物・現象と関連付けながら，火山活動と火成岩，地震の伝わり方と地球内部の働きについての基本的な概念や原理・法則などを理解しているとともに，科学的に探究するために必要な観察，実験などに関する基本操作や記録などの基本的な技能を身に付けている。	火山と地震について，問題を見いだし見通しをもって観察，実験などを行い，地下のマグマの性質と火山の形との関係性などを見いだして表現しているなど，科学的に探究している。	火山と地震に関する事物・現象に進んで関わり，見通しをもったり振り返ったりするなど，科学的に探究しようとしている。

（2）ア（エ）自然の恵みと火山災害・地震災害　の評価規準の例

知識・技能	思考・判断・表現	主体的に学習に取り組む態度
大地の成り立ちと変化を地表に見られる様々な事物・現象と関連付けながら，自然の恵みと火山災害・地震災害についての基本的な概念や原理・法則などを理解しているとともに，科学的に探究するために必要な観察，実験などに関する基本操作や記録などの基本的な技能を身に付けている。	自然の恵みと火山災害・地震災害について，問題を見いだし見通しをもって観察，実験などを行い，火山活動や地震発生の仕組みとの関係性などを見いだして表現しているなど，科学的に探究している。	自然の恵みと火山災害・地震災害に関する事物・現象に進んで関わり，見通しをもったり振り返ったりするなど，科学的に探究しようとしている。

（3）生物の体のつくりと働き
（3）ア（ア）生物と細胞　の評価規準の例

知識・技能	思考・判断・表現	主体的に学習に取り組む態度
生物の体のつくりと働きとの関係に着目しながら，生物と細胞についての基本的な概念や原理・法則などを理解しているとともに，科学的に探究するために必要な観察，実験などに関する基本操作や記録などの基本的な技能を身に付けている。	生物と細胞について，見通しをもって解決する方法を立案して観察，実験などを行い，その結果を分析して解釈し，生物の体のつくりと働きについての規則性や関係性を見いだして表現しているなど，科学的に探究している。	生物と細胞に関する事物・現象に進んで関わり，見通しをもったり振り返ったりするなど，科学的に探究しようとしている。

（3）ア（イ）植物の体のつくりと働き　の評価規準の例

知識・技能	思考・判断・表現	主体的に学習に取り組む態度
植物の体のつくりと働きとの関係に着目しながら，葉・茎・根のつくりと働きについての基本的な概念や原理・法則などを理解しているとともに，科学的に探究するために必要な観察，実験などに関する基本操作や記録などの基本的な技能を身に付けている。	植物の体のつくりと働きについて，見通しをもって解決する方法を立案して観察，実験などを行い，その結果を分析して解釈し，植物の体のつくりと働きについての規則性や関係性を見いだして表現しているなど，科学的に探究している。	植物の体のつくりと働きに関する事物・現象に進んで関わり，見通しをもったり振り返ったりするなど，科学的に探究しようとしている。

（3）ア（ウ）動物の体のつくりと働き　の評価規準の例

知識・技能	思考・判断・表現	主体的に学習に取り組む態度
動物の体のつくりと働きとの関係に着目しながら，生命を維持する働き，刺激と反応についての基本的な概念や原理・法則などを理解しているとともに，科学的に探究するために必要な観察，実験などに関する基本操作や記録などの基本的な技能を身に付けている。	動物の体のつくりと働きについて，見通しをもって解決する方法を立案して観察，実験などを行い，その結果を分析して解釈し，動物の体のつくりと働きについての規則性や関係性を見いだして表現しているなど，科学的に探究している。	動物の体のつくりと働きに関する事物・現象に進んで関わり，見通しをもったり振り返ったりするなど，科学的に探究しようとしている。

（4）気象とその変化
（4）ア（ア）気象観測 の評価規準の例

知識・技能	思考・判断・表現	主体的に学習に取り組む態度
気象要素と天気の変化との関係に着目しながら，気象要素，気象観測についての基本的な概念や原理・法則などを理解しているとともに，科学的に探究するために必要な観察，実験などに関する基本操作や記録などの基本的な技能を身に付けている。	気象観測について，見通しをもって解決する方法を立案して観察，実験などを行い，その結果を分析して解釈し，天気の変化についての規則性や関係性を見いだして表現しているなど，科学的に探究している。	気象観測に関する事物・現象に進んで関わり，見通しをもったり振り返ったりするなど，科学的に探究しようとしている。

（4）ア（イ）天気の変化　の評価規準の例

知識・技能	思考・判断・表現	主体的に学習に取り組む態度
気象要素と天気の変化との関係に着目しながら，霧や雲の発生，前線の通過と天気の変化についての基本的な概念や原理・法則などを理解しているとともに，科学的に探究するために必要な観察，実験などに関する基本操作や記録などの基本的な技能を身に付けている。	天気の変化について，見通しをもって解決する方法を立案して観察，実験などを行い，その結果を分析して解釈し，天気の変化についての規則性や関係性を見いだして表現しているなど，科学的に探究している。	天気の変化に関する事物・現象に進んで関わり，見通しをもったり振り返ったりするなど，科学的に探究しようとしている。

（4）ア（ウ）日本の気象 の評価規準の例

知識・技能	思考・判断・表現	主体的に学習に取り組む態度
気象要素と天気の変化との関係に着目しながら，日本の天気の特徴，大気の動きと海洋の影響についての基本的な概念や原理・法則などを理解しているとともに，科学的に探究するために必要な観察，実験などに関する基本操作や記録などの基本的な技能を身に付けている。	日本の気象について，見通しをもって解決する方法を立案して観察，実験などを行い，その結果を分析して解釈し，日本の気象についての規則性や関係性を見いだして表現しているなど，科学的に探究している。	日本の気象に関する事物・現象に進んで関わり，見通しをもったり振り返ったりするなど，科学的に探究しようとしている。

（4）ア（エ）自然の恵みと気象災害 の評価規準の例

知識・技能	思考・判断・表現	主体的に学習に取り組む態度
気象要素と天気の変化との関係に着目しながら，自然の恵みと気象災害についての基本的な概念や原理・法則などを理解しているとともに，科学的に探究するために必要な観察，実験などに関する基本操作や記録などの基本的な技能を身に付けている。	自然の恵みと気象災害について，見通しをもって解決する方法を立案して観察，実験などを行い，その結果を分析して解釈し，天気の変化や日本の気象との関係性を見いだして表現しているなど，科学的に探究している。	自然の恵みと気象災害に関する事物・現象に進んで関わり，見通しをもったり振り返ったりするなど，科学的に探究しようとしている。

（5）生命の連続性
（5）ア（ア）生物の成長と殖え方　の評価規準の例

知識・技能	思考・判断・表現	主体的に学習に取り組む態度
生物の成長と殖え方に関する事物・現象の特徴に着目しながら，細胞分裂と生物の成長，生物の殖え方についての基本的な概念や原理・法則などを理解しているとともに，科学的に探究するために必要な観察，実験などに関する基本操作や記録などの基本的な技能を身に付けている。	生物の成長と殖え方について，観察，実験などを行い，その結果や資料を分析して解釈し，生物の成長と殖え方についての特徴や規則性を見いだして表現しているとともに，探究の過程を振り返るなど，科学的に探究している。	生物の成長と殖え方に関する事物・現象に進んで関わり，見通しをもったり振り返ったりするなど，科学的に探究しようとしている。

（5）ア（イ）遺伝の規則性と遺伝子　の評価規準の例

知識・技能	思考・判断・表現	主体的に学習に取り組む態度
遺伝の規則性と遺伝子に関する事物・現象の特徴に着目しながら，遺伝の規則性と遺伝子についての基本的な概念や原理・法則などを理解しているとともに，科学的に探究するために必要な観察，実験などに関する基本操作や記録などの基本的な技能を身に付けている。	遺伝の規則性と遺伝子について，観察，実験などを行い，その結果や資料を分析して解釈し，遺伝現象についての特徴や規則性を見いだして表現しているとともに，探究の過程を振り返るなど，科学的に探究している。	遺伝の規則性と遺伝子に関する事物・現象に進んで関わり，見通しをもったり振り返ったりするなど，科学的に探究しようとしている。

（5）ア（ウ）生物の種類の多様性と進化　の評価規準の例

知識・技能	思考・判断・表現	主体的に学習に取り組む態度
生物の種類の多様性と進化に関する事物・現象の特徴に着目しながら，生物の種類の多様性と進化についての基本的な概念や原理・法則などを理解しているとともに，科学的に探究するために必要な観察，実験などに関する基本操作や記録などの基本的な技能を身に付けている。	生物の種類の多様性と進化について，観察，実験などを行い，その結果や資料を分析して解釈し，生物の種類の多様性と進化についての特徴や規則性を見いだして表現しているとともに，探究の過程を振り返るなど，科学的に探究している。	生物の種類の多様性と進化に関する事物・現象に進んで関わり，見通しをもったり振り返ったりするなど，科学的に探究しようとしている。

（6）地球と宇宙
（6）ア（ア）天体の動きと地球の自転・公転　の評価規準の例

知識・技能	思考・判断・表現	主体的に学習に取り組む態度
身近な天体とその運動に関する特徴に着目しながら，日周運動と自転，年周運動と公転についての基本的な概念や原理・法則などを理解しているとともに，科学的に探究するために必要な観察，実験などに関する基本操作や記録などの基本的な技能を身に付けている。	天体の動きと地球の自転・公転について，天体の観察，実験などを行い，その結果や資料を分析して解釈し，天体の動きと地球の自転・公転についての特徴や規則性を見いだして表現しているとともに，探究の過程を振り返るなど，科学的に探究している。	天体の動きと地球の自転・公転に関する事物・現象に進んで関わり，見通しをもったり振り返ったりするなど，科学的に探究しようとしている。

（6）ア（イ）太陽系と恒星　の評価規準の例

知識・技能	思考・判断・表現	主体的に学習に取り組む態度
身近な天体とその運動に関する特徴に着目しながら，太陽の様子，惑星と恒星，月や金星の運動と見え方についての基本的な概念や原理・法則などを理解しているとともに，科学的に探究するために必要な観察，実験などに関する基本操作や記録などの基本的な技能を身に付けている。	太陽系と恒星について，天体の観察，実験などを行い，その結果や資料を分析して解釈し，太陽系と恒星についての特徴や規則性を見いだして表現しているとともに，探究の過程を振り返るなど，科学的に探究している。	太陽系と恒星に関する事物・現象に進んで関わり，見通しをもったり振り返ったりするなど，科学的に探究しようとしている。

（7）自然と人間
（7）ア（ア）生物と環境　の評価規準の例

知識・技能	思考・判断・表現	主体的に学習に取り組む態度
日常生活や社会と関連付けながら，自然界のつり合い，自然環境の調査と環境保全，地域の自然災害についての基本的な概念や原理・法則などを理解しているとともに，科学的に探究するために必要な観察，実験などに関する基本操作や記録などの基本的な技能を身に付けている。	生物と環境について，身近な自然環境や地域の自然災害などを調べる観察，実験などを行い，科学的に考察して判断しているなど，科学的に探究している。	生物と環境に関する事物・現象に進んで関わり，見通しをもったり振り返ったりするなど，科学的に探究しようとしている。

（7）ア（イ）自然環境の保全と科学技術の利用　の評価規準の例

知識・技能	思考・判断・表現	主体的に学習に取り組む態度
日常生活や社会と関連付けながら，自然環境の保全と科学技術の利用についての基本的な概念や原理・法則などを理解しているとともに，科学的に探究するために必要な観察，実験などに関する基本操作や記録などの基本的な技能を身に付けている。	自然環境の保全と科学技術の利用について，観察，実験などを行い，自然環境の保全と科学技術の利用の在り方について，科学的に考察して判断しているなど，科学的に探究している。	自然環境の保全と科学技術の利用に関する事物・現象に進んで関わり，見通しをもったり振り返ったりするなど，科学的に探究しようとしている。

小学校・中学校理科の「エネルギー」「粒子」を柱とした内容の構成（文部科学省, 2018）

校種/学年	エネルギー：エネルギーの捉え方	エネルギー：エネルギーの変換と保存	エネルギー：エネルギー資源の有効利用	粒子：粒子の存在	粒子：粒子の結合	粒子：粒子の保存性	粒子：粒子のもつエネルギー
小学校 第3学年	**風とゴムの力の働き** ・風の力の働き ・ゴムの力の働き **光と音の性質** ・光の反射・集光 ・光の当て方と明るさや暖かさ ・音の伝わり方と大小	**磁石の性質** ・磁石に引き付けられる物 ・異極と同極 **電気の通り道** ・電気を通すつなぎ方 ・電気を通す物					
小学校 第4学年		**電流の働き** ・乾電池の数とつなぎ方		**空気と水の性質** ・空気の圧縮 ・水の圧縮			**金属、水、空気と温度** ・温度と体積の変化 ・温まり方の違い ・水の三態変化
小学校 第5学年		**振り子の運動** ・振り子の運動 **電流がつくる磁力** ・鉄心の磁化、極の変化 ・電磁石の強さ				**物の溶け方**（溶けている物の均一性（中1から移行）を含む） ・重さの保存 ・物が水に溶ける量の限度 ・物が水に溶ける量の変化	
小学校 第6学年	**てこの規則性** ・てこのつり合いの規則性 ・てこの利用	**電気の利用**（光電池（小4から移行）を含む）、蓄電 ・発電（光電池を含む） ・電気の変換 ・電気の利用			**燃焼の仕組み** ・燃焼の仕組み	**水溶液の性質** ・酸性、アルカリ性、中性 ・気体が溶けている水溶液 ・金属を変化させる水溶液	
中学校 第1学年	**力の働き**（2力のつり合いを含む）（中3から移行） ・力の働き **光と音** ・光の反射・屈折 ・凸レンズの働き ・音の性質			**物質のすがた** ・身の回りの物質とその性質 ・気体の発生と性質 **水溶液** ・水溶液		**状態変化** ・状態変化と熱 ・物質の融点と沸点	
中学校 第2学年	**電流** ・回路と電流・電圧 ・電流・電圧と抵抗 ・電気とそのエネルギー（電気による発熱を含む） ・静電気と電流（電子、放射線を含む） **電流と磁界** ・電流がつくる磁界 ・磁界中の電流が受ける力 ・電磁誘導と発電				**物質の成り立ち** ・物質の分解 ・原子・分子 **化学変化** ・化学変化 ・化学変化における酸化と還元 ・化学変化と熱	**化学変化と物質の質量** ・化学変化と質量の保存 ・質量変化の規則性	
中学校 第3学年	**力のつり合いと合成・分解** ・水中の物体に働く力（水圧、浮力）（中1から移行） ・力の合成・分解 **運動の規則性** ・運動の速さと向き ・力と運動 **力学的エネルギー** ・仕事とエネルギー（仕事率を含む） ・力学的エネルギーの保存	**エネルギーと物質** ・エネルギーとエネルギー資源（放射線を含む） ・様々な物質とその利用（プラスチック（中1から移行）を含む） ・科学技術の発展 **自然環境の保全と科学技術の利用** ・自然環境の保全と科学技術の利用（第2分野と共通）			**水溶液とイオン** ・原子の成り立ちとイオン ・酸・アルカリ ・中和と塩 **化学変化と電池** ・金属イオン ・化学変化と電池		

実線は新規項目。破線は移行項目。

小学校・中学校理科の「生命」「地球」を柱とした内容の構成（文部科学省, 2018）

生命

生物の構造と機能

第3学年 身の回りの生物
- 身の回りの生物と環境の関わり
- 昆虫の成長と体のつくり
- 植物の成長と体のつくり

第4学年 人の体のつくりと運動
- 骨と筋肉
- 骨と筋肉の働き

第6学年 人の体のつくりと働き
- 呼吸
- 消化・吸収
- 血液循環
- 主な臓器の存在

植物の養分と水の通り道
- でんぷんのでき方
- 水の通り道

中学校 第1学年 生物の観察と分類の仕方
- 生物の観察
- 生物の特徴と分類の仕方

生物の体の共通点と相違点
- 植物の体の共通点と相違点
- 動物の体の共通点と相違点（中2から移行）

第2学年 生物と細胞
- 生物と細胞

植物の体のつくりと働き
- 葉・茎・根のつくりと働き（中1から移行）

動物の体のつくりと働き
- 生命を維持する働き
- 刺激と反応

生命の連続性

第4学年 季節と生物
- 動物の活動と季節
- 植物の成長と季節

第5学年 植物の発芽、成長、結実
- 種子の中の養分
- 発芽の条件
- 成長の条件
- 植物の受粉、結実

動物の誕生
- 卵の中の成長
- 母体内の成長

中学校 第3学年 生物の成長と殖え方
- 細胞分裂と生物の成長
- 生物の殖え方

遺伝の規則性と遺伝子
- 遺伝の規則性と遺伝子

生物の種類の多様性と進化
- 生物の種類の多様性と進化（中2から移行）

生物と環境の関わり

第6学年 生物と環境
- 生物と水、空気との関わり
- 食べ物による生物の関係（水中の小さな生物を含む）
- 人と環境

中学校 第3学年 生物と環境
- 自然界のつり合い
- 自然環境の調査と環境保全
- 地域の自然災害

自然環境の保全と科学技術の利用
- 自然環境の保全と科学技術の利用（第1分野と共通）

地球

地球の内部と地表面の変動

第4学年 雨水の行方と地面の様子
- 地面の傾きによる水の流れ
- 土の粒の大きさと水のしみ込み方

第5学年 流れる水の働きと土地の変化
- 流れる水の働き
- 川の上流・下流と川原の石
- 雨の降り方と増水

第6学年 土地のつくりと変化
- 土地の構成物と地層の広がり（化石を含む）
- 地層のでき方
- 火山の噴火や地震による土地の変化

中学校 第1学年 身近な地形や地層、岩石の観察
- 身近な地形や地層、岩石の観察

地層の重なりと過去の様子
- 地層の重なりと過去の様子

火山と地震
- 火山活動と火成岩
- 地震の伝わり方と地球内部の働き

自然の恵みと火山災害・地震災害
- 自然の恵みと火山災害・地震災害（中3から移行）

地球の大気と水の循環

第4学年 天気の様子
- 天気による1日の気温の変化
- 水の自然蒸発と結露

第5学年 天気の変化
- 雲と天気の変化
- 天気の変化の予想

中学校 第2学年 気象観測
- 気象要素（圧力（中1の第1分野から移行）を含む）
- 気象観測

天気の変化
- 霧や雲の発生
- 前線の通過と天気の変化

日本の気象
- 日本の天気の特徴
- 大気の動きと海洋の影響

自然の恵みと気象災害
- 自然の恵みと気象災害（中3から移行）

地球と天体の運動

第3学年 太陽と地面の様子
- 日陰の位置と太陽の位置の変化
- 地面の暖かさや湿り気の違い

第4学年 月と星
- 月の形と位置の変化
- 星の明るさ、色
- 星の位置の変化

第6学年 月と太陽
- 月の位置や形と太陽の位置

中学校 第3学年 天体の動きと地球の自転・公転
- 日周運動と自転
- 年周運動と公転

太陽系と恒星
- 太陽の様子
- 惑星と恒星
- 月や金星の運動と見え方

引用・参考文献

第1章

・Anderson, L. W. & Krathwohl, D. R. eds. (2001). A Taxonomy for Learning, Teaching, and Assessing: A Revision of Bloom's Taxonomy of Educational Objectives, Addison Wesley Longman.

・石井英真 (2012). 学力向上. 篠原清昭編著. 学校改善マネジメント. ミネルヴァ書房.

・石井英真 (2015). 今求められる学力と学びとは. 日本標準.

・石井英真 (2019). 新指導要録の提起する学習評価改革. 石井英真・西岡加名恵・田中耕治編著. 小学校指導要録改訂のポイント. 日本標準.

・石井英真 (2020a). 再増補版・現代アメリカにおける学力形成論の展開. 東信堂.

・石井英真 (2020b). 授業づくりの深め方. ミネルヴァ書房.

・石井英真 (2023). 中学校・高等学校 授業が変わる 学習評価深化論. 図書文化.

・石井英真・鈴木秀幸編著 (2021). ヤマ場をおさえる学習評価・中学校. 図書文化.

・Erickson, H. L. (2008). Stirring the head, Heart, and Soul, 3rd Ed., Corwin Press. 31.

・西岡加名恵編著 (2008). 「逆向き設計」で確かな学力を保障する. 明治図書出版.

・McTighe, J. & Wiggins, G. (2004). Understanding by Design: Professional Development Workbook, ASCD. 65.

・Marzano, R. J. (1992). A Different Kind of Classroom: Teaching with Dimensions of Learning, ASCD. 16.

・文部科学省中央教育審議会初等中等教育分科会教育課程部会 (2019). 学習評価の在り方について (報告)(平成31年1月21日).

第2章

・石井英真 (2023). 中学校・高等学校　授業が変わる学習評価深化論. 図書文化. 26-27.

・撫尾知信 (2006). 観点別評価から評定への総括. 辰野千壽・石田恒好・北尾倫彦監修. 教育評価事典. 図書文化. 280.

・田代直幸 (2019). 各教科の学習の記録——理科. 無藤隆ほか編著. 新指導要録の解説と実務・中学校. 図書文化. 112-113.

・長瀬荘一 (2006). 観点別評価の手順. 北尾倫彦編集. 学びを引き出す学習評価(教職スキルアップシリーズ3). 図書文化. 100-101.

・文部科学省 (2018). 中学校学習指導要領 (平成29年告示) 解説理科編.

・文部科学省国立教育政策研究所教育課程研究センター (2020).「指導と評価の一体化」のための学習評価に関する参考資料【中学校理科】.

・文部科学省中央教育審議会初等中等教育分科会教育課程部会 (2019). 学習評価の在り方について (報告) (平成31年1月21日). 12.

・山森光陽 (2011). 観点別評価の一般的手順. 北尾倫彦監修. 平成24年版観点別学習状況の評価規準と判定基準・中学校理科. 図書文化. 16-37.

第3, 4章

・佐藤尚毅編著 (2019). 基礎から学ぶ気象学. 東京学芸大学出版会.

・東京書籍株式会社 (2020). 令和3年度年間指導計画作成資料【中学校理科】. https://ten.tokyo-shoseki.co.jp/text/chu/list/keikaku.html. 最終アクセス2022年8月.

・細田直人・山本容子 (2022). 中学校理科「自然と人間と科学技術」単元における「学びに向かう力，人間性等」の指導と評価の検討. 日本科学教育学会研究報告. 36 (5). 25-30.

・文部科学省 (2018). 中学校学習指導要領 (平成29年告示) 解説理科編.

・文部科学省国立教育政策研究所教育課程研究センター (2020).「指導と評価の一体化」のための学習評価に関する参考資料【中学校理科】.

あとがき

　今までも行われてきた学習評価を，真に意味あるものとして，「指導と評価の一体化」を実現するために，学習評価の改善が求められている。学習指導によって生徒にどのような力が身に付いたのか，どのような課題が認められるのかを的確に捉え，具体的な学習の内容や指導の改善に生かすこと，そして，「主体的・対話的な深い学び」の実現に向けた授業改善，また，学習評価自体の改善も必要になってきます。

　本書の編集に携わらせていただき，全国の先生方の多くの実践にふれることができました。「なるほど，そういう視点もあるな」「この工夫はこういうねらいがあるんだ」と新しい発見ばかりでした。また触発されて「私だったらこうしたい」「こんなこともできるのではないか」「面白いことを思いついた」と，いろいろなアイデアも浮かんできました。

　生徒がどのようなことに興味・関心を抱くのかをつかみ，「自ら調べてみたい」「学習してみたい」という意欲を醸成していくにはどうしたらよいのか。「なるほど」「納得した」「面白い」と思えるような学習課題や教材，学習の指導の仕方はどのようなものか。私自身，単元や授業を設計する際には身の回りの題材や話題などを意識し，生徒の反応や学習成果を注意深く見ているつもりでしたが，「主役は生徒」と思いながらも，どこか教師目線，指導者中心の実践であったのではないかと猛省する機会ともなりました。

　同じ題材でも指導する対象が変われば，指導の仕方は違います。同じ対象でも，指導者が変われば指導のしかたも変わります。だからこそ目の前にいる生徒に対して行った指導の効果を評価し，修正・改善を繰り返していくことが教師の仕事では大切なのです。ある目的のためにある指導をすれば，その効果が上がるのはある意味当たり前です。要は，その指導が後の学習に生かされたり，他の教科や生徒のその後の人生にプラスになっていったりすることがなければ，せっかくのアイデアや工夫も教師の一人よがりになりかねません。

　「指導と評価の一体化」はとても重要ですがあまり重たく捉えすぎると，新しい試みをすることに二の足を踏んでしまいます。生徒は実験台ではありませんが生徒と一緒につくる毎日の授業自体は実験のようなもので，仮説やねらいがあり，実施するための準備をしっかり行わなくてはなりません。結果を正確に捉えるためには，じっくりと観察も必要です。結果を考察するのが学習評価とすれば，私たちはすでに日々の授業改善を通じて「指導と評価の一体化」を実践していることになります。理科の面白さを十分に知っている理科教師が，「指導と評価の一体化」を考え，授業改善していくのは必然なのかもしれません。本書がその一翼を担うことがあれば，このうえない幸せに思います。

2023年4月

新 井 直 志

執筆者一覧

石井　英真	いしい・てるまさ 編者，京都大学大学院教育学研究科准教授	pp10-22
新井　直志	あらい・なおし 編者，筑波大学附属中学校主幹教諭	pp24-46, 118-125
上妻　恵美	こうづま・めぐみ 鹿児島県奄美市立小宿中学校教諭	pp48-55
松原　潤一	まつばら・じゅんいち 愛知県名古屋市立北中学校教諭	pp56-67
三浦　雅美	みうら・まさみ 北海道札幌市立平岡中央中学校教頭	pp68-75
戸丸瑚織留瞳	とまる・ごおるど 神奈川県横浜市立瀬谷中学校教諭	pp76-87
坂口　卓也	さかぐち・たくや 琉球大学教育学部附属中学校教諭	pp88-99
松下　賢	まつした・けん 北海道教育大学附属函館中学校主幹教諭	pp100-107
小原　洋平	おはら・ようへい 東京都立小石川中等教育学校主任教諭	pp108-115
佐竹　靖	さたけ・やすし 近畿大学教職教育部特任講師	pp126-133
杉田　泰一	すぎた・たいいち 広島大学附属中・高等学校教諭	pp134-141
宇田川麻由	うたがわ・まゆ 筑波大学附属駒場中・高等学校教諭	pp142-153
竹田　大樹	たけだ・ひろき 慶應義塾湘南藤沢中等部・高等部教諭	pp154-161
髙橋　弾	たかはし・だん 北海道釧路市立共栄中学校教諭	pp162-169
近藤　悠司	こんどう・ゆうじ 新潟県柏崎市立第一中学校教諭	pp170-181
久保木淳士	くぼき・あつし 前・広島県福山市立幸千中学校教諭	pp182-189
細田　直人	ほそだ・なおと 茨城県つくばみらい市立伊奈中学校教諭	pp190-197

全体編集　石井　英真　いしい・てるまさ

　京都大学大学院教育学研究科准教授。博士（教育学）。専門は教育方法学。学校で育成すべき学力のモデル化を研究し，授業研究を軸にした学校改革に取り組んでいる。日本教育方法学会理事，日本カリキュラム学会理事，文部科学省中央教育審議会「教育課程部会」「児童生徒の学習評価に関するワーキンググループ」委員などを務める。主著に『未来の学校：ポスト・コロナの公教育のリデザイン』（日本標準，2020年），『再増補版・現代アメリカにおける学力形成論の展開』（東信堂，2020年），『授業づくりの深め方：「よい授業」をデザインするための５つのツボ』（ミネルヴァ書房，2020年），『高等学校　真正の学び，授業の深み』（編著，学事出版，2022年），『中学校・高等学校　授業が変わる　学習評価深化論』（図書文化，2023年）ほか多数。

教科編集　新井　直志　あらい・なおし

　筑波大学附属中学校主幹教諭。埼玉県公立高等学校の生物教諭を経て現職へ。中学校理科学習における教材開発および指導法の研究について，近年は，理科における「創造性の育成」についての研究に取り組んでいる。『新しい観点別評価問題集（中学校理科）』（図書文化，2004年），『わくわく理科タイム』（東洋館出版社，第１集2006年，第２集2007年），『板書とワークシートで見る全単元・全時間の授業のすべて』（東洋館出版社2009年），『発想が広がり思考が深まる，これからの理科授業（中学校２分野）』（東洋館出版社，2010年），NHK for School　アクティブ10理科　番組制作協力　，『中学校理科　ショートコンテンツシリーズ』（企画集団創2021）監修・指導など。

ヤマ場をおさえる
単元設計と評価課題・評価問題 中学校理科

2023年11月10日　初版第１刷発行　［検印省略］

全体編集	石井英真
教科編集	新井直志
発 行 人	則岡秀卓
発 行 所	株式会社　図書文化社
	〒112-0012　東京都文京区大塚1-4-15
	Tel：03-3943-2511　Fax：03-3943-2519
	http://www.toshobunka.co.jp/
本文デザイン・装幀	スタジオダンク
イラスト	松永えりか
組版・印刷	株式会社 Sun Fuerza
製 本	株式会社 村上製本所

Ⓒ ISHII Terumasa & ARAI Naoshi, 2023　Printed in Japan
ISBN 978-4-8100-3774-6 C3337

学習評価の本

中学校・高等学校

授業が変わる

学 習 評 価 深 化 論

観点別評価で学力を伸ばす「学びの舞台づくり」

石井英真（京都大学大学院教育学研究科准教授）

A5判, 並製 160頁
定価（本体1,800円＋税）

目 次

関連書籍

ヤマ場をおさえる 学習評価 [小学校]　　　　　　　　　　　石井英真・鈴木秀幸［編著］
ヤマ場をおさえる 学習評価 [中学校]　　　　　　　　　　　石井英真・鈴木秀幸［編著］
ヤマ場をおさえる 単元設計と評価課題・評価問題 [中学校国語]　石井英真［全体編集］ 吉本　悟［教科編集］
ヤマ場をおさえる 単元設計と評価課題・評価問題 [中学校社会]　石井英真［全体編集］ 高木　優［教科編集］
ヤマ場をおさえる 単元設計と評価課題・評価問題 [中学校数学]　石井英真［全体編集］ 佃　拓生［教科編集］
ヤマ場をおさえる 単元設計と評価課題・評価問題 [中学校理科]　石井英真［全体編集］ 新井直志［教科編集］
ヤマ場をおさえる 単元設計と評価課題・評価問題 [中学校英語]　石井英真［全体編集］ 上村慎吾［教科編集］

図書文化